LE
GÉNIE EN CHINE

1900-1901

PAR

E. LEGRAND-GIRARDE

COLONEL DU GÉNIE

AVEC 140 GRAVURES ET 11 PLANCHES HORS TEXTE

LIBRAIRIE MILITAIRE Berger-LEVRAULT & Cᵢₑ

Éditeurs de la « Revue du Génie militaire »

PARIS | NANCY
5, RUE DES BEAUX-ARTS, 5 | 18, RUE DES GLACIS, 18

1903

Tous droits réservés.

LE
GÉNIE EN CHINE

1900-1901

LE
GÉNIE EN CHINE

1900-1901

PAR

E. LEGRAND = GIRARDE

COLONEL DU GÉNIE

AVEC 140 GRAVURES ET 11 PLANCHES HORS TEXTE

LIBRAIRIE MILITAIRE BERGER-LEVRAULT & Cie

Éditeurs de la « Revue du Génie militaire »

PARIS	NANCY
5, RUE DES BEAUX-ARTS, 5	18, RUE DES GLACIS, 18

1903

INTRODUCTION

L'expédition de Chine de 1900-1901 est un des épisodes de la lutte du Céleste-Empire contre l'envahissement de la civilisation européenne. Entreprise depuis de longues années, cette lutte est loin de toucher à son terme et elle donnera lieu sans doute à de nouveaux incidents qui obligeront les puissances européennes à intervenir encore.

Il serait malaisé d'indiquer ici les motifs de la résistance que le Chinois oppose au progrès européen ; il y entre de l'orgueil, du respect pour les traditions et les coutumes ; il y a surtout l'intérêt qu'ont les mandarins à maintenir un ancien ordre de choses d'où ils tirent leurs richesses et leur force. Et si le peuple chinois, malgré son intelligence, subit le mandarin et le suit dans sa lutte contre l'esprit d'Occident, c'est que le mandarinat est une institution foncièrement populaire, car elle a pour base le libre accès de tous aux fonctions publiques.

Il faut donc s'attendre à une reprise de la lutte et il y a tout lieu de supposer que les époques de crise iront en se rapprochant. Les officiers de la génération présente peuvent ainsi espérer prendre part à une nouvelle expédition de Chine. Ils trouveront dans les pages qui vont suivre là relation des travaux de leurs prédécesseurs et aussi quelques renseignements exacts sur la région du Petchili et ses ressources. Leurs camarades de 1900-1901, moins heureux sous ce rapport, ont eu, au contraire, l'occasion de constater plus d'une fois des divergences notables entre la réalité des faits et les renseignements qu'on leur avait fournis. Il convient cependant d'excepter de ces derniers ceux qu'avait bien voulu communiquer le très regretté général Bouvier d'après ses notes personnelles de la campagne de 1860.

Si documentés que puissent être les ingénieurs militaires de la future expédition de Chine, qu'ils n'oublient pas que ce pays est celui des surprises et qu'ils s'attendent à se trouver en défaut sur quelque point; qu'ils oublient moins encore qu'avec les ressources du pays et celles de leur propre esprit, aucune difficulté ne doit les arrêter et qu'ils peuvent venir à bout de tous les obstacles.

LE

GÉNIE EN CHINE

1900 — 1901

CHAPITRE Ier

COUP D'ŒIL SUR LA RÉGION DU PETCHILI. — RÉVOLTE DES BOXERS. — PRISE DE TIEN-TSIN ET DE PÉKIN [1].

La région du Tchili ou Petchili, qui devait être le théâtre d'opérations du corps expéditionnaire, est une vaste plaine d'alluvions n'offrant, entre la mer et Pékin, sur près de 200 km, aucun mouvement de terrain appréciable; quelques dunes aux abords de Matou (50 km de Pékin), d'une hauteur d'une dizaine de mètres environ, sont les seules rides qu'on ait rencontrées.

Au bord de la mer et sur une étendue assez considérable les terrains sont inondables et impropres à la culture; celle-ci commence à se montrer vers Tien-Tsin, à 60 km environ du rivage; elle s'accentue et se développe au fur et à mesure qu'on approche de Pékin. Les abords de la capitale de l'Empire donnent l'impression d'une culture très intense qui évoque dans l'esprit le souvenir des jardins maraîchers des environs de Paris.

La grande artère de cette zone est le Peï-Ho (fleuve blanc)

---

1. Voir planche I.

qui prend sa source dans les montagnes au nord de Pékin
et coule dans une direction générale N. 1/4 O., S. 1/4 E.;
il passe à Toung-Tchéou, à 22 km à l'est de Pékin, ville à
laquelle il est relié par un canal à cinq biefs successifs; à
Matou, Ho-siou, Yang-tsoun, localités plus ou moins importantes qui devinrent des gîtes d'étapes, et enfin à Tien-
Tsin, ville considérable dont la population dépasse celle
de Pékin. C'est un peu avant d'arriver à Tien-Tsin qu'il
reçoit ses affluents principaux de droite : 1º le Hun-Ho, qui
vient du nord-ouest de Pékin, passe à Lou-Kou-Kiao, à
15 km environ de la capitale, point de départ de la ligne
impériale chinoise d'Han-Kéou, exploitée par une société
franco-belge ; 2º le Ta-Tsin-Ho, qui vient de l'ouest, traverse
une région marécageuse et est relié par un canal à biefs
successifs et à écluses avec Pao-Ting-Fou, chef-lieu officiel
de la province du Petchili; la rivière arrose An-Tchéou
ou Anzo, Si-Ngan-Hueu, Sou-Kiao, qui furent des gîtes
d'étapes de cette ligne fluviale; 3º le Yun-Ho, ou grand
canal qui va vers le sud.

On comprend ainsi toute l'importance de Tien-Tsin qui
se trouve à la poignée de l'éventail de ces quatre voies flu-
viales, dont trois sont navigables sur une très grande longueur, desservant un pays riche, extrêmement peuplé, donnant lieu à des échanges commerciaux fort nombreux,
recevant de toutes les parties de l'Empire chinois l'afflux
de personnel et de richesses qu'attire la capitale.

Au delà de Tien-Tsin, le Peï-Ho prend un cours de plus
en plus sinueux dont la direction générale se rapproche de
l'ouest-est, il se jette dans le golfe du Tchili à Takou.
Les alluvions qu'il entraîne forment, à son embouchure,
une barre qui n'est praticable qu'à certaines heures de la
marée aux bateaux calant moins de 3,50 m environ. La
longue plaine du Tchili se prolonge en quelque sorte dans
le golfe par une pente très douce, si bien que les hauts-
fonds se trouvent extrêmement éloignés de la côte et
que les grands bâtiments mouillent à dix milles au large,

obligeant ainsi à un transbordement en pleine mer, que la fréquence des vents rend souvent difficile.

La rigueur du climat est telle que, pendant trois mois de l'année (du 10 décembre au 10 mars en moyenne), le Peï-Ho et le golfe sont gelés ; par suite, les communications par mer avec Takou sont interrompues pendant un quart de l'année.

A l'est du Peï-Ho, la plaine du Tchili se prolonge sur 200 km encore, en diminuant progressivement de largeur jusqu'au point où les montagnes du nord de Pékin, et dont la direction générale est ouest-est, viennent rencontrer le rivage. Cette plaine est coupée d'une série de fleuves parallèles parmi lesquels on citera seulement le Pe-Tang-Ho et le Louan-Ho. C'est à la pointe est de cette plaine, au point même où la muraille de Chine, qui couronne les montagnes, vient aboutir à la mer, que se trouvent Chan-haï-Kouen et le port de Chin-Van-tao qui, dans ce golfe du Tchili immobilisé par la glace durant l'hiver, jouit de l'avantage d'être constamment libre grâce à l'agitation de ses eaux. C'est par là que la région de Tien-Tsin et de Pékin conserve ses communications avec l'extérieur pendant l'hiver.

Les voies ferrées desservant le théâtre d'opérations sont au nombre de trois :

La première part de Tong-Kou, au bord du Peï-Ho, sur la rive gauche de ce fleuve, à peu de distance de Takou, et suit cette rive en desservant Tien-Tsin et Yang-tsoun. En ce point elle franchit le Peï-Ho et pousse droit sur Pékin. Elle s'arrêtait, avant les événements actuels, à Ma-kia-pou, à 6 km au sud de la ville ; elle a été prolongée jusque dans l'intérieur de la ville chinoise, près du temple du Ciel, dont la paix séculaire est troublée aujourd'hui par le sifflet des locomotives.

La seconde relie Tong-Kou à Chan-haï-Kouen et se prolonge vers la Mandchourie ; elle franchit le Pe-Tang-Ho à Han-kou.

La troisième enfin se détache de la première près de Pékin, à Feng-Taï, vient jusqu'à Lou-Kou-Kiao où elle s'infléchit vers le sud-ouest et dessert Pao-Ting-Fou ; c'est l'amorce de la grande artère Pékin-Han-Kéou-Canton qui constituera le grand central chinois. Elle était exploitée, de Lou-Kou-Kiao jusqu'à Ting-Tchéou, au sud de Pao-Ting-Fou, au moment des événements de 1900.

Ces trois lignes appartiennent au gouvernement chinois, mais ont été construites et sont exploitées par des sociétés étrangères pendant une durée de 30 ans. Les deux premières sont entre les mains des Anglais, la troisième est le domaine d'une société franco-belge.

Les Boxers et leurs acolytes avaient entièrement détruit ces lignes, pas une traverse ne restait en place, pas une éclisse, un boulon ou un crampon ne subsistait, les gares et leurs aménagements étaient des monceaux de ruines. Certains grands ouvrages d'art avaient été, ou complètement détruits comme le pont d'Han-kou, sur le Pe-tang-Ho, ou sérieusement endommagés comme le pont de Lou-Kou-Kiao. Il sera plus tard question de ce dernier au chapitre spécial des travaux de chemins de fer.

Au moment où le général en chef débarqua en Chine, la ligne de Tong-Kou-Pékin était rétablie jusqu'à Yang-tsoun (30 km N. de Tien-Tsin), le travail avait été fait par les Russes qui exploitaient la ligne. Entre Yang-tsoun et Pékin la réparation fut exécutée conjointement par les Anglais, les Japonais et les Allemands ; elle était terminée vers le 15 décembre. Exploitée pendant un mois par les troupes qui l'avaient réparée, la ligne passa entièrement, vers le 15 janvier 1901, entre les mains des Allemands qui la rendirent ensuite aux Anglais le 1er mars. On devinera, sans qu'il soit nécessaire d'y insister, les rivalités d'influence qui se produisirent à propos de ces cessions successives, et l'ardeur avec laquelle les Anglais durent chercher à rentrer en possession d'une ligne qu'ils considéraient comme leur appartenant.

La ligne Tóng-Kou-Chan-haï-Kouen était livrée à la circulation vers le 1ᵉʳ janvier, avec une interruption cependant à Han-kou, dont le pont ne fut rétabli qu'au printemps de 1901. Le travail entrepris par les Russes fut terminé par les Allemands, qui cédèrent la ligne aux Anglais le 1ᵉʳ mars 1901. Si on se rappelle que l'influence russe est prépondérante en Mandchourie et dans la province de Moukden, que cette ligne réunit à Tien-Tsin et Pékin, on conçoit quelle importance politique cette dernière peut avoir.

Enfin, la ligne Pékin-Pao-Ting-Fou, réparée par les Français à partir du 1ᵉʳ novembre, fut livrée à la circulation le 1ᵉʳ février ; elle fut prolongée de Lou-Kou-Kiao jusqu'à la porte centrale de la ville-tartare dans Pékin par nos sapeurs.

L'exposé qui précède montre de quels moyens de communication disposa successivement le corps expéditionnaire, à son arrivée d'abord, puis au fur et à mesure que l'hiver s'avançait et rendait les cours d'eau impraticables à la navigation. Pour achever l'examen de cette question, il reste à parler des routes de terre. On les avait dépeintes en France comme tout à fait impraticables aux charrois ; on les disait creusées dans le sol de telle sorte qu'au moment des pluies elles se transforment en canaux où la circulation des voitures est d'autant plus malaisée que le terrain argileux devient alors glissant. On disait aussi qu'à la saison sèche la poussière qui les recouvre forme un obstacle sérieux à la marche. La réalité était, fort heureusement, moins terrible. La route qui longe le Peï-Ho, notamment, bien loin d'être encaissée, emprunte le plus souvent la digue de terre qui forme obstacle aux débordements du fleuve. Les pluies, sur ce sol, sont à coup sûr désagréables et ralentissent la marche, mais ne l'interdisent pas absolument, d'ailleurs elles sont très rares sauf au cœur de l'été, et quant à la poussière, si ennuyeuse qu'elle soit, elle ne saurait arrêter des troupes qui ont été au Soudan ou à Madagascar. En définitive, la région du Petchili est très praticable aux voitures, mais il est avantageux cependant de disposer de véhicules légers, et si les lourdes voitures réussissent à passer, elles sont astreintes à une allure lente.

Quant aux ouvrages d'art, ils sont peu nombreux, souvent construits en marbre, par suite très solides ; et d'ailleurs leur utilité semble parfois si peu démontrée, que la route les longe, mais ne les traverse pas. Joignez à cela l'uniformité du terrain, l'absence complète de bois et de forêts, la multiplicité des chemins de culture, et vous aurez l'impression que si la région du Petchili ne réalise pas absolument l'idéal du terrain de manœuvres, elle est parfaitement propre aux opérations militaires.

Les ressources sont d'ailleurs abondantes, partout on trouve des habitations, si bien que les tentes emportées par le corps expéditionnaire ont peu ou point servi ; partout l'habitant, doux et craintif, s'empresse de venir en aide à l'hôte de passage et lui apporte l'eau et le bois, nettoie la maison pour le recevoir. Presque partout enfin les légumes, les œufs, la volaille sont abondants et, même payés à leur juste prix, sont accessibles à la bourse du troupier.

Quant au climat qu'on dépeignait comme une autre Sibérie pendant l'hiver, il est rigoureux mais extrêmement sain. Les deux ennemis de l'Européen sont l'eau, qui partout est malpropre et plus ou moins contaminée, et le soleil pendant les mois de canicule.

Enfin, pour terminer cet aperçu, il faut noter, au point de vue spécial des officiers du génie, l'abondance de main-d'œuvre, la facilité avec laquelle le Chinois exécute tous les travaux lorsqu'on les lui a bien fait comprendre, procure les matériaux et les denrées les plus variés dès qu'il y voit une source de profit pour lui. On reste stupéfait de trouver dans une région aussi dénuée de forêts, des bois de construction en abondance, et dans un autre domaine, des fruits frais au cœur de l'hiver. On en éprouve l'impression que le peuple au milieu duquel on vit est un civilisé d'ancienne date, dont les moyens d'action nous échappent, mais qui peut lutter avec avantage sous ce rapport avec la nation européenne la plus perfectionnée. Lorsque ensuite on jette un regard sur les constructions publiques, jadis superbes, vouées au délabrement par incurie ; quand on songe aux crimes qu'une population paisible et travailleuse peut commettre à l'instigation de mandarins intéressés à maintenir un ordre de choses qui les enrichit au détriment de la nation, on ne peut plus que la plaindre d'être si mal gouvernée. On y voit la manifestation évidente du mal qui menace tout peuple que n'anime aucun sentiment élevé, qui ne professe que dédain et mépris pour le métier des armes.

Révolte des Boxers. — Prise de Tien-Tsin et de Pékin.

Dès le début de l'année 1900, des troubles éclatèrent dans le nord de la Chine ; des bandes de forcenés affiliés à la société secrète des Boxers, soutenus plus ou moins ouvertement par l'impératrice régente et la cour impériale, se livrèrent à des attaques contre les chrétiens. Le 8 avril, la France et trois autres puissances sommaient le Tsongli-Yamen de prendre les mesures nécessaires pour assurer la sécurité des Européens. Des promesses furent faites mais non suivies d'effet, car, en mai, commençaient les massacres de chrétiens indigènes, l'incendie de leurs habitations, les entreprises contre les chemins de fer et les télégraphes.

Le 26 mai, les légations européennes à Pékin, sentant leur sécurité menacée, appelaient à elles des gardes tirées des équipages des bâtiments en rade de Takou ; le 28 mai, les ingénieurs européens de la ligne Pékin-Han-Kéou étaient attaqués sur leurs chantiers et parvenaient non sans danger ni pertes à se réfugier les uns à Pékin, les autres à Tien-Tsin où la situation devenait de jour en jour plus grave.

Une révolution de palais chassa du Tsong-li-Yamen le prince Tcheng, considéré comme favorable aux Européens, et le remplaça par le prince Tuan, père de l'héritier présomptif, protecteur avéré des Boxers.

Le corps diplomatique de Pékin crut alors nécessaire d'appeler de nouveaux renforts, que les escadres réunies envoyèrent aussitôt. 2 000 hommes, placés sous le commandement de l'amiral anglais Seymour, débarquèrent à Takou dans la nuit du 9 au 10 juin et, par voie ferrée, furent dirigés aussitôt sur Tien-Tsin et, de là, sur Pékin. Les trains, arrêtés en route par les destructions de la voie ferrée, ne purent définitivement dépasser Lang-Fang, localité située à mi-chemin de Tien-Tsin à Pékin. Là, il fallut combattre et, pendant ce temps, les Boxers coupaient la voie derrière la colonne Seymour qui, le 15 juin, se trouva ainsi bloquée de toutes parts et hors d'état d'avancer ; elle dut songer à la retraite. Cette opération difficile s'opéra par voie de terre jusqu'aux environs de Tien-Tsin, à Si-Kho, localité qu'on atteignit le 22 et où on put, dans la nuit du 24 au 25, donner la main à un fort parti de cosaques venant de Tien-Tsin, grâce auquel la colonne fut définitivement sauvée. Dans cette colonne, la France était représentée par un détachement de 160 hommes qui perdit 1 tué et 12 blessés.

Depuis la mise à terre de la colonne Seymour les événements avaient marché avec une extrême rapidité et la situation de tous les Européens du Petchili devenait des plus critiques.

La complicité du gouvernement chinois dans le mouvement de révolte des Boxers apparaissait manifestement et il était nécessaire de prendre des mesures de protection contre lui. Le 16 juin, les amiraux en rade de Takou constatant que les forts de cette rade se préparaient au combat, firent sommation à leur gouverneur d'avoir à les rendre ; ce dernier répondit en ouvrant le feu sur l'escadre qui se trouva dans une situation difficile. Elle s'en tira néanmoins très brillamment, puisque le 17 au matin, après un tir meurtrier, elle lança ses compagnies de débarquement contre la gorge des ouvrages qui furent enlevés, non sans pertes.

A cette mesure, le gouvernement chinois répliqua, le 19 juin, par une sommation au corps diplomatique de quitter Pékin, et c'est en voulant aller négocier à ce sujet avec le Tsong-li-Yamen que, le 20 juin, fut tué le baron de Kettler, ministre d'Allemagne. A partir de cette date les légations ainsi que la mission catholique française, à Pékin, et les concessions européennes, à Tien-Tsin, furent assiégées à la fois par les Boxers et les réguliers chinois.

On se souvient encore de l'émotion qui s'empara du monde entier à la suite des nouvelles venues de Chine en juin et juillet 1900 ; à maintes reprises on crut perdus sans espoir les représentants des puissances à Pékin et leurs héroïques défenseurs. Ils durent la vie à leur courage et, il faut le dire aussi, à l'indécision qui régnait dans les conseils de la cour, grâce à laquelle les attaques dirigées contre eux subirent de nombreux temps d'arrêt. On va voir comment ils furent délivrés.

Prise de Tien-Tsin. — Après la prise des forts de Takou, le 23 juin, les Russes avaient débarqué environ 4 000 hommes qui atteignirent Tien-Tsin, dont les concessions européennes étaient alors assiégées par les réguliers chinois unis aux Boxers.

Les premières troupes françaises venant de l'Indo-Chine (1 bataillon, 1 batterie) parvinrent à Takou le 30 juin ; dirigées sur Tien-Tsin, elles contribuèrent avec les détachements des autres puissances à la défense de la ville. La situation de la concession française, directement en contact avec les faubourgs de la ville chinoise, l'exposait tout particulièrement, et on peut dire que nos troupes furent sans cesse aux avant-postes.

Le 8 juillet arriva le second détachement français (2 bataillons, 1 batterie) à Takou ; il fut également dirigé sur Tien-Tsin. La situation de la garnison internationale réduite, jusque-là, à la défensive, était difficile ; on n'en pouvait sortir que par une attaque franche contre la ville murée occupée par les Chinois et les ouvrages armés d'artillerie dont ceux-ci l'avaient renforcée. L'initiative de la proposition fut prise par le commandant des troupes françaises ; accepté par tous, le projet fut mis à exécution le 13 juillet. Tandis que les Russes opéraient sur la rive gauche du Peï-Ho, les Français, unis aux Japonais, Américains et Anglais, luttaient sur la rive droite. La lutte fut très vive de ce côté et c'est seulement le 14 au matin que la ville murée de Tien-Tsin tombait aux mains des Français et des Japonais, dont les forces avaient concouru pour donner l'assaut. La brèche avait été ouverte dans la porte sud par les pionniers japonais. L'ensemble des combats des 13 et 14 coûta plus de 800 hommes aux forces internationales.

Prise de Pékin. — La marche sur Pékin ne put être entreprise qu'au commencement du mois d'août, lorsque les diverses puissances eurent débarqué dans le Petchili des renforts suffisants ; les nôtres se bornaient à une batterie et nos forces, placées depuis le 24 juin sous les ordres du général Frey, s'élevaient à 3 bataillons et 3 batteries. Éprouvées par un séjour précédent en Indo-Chine, elles ressentaient durement les effets du climat du Petchili, fort pénible en cette saison, ainsi que les fatigues des marches.

Le 4 août, le mouvement sur Pékin commença (deux de nos bataillons et trois batteries à quatre pièces y prirent part) ; le 5 août, un combat sérieux eut lieu à Peï-Tsang (15 km au nord de Tien-Tsin) ; le 6, on gagnait Yang-tsoun

après un bombardement du village, et les généraux alliés
décidaient de poursuivre sans retard la marche en avant.
Nos troupes, dépourvues de train régimentaire et forcées
d'attendre l'organisation d'un convoi fluvial sur le Peï-Ho,
éprouvées d'ailleurs par les marches et les combats précédents, durent attendre quelque peu pour suivre le mouvement général. L'ardeur de nos hommes permit cependant
à notre avant-garde d'entrer le 12 à Toung-Tchéou en
même temps que les contingents étrangers et le lendemain
13, nous avions dans cette ville, située à 22 km de Pékin,
6 compagnies et 3 batteries.

C'est dans la soirée de ce même jour que commença la
dernière marche à la suite de laquelle Pékin fut enlevé ;
les Anglais et les Américains suivaient la route au sud du
canal qui amène au saillant nord-est de la ville chinoise ;
les Japonais, les Russes et nos troupes opéraient au nord
du canal et devaient se heurter au mur est de la ville tartare. Le premier de ces itinéraires conduisit ceux qui le
suivaient devant un vaste égout qui traverse la muraille et
par lequel, sans coup férir, les troupes anglo-indiennes
pénétrèrent le 14 dans le quartier des légations.

Pékin était pris, mais pendant les journées du 15 et du
16 il fallut conquérir les divers quartiers de la ville impériale et atteindre enfin le Pétang, établissement des
PP. Lazaristes, contre lequel la rage des Chinois s'était
particulièrement acharnée. C'est le 16 seulement que
purent être chassés les derniers assiégeants de la mission,
grâce aux efforts combinés de nos troupes et des Japonais.
A partir de ce moment, la résistance des Chinois était
vaincue ; leurs troupes se retirèrent vers le nord et l'ouest ;
la cour, dit-on, ne s'échappa de Pékin que le 16 août. Il
eût peut-être été possible de s'emparer d'elle en occupant
les deux seuls passages sur le fleuve Hun-Ho qu'elle devait
traverser. Une semblable capture aurait amené sans doute
une prompte issue aux événements et rendu inutile l'envoi
ultérieur des contingents européens. Les troupes françaises

entrées dans Pékin ne comportant aucun détachement de cavalerie n'ont pas, en cette occurrence, à se reprocher d'avoir laissé passer une belle occasion.

Les forces françaises furent renforcées, dans la seconde quinzaine d'août et les premiers jours de septembre, par l'arrivée de deux nouveaux régiments d'infanterie de marine et de deux batteries, venus de France et de l'Indo-Chine. Elles s'élevaient alors à une brigade complète qui devait constituer la première du corps expéditionnaire de Chine.

A l'aide de ces renforts, le général Frey put procéder à quelques opérations de police dans la région de Toung-Tchéou et prendre part aux entreprises dirigées par les Russes contre les ouvrages fortifiés de Pétang (20 septembre).

A ce moment même débarquait à Takou M. le général de division Voyron, désigné pour commander *en chef* le corps expéditionnaire de Chine. La première période des opérations était ainsi terminée.

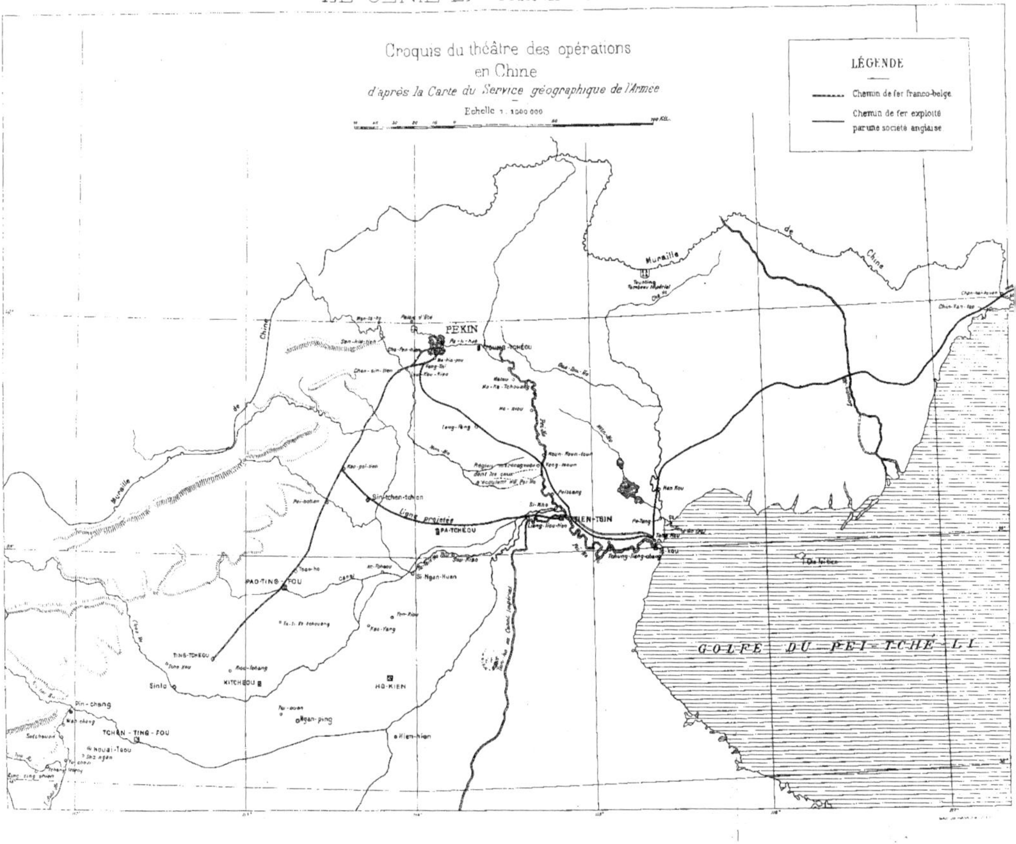

LE GÉNIE EN CHINE 1901-1902
Planche I
Croquis du théâtre des opérations
en Chine
d'après la Carte du Service géographique de l'Armée
Echelle 1 : 1.000.000
LÉGENDE
Chemin de fer franco-belge
Chemin de fer exploité
par une société anglaise
Muraille de Chine
PEKIN
TSUNG-TCHÉOU
TIEN-TSIN
PAO-TING-FOU
TING-TCHÉOU
KITCHÉOU
HO-KIEN
PA-TCHÉOU
TCHAN-TING-FOU
Si Ngan-Huan
GOLFE DU PEI-TCHÉ-LI

CHAPITRE II

Les événements qui se déroulaient en Chine avaient pris une gravité telle, que le Gouvernement décida, le 11 juillet, de former un corps expéditionnaire dont la mission devait être de délivrer les légations et d'infliger à la Chine le juste châtiment des atrocités qu'elle avait laissé commettre sur son territoire. Ce corps devait comprendre deux brigades : la 1re à trois régiments d'infanterie de marine ; la 2e de deux régiments, l'un de zouaves, l'autre de ligne. Sa force totale s'élevait à 18 000 hommes environ.

Il importait avant tout de hâter les préparatifs afin que les troupes pussent partir le plus rapidement possible et apporter à nos compatriotes assiégés le secours attendu. Il fallut improviser, en quelque sorte, l'organisation du corps expéditionnaire. Sa mission semblait être alors de marcher rapidement sur Pékin, d'emporter cette place et de poursuivre les débris de l'armée chinoise. Il devait être à la fois mobile et suffisamment outillé pour venir à bout d'obstacles importants. Sa mobilité paraissait d'autant plus difficile à obtenir que les renseignements qu'on possédait sur le théâtre des opérations dépeignaient celui-ci comme offrant de sérieux obstacles à la marche, en raison de la nature du sol et des conditions climatériques.

Il n'était pas possible, dans le court espace de temps dont on disposait, de créer des moyens de transport légers en nombre suffisant pour tous les corps et services ; on se borna à écarter du matériel des diverses formations les voitures les plus lourdes et les moins maniables. En même temps on mettait en commande dans l'industrie un certain nombre de voitures légères (araba et modèle Lefebvre), qui devaient être ultérieurement réparties entre les corps et services au prorata des besoins de chacun d'eux. On demandait en même temps à la Corée des animaux de bât, on emmenait des mulets de France, on prévoyait l'emploi de coolies comme moyens de transport. En un mot, on dotait, sinon chaque service en particulier, du moins l'ensemble du corps expéditionnaire, des organes nécessaires à une marche rapide.

En ce qui concerne le génie, le général en chef avait, dès l'abord, posé ce principe que les hommes de troupe ne devraient être employés que comme surveillants de travaux et ouvriers d'art et que, sauf les cas d'absolue nécessité, ils n'exécuteraient pas de terrassements ou autres travaux capables de compromettre leur santé. Il voulait avant tout éviter le retour des pertes cruelles qu'on avait subies pendant l'expédition de Madagascar. Partant de là, le général en chef avait demandé et obtenu que deux compagnies du génie fussent affectées au corps expéditionnaire; on y avait adjoint, en outre, une section d'aérostiers. Sur la proposition du lieutenant-colonel commandant le génie, ces unités furent augmentées d'une section de télégraphistes et d'une demi-compagnie de sapeurs de chemins de fer.

Le rôle de la première de ces deux unités devait être de réparer les lignes existantes sur la route suivie par les troupes, de relier entre eux les quartiers généraux et, éventuellement, d'établir de courtes lignes. Celui de la seconde était de réparer la voie ferrée reliant Takou, choisi comme point de débarquement, à Pékin; on ne prévoyait pas qu'elle eût à effectuer de travaux très considérables parce qu'on supposait que les destructions opérées par les Chinois seraient de minime importance; on escomptait, d'ailleurs, le concours qu'elle pourrait trouver dans les unités de même nature des autres corps expédi-tionnaires.

Pour l'état-major du génie, on prit pour base les fixations admises lors de l'expédition de Madagascar, on y ajouta seulement des commandants du génie de brigade.

En définitive, le personnel du génie comprenait :

Commandement et état-major.	Lieutenant - colonel Legrand-Girarde, commandant le génie. Capitaines Calmel, Lévêque, Belhague. Officiers d'administration Wibratte, Regnaut.
Commandants du génie des brigades.	Commandant Guillot. Capitaine Noguette.
Service du génie des étapes.	Capitaine Descourtis, chef du service. Capitaine Mathy. Officiers d'administration Brunet, Boutin.
Compagnie 19/1.	Capitaine Curtet. Lieutenants Lamarche, Dorido, Pacton. 17 sous-officiers. 238 hommes dont 13 sapeurs-conducteurs. 22 chevaux et mulets.
Compagnie 9/4.	Capitaine Barthe. Lieutenants Rougemont, Gilbert. Sous-lieutenant Le Blevenec. 17 sous-officiers. 237 hommes dont 13 sapeurs-conducteurs. 24 chevaux et mulets.
Section d'aérostiers.	Capitaine Lindecker. Lieutenants Plaisant, Izard. 7 sous-officiers. 72 sapeurs-aérostiers. 11 sapeurs-conducteurs. 15 mulets.

Section de télégraphistes.	Capitaine Lévy. Sous-lieutenant Quillacq. 6 sous-officiers dont 1 maréchal des logis de sapeurs-conducteurs et 1 sergent-fourrier. 27 télégraphistes. 2 sapeurs-ordonnances. 17 sapeurs-conducteurs. 16 mulets de bât. 4 mulets de selle..
Demi-compagnie de sapeurs de chemins de fer.	Capitaine Guyot. Lieutenants Génin, Coste. 11 sous-officiers. 103 sapeurs de chemins de fer. 23 sapeurs-conducteurs. 33 mulets dont 7 de selle.
Parc du génie.	Capitaine Cambier. Officier d'administration Carrérechique. Stagiaire Jamet.

Le service médical des troupes du génie avait été prévu et devait être assuré par :

MM. le médecin-major Pouy,
l'aide-major de 1re classe Langlois,
le médecin auxiliaire Chaumat,

qui furent respectivement attachés aux compagnies 19/1, 9/4 et de chemins de fer.

Matériel. — Chacune des compagnies 19/1 et 9/4 était pourvue d'un parc complet de sapeurs-mineurs, modèle 1898, comprenant :

2 voitures de sapeurs-mineurs.
1 voiture légère d'explosifs.
4 caisses de bât.

La section d'aérostiers reçut un matériel spécial, identique à celui qui avait été envoyé à Madagascar, en 1895, comprenant :

2 ballons captifs de 300 m³ avec leurs accessoires.

3 câbles de 400 m.

5 gonflements au gaz hydrogène contenus dans des tubes métalliques.

Cette unité n'avait pas de moyens de transport spécialement affectés à son usage ; elle devait en recevoir suivant les besoins du service.

La section de télégraphie était organisée d'après le type des sections légères de montagne ; son matériel pouvait être transporté à dos de mulet. Elle disposait de 5 postes télégraphiques, 16 téléphones de campagne, 50 km de fil nu, 24 km de câble, 100 km environ de fil bimétallique. Cette unité devait se renforcer en Chine du personnel et du matériel expédiés à la section de télégraphistes de la marine constituée antérieurement, savoir : 4 postes télégraphiques, 50 km de fil. Elle reçut en outre du gouvernement de l'Indo-Chine, 200 km de fil et 7 postes de forteresse.

Le matériel de télégraphie optique affecté au corps expéditionnaire comprenait : 14 appareils de 0,10 m, 12 de 0,24 m, 10 de 0,30 m.

Dans la constitution des approvisionnements on avait supprimé les perches en bambou ainsi que les isolateurs en ébonite que l'expérience de Madagascar avait fait reconnaître insuffisamment résistants ; on avait également substitué le fil de fer galvanisé au fil de bronze chromé et pour le même motif.

La demi-compagnie de sapeurs de chemins de fer fut pourvue d'un parc sur routes, moins la voiture d'explosifs, puisqu'on ne prévoyait que des réparations à faire. Elle disposait également de 6 appareils Wells avec 5 000 kg d'huile lourde.

En outre du matériel spécial à chaque unité, le corps expéditionnaire fut pourvu :

1° D'un parc de division isolée à composition spéciale, dans lequel la dotation en mélinite avait été considérablement augmentée, en vue des résistances à vaincre. Ce parc ne comprenait que les caisses et leur contenu, à l'exclusion des voitures qu'on supposait avec raison trop peu mobiles pour le théâtre des opérations.

Il comportait, en résumé, le chargement de :

3 prolonges à couvercle d'outils de pionnier.
3   —   ordinaires de cordages et agrès de pont.
1   —   —   d'outils portatifs.
1   —   de rechange de sapeurs-mineurs.
5 caissons à mélinite.

Soit environ au total :

1 320 outils de terrassier.
470   —   de destruction.
2 000 kg de mélinite.

2° D'un demi-équipage de pont, sans ses voitures, parce qu'on ne comptait le transporter que par voie d'eau, et d'une sonnette à tiraude, munie de deux moutons, de façon que si l'un d'eux venait à se perdre (comme le cas s'était produit à Madagascar), l'engin ne fût pas désemparé. Là sonnette fut pourvue, en outre, de 6 nacelles et 2 demi-bateaux pour servir de supports ;

3° De trois forges de campagne affectées respectivement à la demi-compagnie de chemins de fer, au parc de division et à l'équipage de pont.

On ajouta enfin à ce matériel réglementaire : des ancres, grappins, moutons à bras, cabestans, commandes et cordages d'ancre, crics, palans, pompes à épuisement, appareils de forage pour puits instantanés (ceux-ci furent demandés à la suite de renseignements signalant la difficulté que certaines troupes étrangères avaient éprouvée pour se procurer de l'eau) ; brouettes, frettes, bouts ferrés pour pilots, pointes, boulons, bâches, ciment, fil de fer, ronce artificielle, sacs à terre, appareils de levé et matériel topographique, appareils photographiques.

En cours de route, on acheta à Saïgon des outils de me-

nuisier, de charpentier et de maçon, du verre à vitres,
lorsqu'on se rendit compte que les travaux d'aménagement
des cantonnements devraient prendre une place importante.

Enfin, le lieutenant-colonel commandant le génie fit
accepter la proposition d'expédier par les premiers bateaux
partant de France une certaine quantité de voie ferrée
portative, destinée à faciliter le dégagement des quais ou
plage de débarquement, et un hangar démontable pour
mettre à l'abri les parties de matériel les plus susceptibles
d'être détériorées par la pluie. 10 km de voie Decauville
devaient être expédiés, mais la moitié seulement fut
acquise par suite des modifications survenues dans les
événements de Chine. Le hangar fut du type Espitallier-
Wehrlin, il avait 600 m² de superficie. On verra plus loin
que si ce matériel ne put être employé selon les prévisions
premières, ce mécompte résulta de la mauvaise marche du
bateau choisi pour porter le personnel destiné à le mettre
en œuvre.

Les départs du personnel et du matériel furent éche-
lonnés comme il suit :

PERSONNEL.

		Date de départ.	Date d'arrivée à Takou.
Personnel du service des étapes . . .	*Courrier postal.*	29 juillet.	7 septembre.
État-major du génie (moins le lt-col.). Compagnie 19/1. .	*N.-D.-du-Salut.*	10 août.	29 septemb.
Compagnie 9/4 . . Aérostiers	*Uruguay.*	22 août.	1er octobre.
Télégraphistes . . Chemins de fer . .	*Ville-de-Tamatave.*	1er sept.	14 octobre.

MATÉRIEL.

Voie ferrée portative et hangar démontable, par l'*Adour* ;
départ 5 août, arrivée 21 septembre, débarquement achevé
le 1er octobre.

Partie du matériel de pont, parc de la compagnie 19/1, explosifs, bâches, ciment, par le *Notre-Dame-du-Salut*, débarquement achevé le 8 octobre.

Partie du matériel de pont, outils du parc divisionnaire, par le *Melbourne*, parti le 12 août, arrivé le 24 septembre, débarquement achevé le 4 octobre.

Partie du matériel de pont, outils du parc divisionnaire, par le *Calédonien*, parti le 16 août, arrivé le 28 septembre, débarquement achevé le 12 octobre.

Lampe Wells, outillage divers, par les *Andes*, parti le 18 août, arrivé le 27 septembre, débarquement achevé le 7 octobre.

Parc aérostatique, parc de la compagnie 9/4, harnachement des télégraphistes, par l'*Uruguay*, débarquement achevé le 13 octobre.

Outillage divers du parc du génie, par le *Matapan*, parti le 29 août, arrivé le 14 octobre, débarquement achevé le 30 octobre.

Parc sur routes des sapeurs de chemins de fer, outillage, par la *Ville-de-Tamatave*, débarquement achevé le 3 novembre.

Cette répartition n'était pas absolument conforme aux prévisions ni aux demandes du chef de service ; elle fut sans doute imposée au port d'embarquement par les circonstances. Elle donna lieu d'ailleurs à des mécomptes.

C'est ainsi, par exemple, que la compagnie 19/1 et l'état-major du génie avaient été embarqués sur le bateau emportant le premier détachement de troupes : le *Notre-Dame-du-Salut*, afin d'être en mesure de contribuer à la préparation de la base de débarquement. Or ce bateau, mauvais marcheur, n'arriva à Takou que le 29 septembre, soit huit jours après le quartier général et alors qu'une partie importante du matériel était déjà à terre. En outre, certaines unités n'avaient pas avec elles, sur le même bateau, la totalité de leur parc ; elles ne le reçurent d'ailleurs que fort tard, en raison des lenteurs du déchargement occasionnées par la pénurie de chalands et de remorqueurs capables de passer la barre de Takou. Si le corps expéditionnaire avait eu à marcher aussitôt après son débarquement, il en serait résulté quelques inconvénients. Cependant toutes les précautions avaient été prises : le bureau des affrètements avait reçu l'état des colis à embarquer avec leur poids et leur volume, et la demande de les embarquer sur le même bateau que l'unité à laquelle ils appartenaient ; on avait maintenu à Marseille, pour surveiller l'embarquement, l'officier d'administration du parc du génie et le stagiaire qui firent l'un et l'autre de leur mieux pour hâter les expéditions.

Cela prouve qu'en pareille occurrence on ne saurait entourer de trop de garanties la préparation des embarquements et l'expédition des colis. Les besoins des unités embarquées et les nécessités des services maritimes sont loin d'être toujours concordants, et il faut éviter que ces dernières ne prennent sur les autres une prépondérance excessive.

Lorsque, comme dans l'expédition de Chine, le temps presse, qu'il faut avant tout éviter que les bateaux partent en retard ou avec un chargement incomplet, on est conduit à modifier la répartition primitivement arrêtée ; on ne voit alors que les inconvénients à éviter au port de départ, on est tenté d'oublier ceux qui pourront se produire au débarquement et qui sont plus difficiles à parer en raison de la pénurie de moyens dont on dispose.

A Tong-Kou, le débarquement du matériel fut surveillé par le personnel du parc, qui apporta le plus grand zèle à sa tâche et réussit à réduire les pertes et avaries à des quantités insignifiantes. L'opération fut facilitée par les précautions qui avaient été prises au départ, à la demande du commandant du génie du corps expéditionnaire, et qui consistaient à attribuer à chaque établissement expéditeur une lettre et une couleur spéciales (A rouge, B vert, etc.), très visiblement apposée sur chaque caisse, et un numérotage unique pour tous ses colis. L'établissement avait dressé un état détaillé de la contenance de chaque colis, qui avait été tiré à 15 exemplaires distribués au parc, au commandement du génie, au service des étapes, à l'unité intéressée, etc. Grâce à la lettre distinctive, on put classer rapidement les colis par provenance et, par conséquent, par nature de matériel; grâce au numérotage unique par établissement et à l'état détaillé de la contenance, il fut possible de trouver sans retard tel objet dont on avait besoin sans défaire toutes les caisses et compromettre l'emballage du surplus. On croit devoir rappeler cette précaution parce qu'elle eut d'heureuses conséquences et qu'il serait peut-être bon de la généraliser dans une expédition future.

Pour le personnel et les unités du génie, la traversée eut lieu sans incidents; l'aménagement des bateaux laissait parfois un peu à désirer, et la nourriture sur quelques-uns donna lieu à des plaintes justifiées auxquelles il fut d'ailleurs fait droit. Si on tient compte du peu de temps laissé aux armateurs pour se préparer, on sera plus indulgent pour les imperfections constatées. Sans doute les transports de l'État comportent pour la troupe de meilleurs aménagements, mais cet avantage est compensé par tant de corvées de toute nature que l'on ne doit pas regretter la substitution des affrétés à ces bâtiments. Il conviendrait seulement de se montrer plus rigoureux dans la rédaction des chartes-parties et d'en surveiller l'exécution avec plus d'attention.

Les mulets affectés aux unités du génie subirent sans grandes pertes ni fatigues apparentes la longueur de la traversée; sous ce rapport ils furent plus heureux que ceux d'autres troupes. A ce propos, il n'est peut-être pas inutile de redire une fois de plus combien est défectueuse la ventilation des écuries à bord placées dans les batteries et les faux-ponts. En 1895, on l'avait constaté et, sur le *Chandernagor*, les officiers du génie y avaient remédié en installant des ventilateurs de fortune. Cette circonstance fut rappelée au moment de la préparation de l'expédition de Chine, et le ministre donna l'ordre de placer des ventilateurs sur les bateaux portant des chevaux ou mulets. Il faut croire que cette installation fut très imparfaite, car les cargaisons d'animaux de certains bateaux subirent des pertes sensibles. Cela tient sans doute à ce que la marine n'emploie comme ventilateurs que des hélices tournant dans le local à ventiler. Ces appareils agitent l'air, mais ne le renouvellent pas. On n'obtient de bons résultats qu'avec des ventilateurs analogues à ceux employés dans les galeries de mine, aspirant l'air extérieur et le chassant par des conduites dans le local à aérer. Si la répétition de cette remarque peut contribuer, dans une expédition future, à éviter les inconvénients qu'on a constatés à deux reprises, on ne regrettera pas de l'avoir insérée ici.

CHAPITRE III[1]

HISTORIQUE DES UNITÉS. — OPÉRATIONS MILITAIRES.
TRAVAUX DE ROUTES ET DE PONTS[2].

Les opérations du corps expéditionnaire de Chine peuvent être résumées comme il suit :

A son arrivée, il trouve Tien-Tsin et Pékin déjà occupés, il renforce la garnison de cette dernière place; le 10 octobre, le général en chef décide de faire occuper Pao-Ting-Fou et lance deux colonnes destinées à se réunir sous les murs de cette ville : l'une, composée en majeure partie de troupes de la 2e brigade (troupes de la guerre), part de Tien-Tsin; l'autre, formée de troupes coloniales, part de Pékin. Les deux colonnes sont sous les ordres de M. le général Bailloud, commandant la 2e brigade, qui doit lui-même concerter ses opérations avec celles des troupes allemandes, anglaises et italiennes qui appuient son mouvement. Pao-Ting-Fou est occupé sans résistance par l'avant-garde française du lieutenant-colonel Drude, le 17 octobre, et les forces internationales font leur entrée le surlendemain dans une ville pavoisée aux couleurs françaises.

L'occupation de Pao-Ting-Fou est le point de départ d'une marche en avant progressive de nos troupes vers le sud ou le sud-ouest qui les amène au pied de la grande muraille à Houaï-lou (ou Hweilu), dans le but de pacifier une région troublée par les restes des bandes insurgées.

---

1. Ce chapitre a été rédigé d'après les journaux de marche des diverses unités.

2. Voir planche II.

Une série de colonnes sont faites au cours de l'hiver et du printemps. Elles donnent lieu à plusieurs combats dans lesquels les forces françaises, grâce à leur habile direction et à leur courage, viennent à bout, sans grandes pertes, de troupes infiniment plus nombreuses et souvent bien armées. Certaines de ces affaires ont pour objectif la prise de villes murées qui, bien défendues, auraient exigé un siège véritable; elles donnent aux troupes et aux officiers du génie l'occasion de se distinguer et de montrer ce qu'ils auraient pu faire si les Chinois avaient continué leur résistance.

On va maintenant passer en revue les diverses unités du génie et indiquer l'historique résumé de leurs opérations.

Compagnie 9/4.

Cette compagnie, provenant du 6e régiment, s'est embarquée à bord de l'*Uruguay*, à Marseille, le 22 août; arrivée le 1er octobre en rade de Takou, elle était à Tien-Tsin le 3 octobre.

Destinée à fournir les troupes du génie des deux brigades du corps expéditionnaire, elle fut partagée en demi-compagnies.

La première (capitaine Barthe, lieutenant Gilbert), destinée à la 1re brigade, était sous les ordres du commandant Guillot, commandant le génie de cette unité.

La seconde (lieutenants Rougemont et Le Blevenec), affectée à la 2e brigade, dépendait dans les mêmes conditions du capitaine Noguette, commandant le génie de la 2e brigade.

Demi-compagnie de la 1re brigade.

Le service du génie de la brigade coloniale avait été assuré provisoirement, avant l'arrivée de nos sapeurs, par un détachement d'artilleurs coloniaux qui fut dissous et rendu à son service normal dans le courant du mois d'octobre.

La demi-compagnie du génie de la 1re brigade fut dirigée vers Pékin, siège du commandement de cette formation, à la date du 18 octobre, sur la demande du lieutenant-colonel commandant le génie. Jusque-là, elle avait été employée à Tien-Tsin aux travaux de la place et avait concouru à la réfection des ponts de la route de Tien-Tsin à Peï-Tsang.

Elle laissa en route, à Toung-Tchéou, un détachement de dix hommes sous les ordres du sergent Mongellaz, pour les travaux d'aménagement de cette localité. Ce détachement eut l'occasion de construire un pont sur le Peï-Ho pour donner passage à la colonne revenant des opérations de police dirigées sur les tombeaux impériaux de Tounling. Au cours de ses travaux, dont il s'acquitta à la satisfaction générale, le détachement eut affaire aux Boxers et leur fit quelques prisonniers.

La demi-compagnie, arrivée à Pékin le 22 octobre, fut installée, ainsi que la chefferie du génie (commandant Guillot, officier d'administration Regnaut), dans un des palais impériaux de la cité interdite, situé au nord du Lac. Cette habitation, fort pittoresque, d'ailleurs, et très convenable comme résidence d'été, eut besoin de nombreux aménagements pour permettre aux hommes de passer sans encombre la saison froide.

Les travaux de la chefferie de Pékin seront exposés au chapitre VII; ils ont occupé pendant toute la durée de son séjour la demi-compagnie de la 1re brigade. On trouvera plus loin quelques renseignements sur les travaux de route et de pont dont il vient d'être question ci-dessus.

Les officiers de cette unité furent chargés en outre de diverses missions.

Le 30 novembre, le lieutenant Gilbert, avec trois hommes, prit part à une reconnaissance dirigée sur San-Kia-tien et Man-to-ko.

Le 30 avril, le capitaine Barthe reçut l'ordre de se rendre à Toung-Tchéou pour y étudier les mesures à prendre en vue de l'assainissement de cètte localité envahie par les eaux du canal de Pékin. Il s'acquitta de cette mission à la satisfaction du commandement.

Le 10 mai, le lieutenant Gilbert alla remplacer à Pao-Ting-Fou son camarade Rougemont, promu capitaine et rapatrié; le lieutenant Izard, de la section d'aérostiers, lui succéda dans son emploi.

Réparation de la route et des ponts entre Tien-Tsin et Peï-Tsang. — Le commandement ayant ordonné de rendre praticables aux voitures d'artillerie la route et les ponts réunissant Tien-Tsin à Yang-tsoun, le capitaine Calmel fut chargé d'en faire la reconnaissance. A la suite du rapport fourni par cet officier, la compagnie 9/4, stationnée alors dans les deux localités précitées, reçut l'ordre d'exécuter le travail. La demi-compagnie de la 1re brigade devait opérer entre Tien-Tsin et Peï-Tsang ; le lieutenant Gilbert, avec 2 sous-officiers, 53 hommes, fut chargé de ce travail qui dura du 7 au 11 octobre.

La route, dont la figure 1 indique le tracé, emprunte par endroits la digue du Peï-Ho et, en d'autres, regagne le terrain naturel ; aux points de raccordement, il y eut à adoucir les rampes en entamant le massif de la digue.

Un des ponts, jeté sur un arroyo qu'on ne pouvait contourner, nécessita une réparation assez importante et dont l'exécution fut malaisée en raison du manque d'outils appropriés à ce travail. Si, en effet, on se reporte au chapitre précédent, on verra qu'au début du mois d'octobre les unités du génie ne disposaient encore que de leurs outils portatifs, les voitures et leur chargement n'ayant pu être débarqués.

Ce pont, de 26 m de portée, comprend six palées de cinq pilots chacune, espacées de 4 m, les têtes de pilots sont réunies par un fort rondin clameaudé sur les pilots;

l'ensemble de l'ouvrage est assez solide, sauf cependant

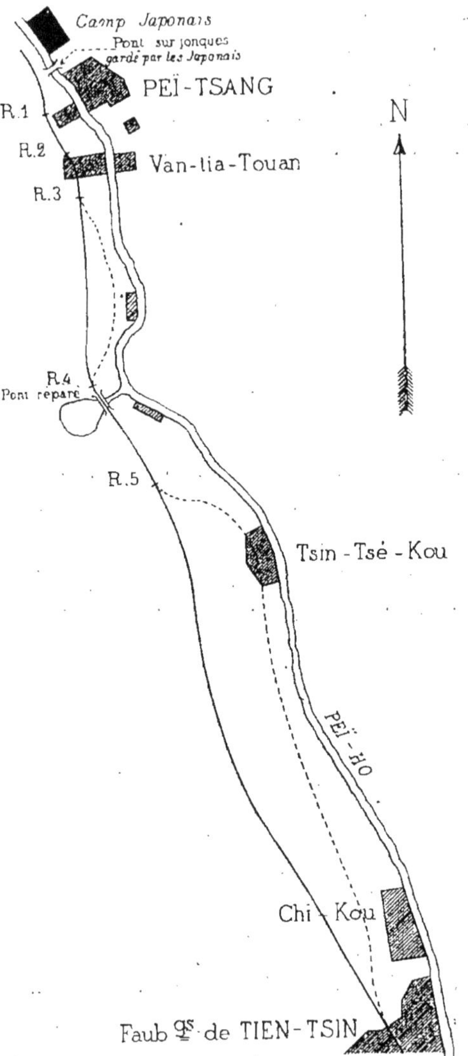

Fig. 1. — Croquis de la route de Tien-Tsin à Peï-Tsang (1/150 000).
———— Route à suivre.   - - - - - Digue du Peï-Ho.   R —— Rampes.

le raccordement des palées extrêmes avec les culées en

maçonnerie. Cette partie du tablier du pont repose sur de légers rondins encastrés dans la maçonnerie (fig. 2); ces pièces ont travaillé au cisaillement et sont rompues. A ce dispositif défectueux on substitua un autre (fig. 3) dans lequel la poutrelle repose sur un rondin. Faute de bois de dimensions suffisantes, on a dû racheter la diffé-

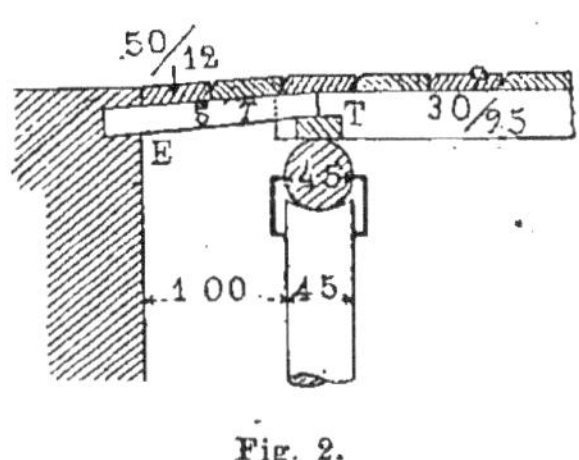

Fig. 2.

rence de niveau entre cette partie du pont et les travées suivantes par une couche de terre mêlée de branchages.

Pont près Toung-Tchéou sur le Peï-Ho. — Le détachement du sergent Mongellaz fut chargé de construire un

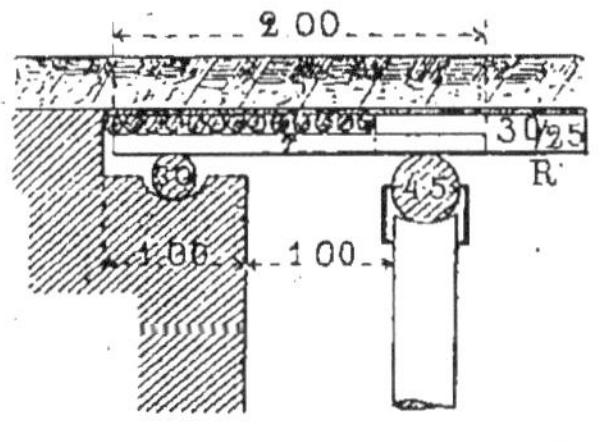

Fig. 3.

pont sur le Peï-Ho pour donner passage à la colonne revenant d'une expédition sur les tombeaux de *Tounling*.

Le fleuve, au point désigné par le commandement, a une largeur de 75 m, la rive de départ est escarpée, le fond du cours d'eau est vaseux. En raison des exigences de la navigation, il faut installer une portière. Les matériaux doivent être requis dans un village voisin qui témoigne peu d'empressement à les fournir, il s'y décide néanmoins lorsqu'on lui a pris des otages.

On dispose en définitive de cinq sampans, de planches, de quelques poutres, trop faibles d'ailleurs, et enfin d'arbres qu'on abat dans le voisinage. Ceux-ci servent à faire les chevalets et les poutrelles. On met huit poutrelles par travée, on les recouvre de madriers avec un lit de sorgho maintenu par un guindage et une mince couche de terre par-dessus tout.

Le pont était ainsi composé : un chevalet, un bateau, une portière de bateaux, un bateau et 11 chevalets. Sa construction demanda cinq jours de travail au détachement comprenant 1 sous-officier et 9 sapeurs; le lancement des chevalets fut assez difficile et nécessita plus d'une fois que les travailleurs se missent à l'eau.

Demi-compagnie de la 2ᵉ brigade.

Cette unité fut dirigée, le 4 octobre, sur Yang-Tsoun, localité qui paraissait alors devoir être occupée par le gros des troupes de la 2ᵉ brigade; elle y procéda sans retard aux travaux d'aménagement et d'installation : construction d'un four, forage d'un puits, etc.

Chargée de réparer la route de Yang-tsoun à Peï-Tsang, de manière à permettre le passage du matériel d'artillerie, elle eut à procéder à la réparation et à la consolidation de cinq ponts de 30 à 45 m de longueur. Au cours de ces travaux, un sergent et quatre sapeurs tombèrent à l'eau, mais furent heureusement sauvés. Les indications ci-dessus relatives à un travail analogue exécuté entre Tien-Tsin et Peï-Tsang suffiront à donner une idée de ce qui fut fait sur l'autre partie de la route.

Le 11 octobre, la section Le Blevenec fut désignée pour faire partie de la colonne dirigée sur Pao-Ting-Fou, le capitaine Noguette marcha avec cette unité qui, le long de la route, eut à exécuter quelques réparations aux ponts. —

Elle arriva à Pao-Ting-Fou le 19 octobre et, jusqu'au 20 novembre, fut occupée à l'aménagement des cantonnements de la place. Le capitaine Noguette l'avait devancée et était entré dans la ville le 17 octobre, avec l'avant-garde du lieutenant-colonel Drude ; il fut chargé d'occuper le télégraphe et la gare du chemin de fer de manière à réserver les droits de la France sur cette voie de communication.

La section Rougemont, maintenue provisoirement à Yang-tsoun jusqu'au 12 novembre, pour l'achèvement des travaux entrepris dans cette localité, rejoignit l'autre section à Pao-Ting-Fou le 21 novembre.

La demi-compagnie de la 2ᵉ brigade exécuta dans les cantonnements de Pao-Ting-Fou de nombreux travaux d'installation et d'aménagement dont le détail se trouve exposé au chapitre VII ; elle eut de plus la bonne fortune de prendre part aux opérations actives de la brigade au sujet desquelles on va maintenant donner quelques détails.

Colonne sur Ta-Li-Ko-Tchouang. — Du 20 au 24 novembre, un détachement composé du sous-lieutenant Le Blevenec et seize sapeurs accompagne la colonne dirigée sur Ta-Li-Ko-Tchouang pour purger cette région des Boxers qui l'infestent. Il eut à faire sauter deux portes de ville que le tir de l'artillerie n'avait pu détruire ainsi que deux pagodes ; il fut chargé en outre d'assurer la surveillance et la conservation d'un pont pour le passage de la colonne.

Colonne de Kiou-Tchang (9 au 22 décembre). — Le détachement qui prit part aux opérations sur Kiou-Tchang était commandé par le capitaine Noguette et comprenait le lieutenant Rougemont, 2 sous-officiers et 28 sapeurs. Il était muni d'outils de terrassier et de destruction, de 60 kilos de mélinite et disposait, pour transporter ce matériel, d'un mulet de bât et de deux voitures chinoises.

Les opérations principales de cette colonne furent l'attaque des villages murés de Pao-Kia-Tchouang, de Oui-Pé et de Kiou-Tchang, les 14, 15 et 16 décembre.

Devant le premier, l'artillerie ouvrit le feu pour faire brèche au rempart et, durant son tir, le détachement du génie fut mis en soutien de batterie. Au moment de donner l'assaut, il prit place entre les zouaves et l'infanterie de marche et s'avança jusqu'à quelques mètres de la porte; on reconnut alors que celle-ci n'avait pas été endommagée par l'artillerie, et les sapeurs furent chargés de la pétarder. L'opération réussit suffisamment pour donner passage à la colonne, mais la brèche dut être agrandie attendu que la porte, bourrée à l'intérieur, avait résisté au delà de ce qu'on devait supposer.

Le lendemain, devant Oui-Pé, le rôle des sapeurs fut le même que la veille, mais le tir de l'artillerie avait été plus efficace. Toutefois, afin d'éviter le mécompte qu'on avait éprouvé à Pao-Kia-Tchouang, le commandant de la colonne arrêta celle-ci à 400 m du rempart et alla de sa personne, accompagné du capitaine Noguette, reconnaître l'état de la brèche sous le feu de l'ennemi. Les sapeurs prirent ensuite part à l'assaut ainsi qu'à la guerre de rues assez vive qui suivit.

Le 16, devant Kiou-Tchang, la résistance des Chinois fut non moins sérieuse; l'attaque de la colonne française se dirigea sur la porte Est et prit comme point d'appui un faubourg distant de celle-ci de 400 m environ que le détachement du génie occupa, conjointement avec les zouaves et l'infanterie coloniale, pendant le tir d'artillerie. Il donna l'assaut avec toute la colonne, se battit ensuite dans les rues de la ville et fut chargé, à l'issue du combat, de garder la porte Ouest qu'il dut défendre contre un retour offensif des Chinois.

Le sapeur Deshayes reçut un coup de lance dans cette affaire; il fut compris avec le capitaine Noguette et le sergent Garnier dans les félicitations personnelles que le général en chef adressa à l'occasion des opérations de la colonne.

Colonne de Tcheng-Mao (30 décembre 1900 au 2 janvier 1901). — Cette colonne avait pour objectif une forte position, dite la Montagne Jaune, occupée par les Chinois, mais ceux-ci l'évacuèrent lorsqu'ils virent nos troupes approcher, et le rôle du génie se borna à faire sauter une pagode qui leur servait de point d'appui.

Colonne sur Hien-Hien (22 février-2 mars 1901). — Le détachement affecté à cette colonne comprenait le capitaine Noguette, le lieutenant Le Blevenec et trente hommes ; il était muni d'outils, de mélinite et de moyens de transport suffisants.

Son travail le plus important fut la réparation du pont de Sing-Kiao-Tcheng qu'une crue avait enlevé. L'ouvrage avait 60 m de long ; on essaya, avec l'aide de Chinois, de le rétablir en battant des pilots, mais ceux-ci furent enlevés dans la soirée même par une nouvelle crue. On reprit aussitôt le travail et, durant la nuit, on rétablit le passage à l'aide de jonques réquisitionnées dans les environs. Le lendemain, la colonne entière passait sur le pont.

Détachement de Sin-Lo. — Les communications entre Pao-Ting-Fou et les postes les plus avancés vers le Sud-Ouest utilisaient à Sin-Lo un pont-route construit par les Chinois et dont il importait d'assurer la conservation. En même temps, la Compagnie franco-belge du chemin de fer de Pékin à Han-Kéou construisait dans cette localité un pont que nous devions utiliser ultérieurement. En vue d'activer cette dernière opération et d'assurer, en attendant son achèvement, la conservation du pont-route, la section Le Blevenec (1 officier, 42 hommes) fut envoyée à Sin-Lo du 7 au 30 mars.

Son travail consista à relier le pont chinois, que les eaux avaient débordé par ses deux extrémités, avec les nouvelles rives du cours d'eau. La section établit ainsi entre le pont chinois et la rive gauche un pont de 110 m de long en pilots légers avec tablier en sorgho et terre. L'ouvrage fut construit du 9 au 11 mars.

Puis, du 12 au 19, la section établit entre le pont chinois et la rive droite une chaussée d'une longueur totale de 800 m, sur 4 m de large et 0,80 m de hauteur moyenne, constituée par des couches alternatives de sable et de sorgho, défendue, en amont, contre l'action des eaux par un clayonnage.

La section fournit en outre quelques hommes pour la surveillance des travaux du pont du chemin de fer exécutés par main-d'œuvre indigène.

Colonne de Tou-Haï-Fou (10 au 14 mars). — Le lieutenant Rougemont et 18 sapeurs prirent part à cette colonne au cours de laquelle ils eurent à faire sauter la porte principale du village de Chao-Tsé. Deux fourneaux de 10 kg de mélinite en vinrent aisément à bout.

Colonne de Houaï-Lou (16 avril-1er mai). — Au mois d'avril, les avant-postes français étaient au contact immédiat des forces chinoises établies derrière la muraille de Chine et la longanimité dont nous avions fait preuve jusque-là avait enhardi les ennemis. Des partis se montraient : leur attitude, la lenteur des négociations diplomatiques, les subterfuges employés pour en retarder la conclusion, rendaient vraisemblable une offensive de la part des Chinois. Il fallait l'empêcher. Les forces allemandes ayant reçu l'ordre de se porter au delà de la muraille pour refouler les Chinois en opérant dans une région où, jusqu'alors, nous avions assuré nous-mêmes la tranquillité, le général en chef, d'accord avec le Gouvernement, ordonna un mouvement en avant de nos forces du

Sud-Ouest. L'importance des opérations à prévoir exigeait la présence dans les colonnes d'une proportion plus considérable de troupes du génie. La demi-compagnie de la 2e brigade reçut en conséquence l'ordre de marcher tout entière, à l'exception d'un petit détachement laissé à Pao-Ting-Fou pour la garde des cantonnements. En outre, la compagnie 19/1 stationnée à Tien-Tsin mobilisa environ la moitié de son effectif et fut dirigée sur Pao-Ting-Fou. On verra plus loin la part prise par cette dernière unité dans les opérations.

Le détachement de la compagnie 9/4 comprenait le capitaine Noguette, le lieutenant Le Blevenec, l'officier d'administration Boutin et le médecin aide-major Langlois, 2 sous-officiers et 69 hommes. Il emmenait avec lui, en sus des outils de sac, 240 outils de terrassier, 18 de destruction, des cordages, clameaux, broches et 125 kg de mélinite. Ce petit parc était porté sur 4 animaux de bât et 5 voitures chinoises. A son passage à Sin-Lo, il se renforça du détachement de cette localité (1 sous-officier et 10 sapeurs).

L'objectif des forces françaises était la porte de Kou-Kouan au sud-ouest de Houaï-Lou; deux colonnes s'y dirigeaient : l'une, à gauche, sous les ordres du colonel Guillet, partait de Houaï-Lou et marchait sur Yu-Choui par Tong-Kia-Men, abordant de front les ouvrages chinois; l'autre, à droite, commandée par M. le général Bailloud, devait tourner ces ouvrages par le nord et atteignait Yu-Choui en passant par Pin-Chang. — Les forces allemandes devaient se tenir au nord de cette dernière localité.

Un petit détachement du génie, 2 sous-officiers et 14 hommes, marchait avec la colonne Guillet; le reste de la 1/2 compagnie 9/4 avec tous les officiers accompagnait la colonne Bailloud et, à partir de Pin-Chang, là précéda d'une journée afin de rendre praticable à l'artillerie le sentier fort mauvais qui mène à Yu-Choui.

On compte environ 30 km de Pin-Chang à Yu-Choui et le sentier est établi en terrain rocheux, la plaine est coupée de canaux d'irrigation qu'il faut combler. Nombreuses furent les réparations à exécuter et plus nombreuses encore peut-être les déviations à créer. — On réussit cependant à venir à bout de ce travail considérable en l'espace de deux jours (21 et 22 avril) grâce à la main-d'œuvre indigène recrutée sur place. 1500 coolies environ y furent employés dans ce laps de temps sous la surveillance et la direction des sapeurs.

Tandis que le capitaine et le lieutenant, en tête de colonne, indiquaient les travaux à exécuter et laissaient le nombre d'hommes nécessaire, l'officier d'administration marchant derrière la colonne réparait la route après le passage du convoi.

Le travail exécuté pendant ces deux journées fut réellement considérable et fait honneur à ceux qui l'ont dirigé; ils obtinrent d'ailleurs les félicitations du commandement.

Les colonnes françaises atteignirent Kou-Kouan le 24 avril, elles trouvèrent les Chinois retirés au delà de la muraille de Chine ; le général en chef estimant que cette retraite de l'ennemi suffisait à affirmer notre supériorité sur lui; soucieux d'ailleurs d'éviter, selon les instructions du Gouvernement, tout engagement inutile, prescrivit à la 2ᵉ brigade de reprendre ses anciennes positions.

En quittant Kou-Kouan, la compagnie du génie fut chargée de faire sauter les munitions laissées par les réguliers et contenues dans trois poudrières. L'opération s'exécuta sans incident.

Le retour sur Pao-Ting-Fou eut lieu par une chaleur très forte, sur un terrain sablonneux rendant la marche pénible; dans ces circonstances nos sapeurs firent preuve d'un entrain et d'une endurance remarquables. Bien que peu entraînés à la marche au début de la campagne et occupés sans cesse à des travaux de toute nature, ils avaient progressivement atteint le degré d'entraînement nécessaire pour suivre en toutes circonstances les troupes avec lesquelles ils devaient marcher, tout en accomplissant la tâche spéciale et souvent lourde qui leur incombait. Avec une entente très judicieuse de la situation, leurs officiers avaient d'ailleurs allégé leur chargement en requérant des voitures pour le transport des sacs partout où cela était possible. On croit devoir signaler tout particulièrement cette mesure dont il faudrait pouvoir généraliser l'application. Si l'on veut en effet que le sapeur accomplisse en cours de route des travaux de quelque valeur, il faut absolument alléger sa charge ; il faut d'ailleurs en temps de paix l'habituer aux marches et soigner spécialement cette partie de son instruction. Enfin, lorsqu'on doit opérer dans un pays difficile où les chemins et sentiers nécessitent d'importantes améliorations, il faut que les détachements du génie précèdent la colonne, non pas seulement de quelques kilomètres, mais d'une journée de marche tout entière, afin d'avoir le temps voulu pour travailler effectivement. Si la marche doit se prolonger dans ces conditions pendant plusieurs jours, la colonne devra disposer de deux fractions du génie se relayant l'une l'autre pour ce service pénible qui comporte une journée d'étape double suivie d'une autre de travail. C'est ainsi qu'avait été organisée la colonne mobile de Tananarive en 1895 et les résultats obtenus alors furent excellents.

Il a paru utile d'enregistrer ces résultats en passant et d'appeler sur eux l'attention de nos camarades.

Colonne sur Ngan-Ping et Ki-Tchéou (15 mai-1er juin). — Le but de cette colonne était d'amener la pacification de la région comprise entre Ting-Tchéou et Hien-Hien, de concert avec les forces chinoises, et de montrer aux populations troublées depuis une année que les troupes européennes et les réguliers chinois étaient d'accord pour

LE GÉNIE EN CHINE 1901-1902
Planche II
Opérations dans la Région
de
PAO-TING FOU 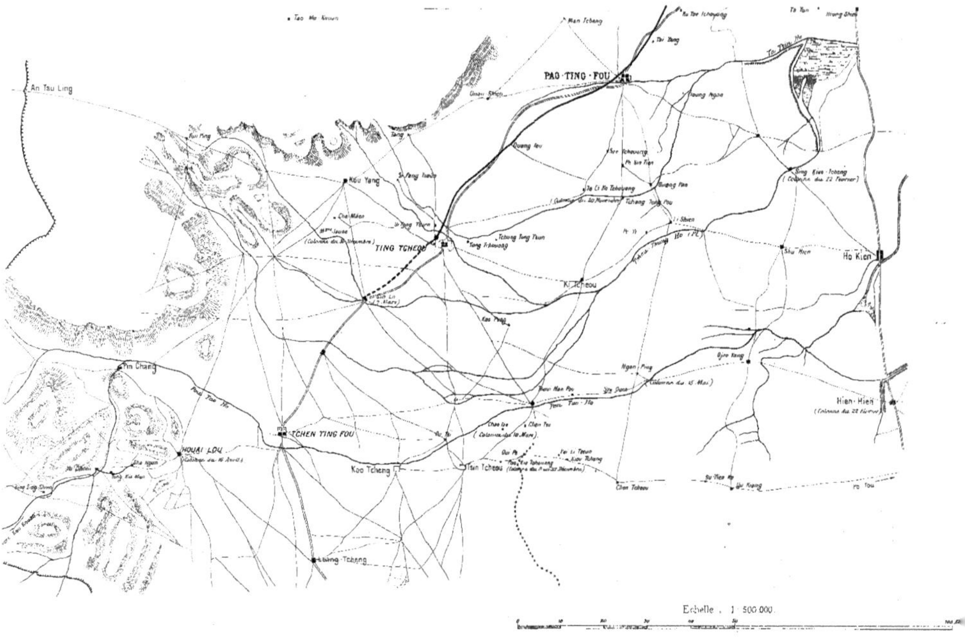
Echelle . 1 500 000

faire cesser l'état de révolte. En même temps, la présence de nos troupes auprès des réguliers donnait à ceux-ci un peu plus d'ardeur au combat ; eux, de leur côté, par la connaissance des lieux et des habitants, devaient faciliter les recherches des fauteurs de désordre et se charger au besoin des châtiments à leur infliger.

Des opérations de cette nature comportent nécessairement des marches suivant des directions variées et il serait hors de propos d'en donner ici le détail ; on en retiendra seulement les incidents ayant intéressé particulièrement les troupes du génie.

Deux colonnes furent ainsi mises en mouvement ; l'une sous les ordres de M. le général Bailloud avait Ngan-Ping pour objectif, l'autre sous ceux du colonel Guillet était dirigée sur Ki-Tchéou.

A la première était attachée une section du génie (capitaine Noguette, aide-major Langlois, 2 sous-officiers, 46 hommes avec deux mulets de bât et 4 voitures chinoises) portant quelques outils et engins de destruction.

A la seconde, un détachement (lieutenant Gilbert, 1 sous-officier, 24 hommes).

La colonne de Ngan-Ping donna l'assaut le 21 mai au village de Tsoui-Nan-Pou ; les sapeurs y prirent part et firent sauter les munitions et les grosses pièces de l'ennemi. — Le lendemain ils achevèrent un pont de 30 m sur le Pou-Tao-Ho, commencé par les Chinois.

Les opérations autour de Ngan-Ping et de Ki-Tchéou, exécutées en une saison où la chaleur commence déjà à se faire vivement sentir, montrèrent une fois de plus l'excellent état d'entraînement de nos troupes en général et des sapeurs en particulier.

Ici se terminent les opérations de la 2e brigade ; la demi-compagnie attachée à cette unité resta à Pao-Ting-Fou jusqu'au 1er juillet, date à laquelle furent supprimés les commandements du génie de brigade. Le 14 juillet,

la compagnie 9/4 tout entière était rembarquée pour la
France ; elle laissait cependant au Petchili environ 60 hommes destinés à faire partie de la compagnie 19/1 appelée
à rester en Chine avec le corps d'occupation.

Compagnie 19/1.

Cette unité, provenant du 7ᵉ régiment, s'est embarquée
le 10 août, à Marseille, sur le *Notre-Dame-du-Salut ;* elle
débarqua à Tong-Kou le 30 septembre, n'ayant perdu que
2 mulets en cours de route.

Pendant toute la campagne, sauf toutefois au cours des
opérations sur Houaï-Lou, dont il a été question à propos
de la 9/4, la compagnie 19/1 a eu sa portion centrale à
Tien-Tsin où elle a concouru pour une très notable partie
à la construction et à l'aménagement des cantonnements.
Ces travaux seront étudiés aux chapitres concernant le
service des étapes. Elle a fourni de plus des détachements
pour divers travaux et notamment à Tong-Kou et à Chan-
Haï-Kouan.

On va passer successivement en revue les opérations de
la portion centrale et celles des détachements.

Portion centrale.

Réparation de la route et des ponts entre Tien-Tsin et
Tong-Kou. — Bien que ces deux localités fussent réunies
par une voie ferrée, le commandement jugea nécessaire de
remettre en état la route qui les joint, afin d'être en mesure
d'y faire passer le matériel roulant du corps expéditionnaire dont le transport par wagon ne pouvait toujours être
assuré. En conséquence, le capitaine Curtet fut chargé de
reconnaître la route et ses ouvrages d'art. La reconnaissance de cet officier démontra que si la route était en bon
état, sauf cependant aux abords immédiats de Tien-Tsin,
un certain nombre de ses ouvrages d'art avaient été dé-

truits ou nécessitaient des travaux de réparation. La figure 4

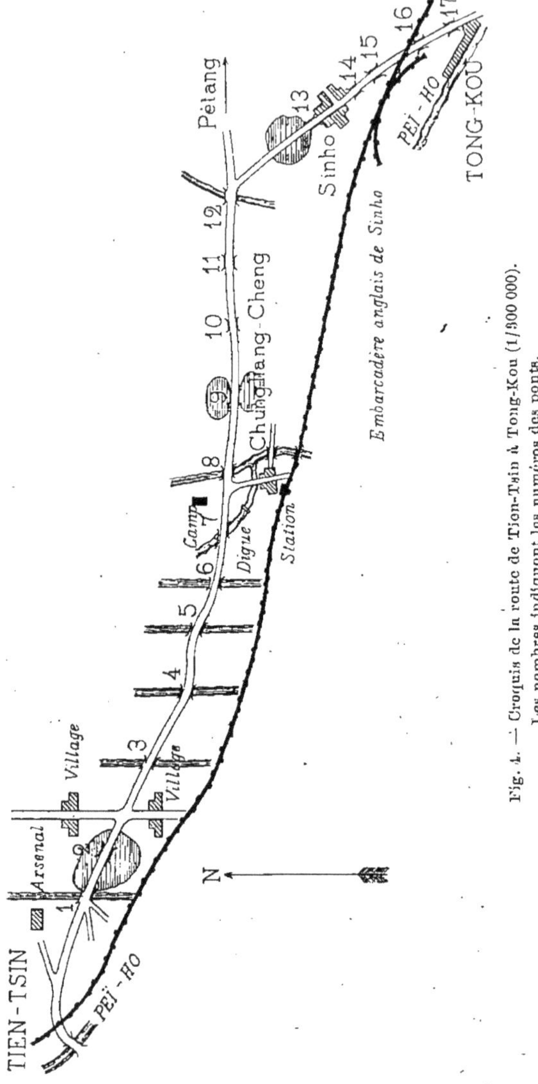

Fig. 4. — Croquis de la route de Tien-Tsin à Tong-Kou (1/300 000).
Les nombres indiquent les numéros des ponts.

donne l'ensemble de la route : les ponts 1, 2 et 8 étaient

entièrement détruits, les 14 autres simplement endommagés pouvaient être aisément réparés.

Pont n° 1. — Le tablier a disparu, les pilots sont brûlés dans leur partie supérieure ; on peut les recéper et y

PONT N° 1 (1/300).

Fig. 5. — État du pont détruit. Élévation.

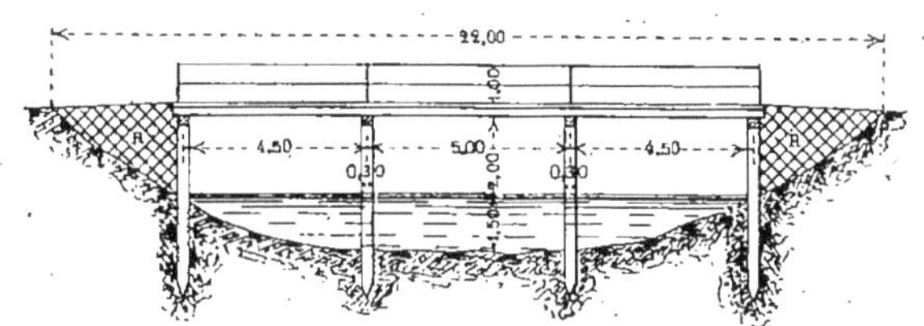

Fig. 6. — Pont reconstruit. Élévation.

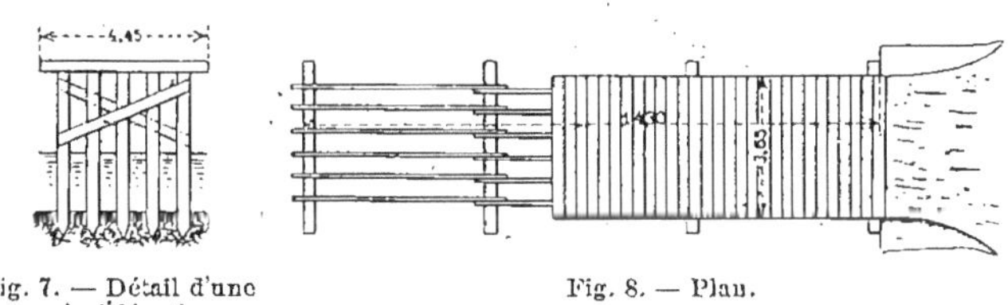

Fig. 7. — Détail d'une
travée. Élévation.
           Fig. 8. — Plan.

adapter par des entures un prolongement dont les arbres du voisinage fournissent les éléments ; des traverses obliques placées de part et d'autre de la palée assurent la solidité de l'ensemble (fig. 5 à 9).

Pont n° 2. — Rien ne subsiste de cet ouvrage établi sur un marais ; faute de bois de charpente à proximité, on se décide à le remplacer par une digue en fascines et en rondins recouverts de terre (fig. 10, 11 et 12).

Les deux ouvrages ont été construits du 8 au 19 octobre par un détachement de 2 sous-officiers et 30 hommes sous les ordres de l'adjudant Gouviac.

Le pont n° 1 exigea par la suite (16 mai) une réparation assez importante, les bois qui le constituaient ayant eu

Fig. 9. — Vue d'ensemble du pont n° 1 après sa reconstruction.

pour les Chinois un attrait tout particulier. Le pont n° 2 (digue) détruit par un incendie en mars fut remplacé par une digue en terre.

Pont n° 8 près Chung-Liang-Cheng. — La route primitive traversait un cours d'eau dans lequel la marée se fait sentir et produit des dénivellations importantes ; ce cours d'eau est d'ailleurs navigable. Il est nécessaire par conséquent d'établir un pont de jonques, mais l'ancien emplacement s'y prête fort mal en raison de la hauteur des rives ;

il est de plus éloigné du poste de Chung-Liang-Cheng où une garde est installée. On décide en conséquence de modifier le tracé de la route pour emprunter la rue du village en question, disposition qui oblige à établir deux ponts au lieu d'un. Toutefois, l'un d'eux peut être remplacé par

Pont nᵒ 2 (1/200).

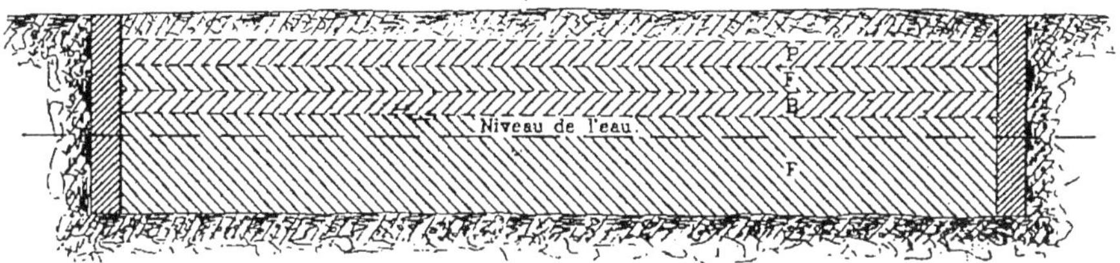

Fig. 10. — Digue remplaçant l'ouvrage détruit. Coupe longitudinale.

P, pierres ; F, fascines ; B, bois en grumes.

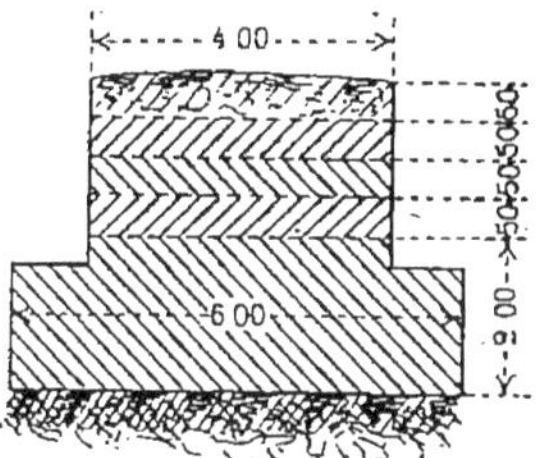

Fig. 11. — Coupe transversale.

une digue en terre et fagots, attendu que l'arroyo à traverser n'a pas de courant.

On entreprend dès le 23 octobre la construction du pont sur supports flottants avec 5 hommes et 20 coolies.

La difficulté principale provient des différences de niveau produites par la marée qui peuvent atteindre 2,20 m.

On se décide à établir entre chacun des deux derniers bateaux et la culée voisine un chevalet à chapeau mobile. A cet effet, ledit chapeau est fixé solidement aux poutrelles de la travée qui le réunit au bateau voisin ; il suivra donc naturellement les oscillations de ce dernier.

Afin d'assurer sa fixité et aussi la solidité du support, on le soutient par de fortes chevilles qui traversent les pilots entre lesquels il glisse. Les figures 13 et 14 font suffisamment ressortir l'économie de cette disposition. La circulation des voitures étant assez faible, on se dispensait

Fig. 12. — Vue d'ensemble de la digue remplaçant le pont n° 2.

généralement de poser la cheville qui n'était mise en place qu'au passage des convois.

Le pont-digue (fig. 15 et 16) entrepris en même temps était d'une construction plus simple, le fond en fut constitué par deux vieilles jonques coulées et des jarres à fond percé de manière à assurer l'écoulement de l'eau.

Le corps de la digue comprenait des couches alternatives de briques et de bottes de paille de riz.

Les deux ouvrages furent terminés le 1er novembre.

Au cours de la construction du pont de jonques, on eut

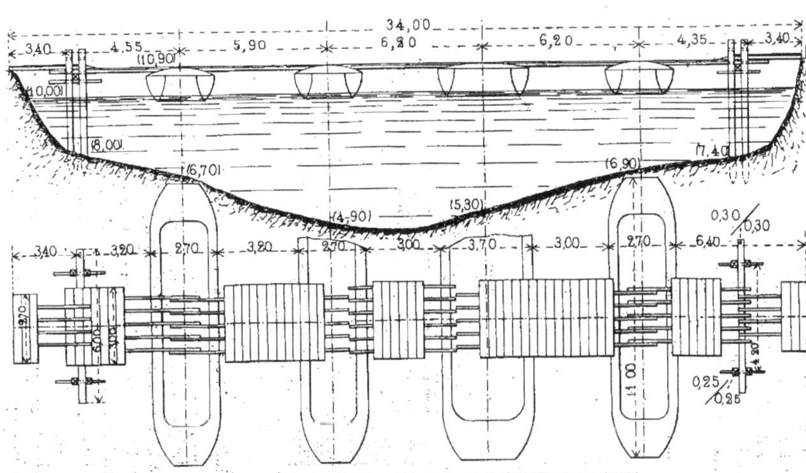

Fig. 18. — Pont de jonques de Chung-Liang-Cheng (nº 8). Élévation et plan (1/200).

à déplorer la perte du sapeur Pauffy qui, tombé à l'eau peu de temps après avoir pris son repas, ne put être retrouvé. A cette occasion le maître-ouvrier Perès, les sapeurs Daffis et Bonnard firent acte de courage et de dévouement en essayant de sauver leur camarade. Ils obtinrent

Fig. 14. — Vue d'ensemble du pont de jonques de Chung-Liang-Cheng (n° 8).

les félicitations du général en chef et, ultérieurement, une médaille d'honneur.

Pont de Yang-tsoun. — Yang-tsoun est un gros village, sur le bord du Peï-Ho ; il avait une importance assez grande non seulement par les ressources en cantonnement qu'on y pouvait trouver, mais encore par ce fait que la voie ferrée de Pékin resta interrompue en ce point jusqu'en décembre 1900. Yang-tsoun était ainsi le point de départ

de la ligne d'étapes terrestre. Les divers corps expéditionnaires y avaient des détachements.

Les Russes y construisirent un pont qui, faute d'entretien, se détériora assez rapidement ; il avait d'ailleurs pour
nous le défaut d'être fort éloigné de la gare du chemin de
fer et du quartier que nous occupions. Le général en chef

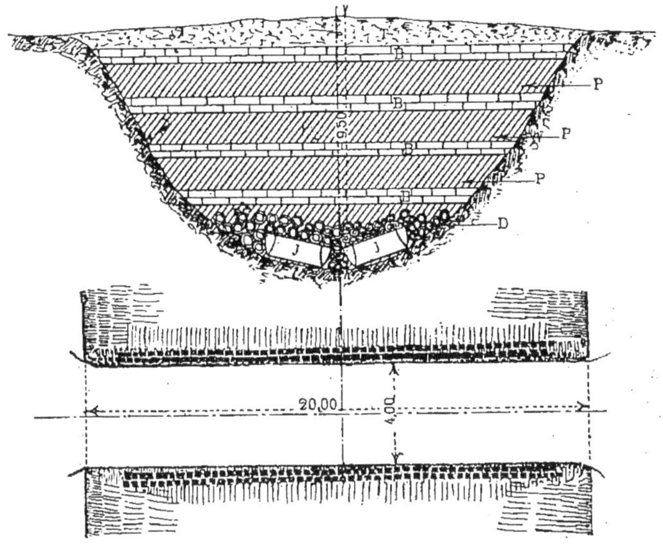

Fig. 15. — Pont-digue de Chung-Liang-Cheng (n° 8 *bis*). Coupe et plan (1/300).

T, terre végétale ; P, bottes de paille de riz ; B, briques ; J, jonques coulées ;
D, jarres à fond percé.

ordonna en conséquence de construire un nouveau pont
pour desservir cette localité. Le 8 novembre, le capitaine
Curtet reconnut l'emplacement à choisir qui fut approuvé
par le commandement. En raison de la navigation assez
intense du Peï-Ho, on ne pouvait songer qu'à un pont sur
jonques en y ménageant d'ailleurs une portière.

La recherche et l'achat de jonques prirent un temps
assez long et c'est seulement le 24 novembre qu'elles
furent acheminées de Tien-Tsin sur Yang-tsoun. Le déta-

chement de la 19/1 arriva le 25, s'installa, et le travail
commença le 27.

Le pont avait 56 m de longueur et on donna 3 m de
large au tablier (fig. 17). Il comprenait six jonques avec
une portière, au centre, formée de deux jonques plus petites. On dut aménager les rampes d'accès sur les rives.

Fig. 16. — Vue d'ensemble du pont-digue de Chung-Liang-Cheng (n° 8 *bis*).

Le travail était terminé le 30 novembre à 5 h du soir,
il avait été exécuté sous la direction du capitaine Curtet
par un détachement de 2 sous-officiers et 30 hommes ; le
froid, déjà très vif à ce moment, et les glaces que charriait
le Peï-Ho rendaient l'opération assez difficile.

Pont de Tien-Tsin. — Les concessions européennes de
Tien-Tsin situées sur la rive droite du Peï-Ho sont reliées
à la gare du chemin de fer, placée sur la rive gauche, par

un pont de bateaux débouchant sur la concession française

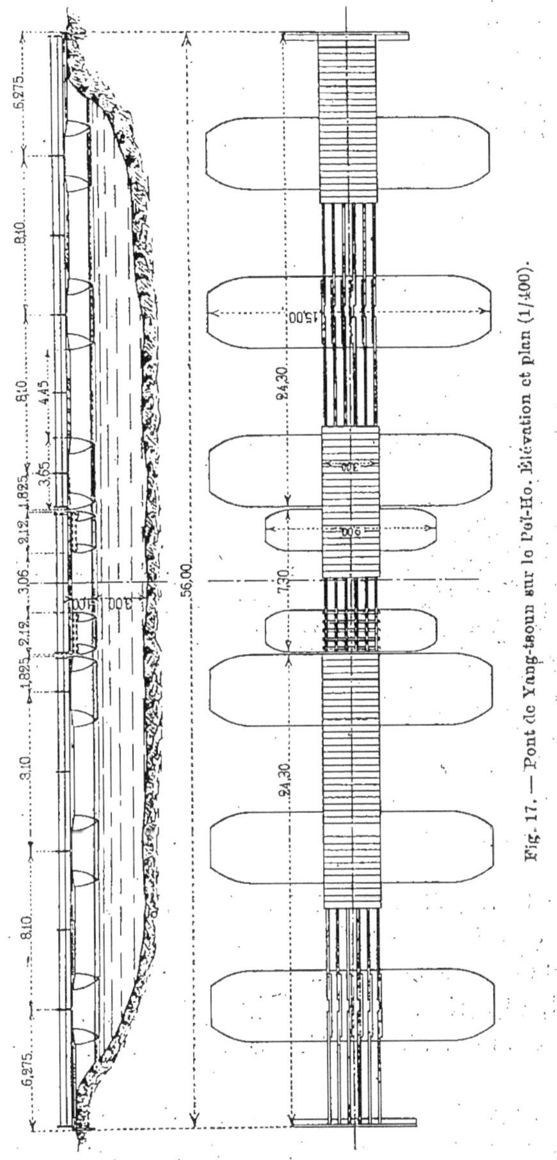

Fig. 17. — Pont de Yang-tsoun sur le Peï-Ho. Élévation et plan (1/400).

(fig. 18). C'est de tous les ponts de la ville le plus fréquenté

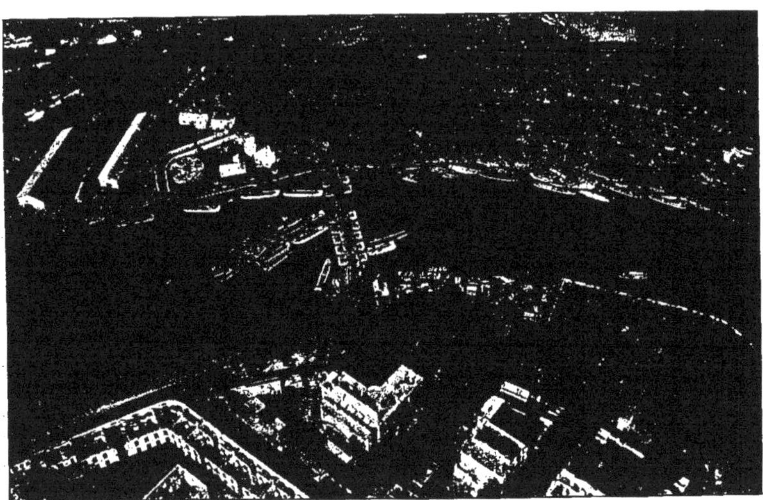

Fig. 18. — Tien-Tsin. Le pont français sur le Peï-Ho. Rive droite, ruines de la concession française. Rive gauche, la gare du chemin de fer et ruines chinoises. (Cliché du capitaine Plaisant.)

par les détachements de diverses nationalités et la circulation très intense qu'il reçoit doit être interrompue fréquemment pour donner passage aux nombreux bateaux qui naviguent sur le fleuve.

Construit avant l'arrivée des troupes du génie, ce pont leur fut confié et la compagnie 19/1 fournit une équipe permanente pour la manœuvre de la portière et l'entretien du pont. Le service de ce petit détachement ne ressemblait en rien à une sinécure. Aux heures avoisinant l'arrivée ou le départ des trains, le pont était livré à la circulation et, pendant ce temps, jonques et embarcations s'amoncelaient de part et d'autre attendant l'ouverture de la portière. Celle-ci ouverte, c'était entre toutes ces jonques, portant les pavillons les plus variés, une véritable course au clocher pour obtenir le passage ; il fallait souvent lutter à la gaffe contre les équipes de coolies qui s'obstinaient à avancer alors qu'il n'y avait pas place pour leur bateau. Si un phonographe avait pu enregistrer les cris, les imprécations, peut-être même parfois les jurons, qui s'échangeaient alors, il posséderait certainement le plus riche vocabulaire d'injures en toutes les langues qui se puisse rencontrer. L'oubli de cet instrument dans la collection de ceux que possédait le service du génie causera peut-être une perte pour les linguistes, mais non certes pour les manuels de conversation polyglottes à l'usage de la jeunesse. Au milieu de tout ce fracas, nos bons sapeurs faisaient de leur mieux pour obtenir un peu d'ordre et ne ménageaient ni leurs bras ni leurs poumons.

Leur travail ne se borna pas d'ailleurs à ces manœuvres et ils durent procéder à la réparation du tablier dont l'usure était rapide, sous cet incessant passage de convois.

La gelée vint leur apporter quelque répit, mais, au moment de la débâcle, en mars, il fallut prendre de grandes précautions pour empêcher les glaces de briser les embarcations ; un détachement de 20 hommes dut pendant vingt-quatre heures et sans interruption éloigner les glaçons à la gaffe.

A cette période de dégel succéda un abaissement notable du niveau de l'eau, dont le minimum fut atteint à la fin du mois de mai ; la rampe d'accès sur la rive gauche dut être adoucie et prolongée ; il fallut reporter le corps mort vers la rive et installer de faux tabliers. Puis, les jonques de culée touchant le fond s'inclinèrent ; on les repoussa au large de 0,50 m environ et il fallut remplacer les poutrelles de culée.

En résumé, le pont de Tien-Tsin nécessita un entretien journalier pendant toute l'année et fut, tant pour la compagnie 19/1 que pour la chefferie de la place, un sujet de fréquentes préoccupations.

Pont de Han-Kou. — La voie ferrée reliant Tong-Kou à Chan-haï-Kouan, localité qui, ainsi qu'on l'a vu au chapitre Ier, sert de port de débarquement pendant la période où le golfe du Petchili est gelé, traversait le fleuve Pe-Tang-Ho à Han-Kou, sur un grand pont métallique que les insurgés détruisirent de fond en comble.

La circulation des trains sur la voie ferrée était rétablie de part et d'autre du pont, en janvier 1900, mais il fallait procéder à un transbordement à Han-Kou. L'opération était difficile, car si le fleuve était gelé sur 0,50 m d'épaisseur, l'effet des marées, dont la hauteur moyenne est de 1,50 m, est de briser la glace dans le voisinage des rives et d'en rendre par suite l'accès fort difficile. La compagnie 19/1 fut chargée d'organiser un moyen de passage consistant à relier aux rives la partie solide de la glace. Un détachement de 30 hommes y fut employé du 10 au 13 janvier.

Le fleuve a 150 m de largeur et, sur un espace de 15 à 20 m le long de chaque rive, les glaçons disloqués par la

---

1. Les travaux de réparation de ce pont, exécutés par les Allemands, sont indiqués au chapitre XII.

marée n'offrent qu'une surface irrégulière sur laquelle tout charroi serait impossible quand bien même ces glaçons auraient la force de supporter le passage des fardeaux. On se décida à relier la partie permanente de la glace avec chaque rive à l'aide d'une travée sur supports flottants, mais pour placer les bateaux employés il fallut débiter la glace à la scie passe-partout et dégager les glaçons au fur et à mesure.

En définitive, le pont (fig. 19) comprenait sur la rive gauche 4 travées formant une longueur totale de 25 m et, sur la rive droite, 3 travées formant 20 m de tablier. Entre les deux, une piste de 110 m environ formée par la glace recouverte de terre. Sur la rive gauche, assez escarpée, il fallut aménager une rampe et une amorce de route.

Au moment de la débâcle, les deux portions de tablier furent conservées et servirent d'appontement pour l'accostage du va-et-vient qui assurait le passage du fleuve.

Le pont de Han-Kou donna l'occasion d'employer les bateaux et nacelles de l'équipage de pont emmené de France. Il était en effet impossible, au moment de la prise des cours d'eau, de transporter les jonques du pays. Nos embarcations réglementaires, au contraire, purent être expédiées à pied d'œuvre par voie ferrée et permirent ainsi de nous tirer d'embarras. Ce fait paraît bon à noter, car, lors de la constitution du matériel du corps expéditionnaire, l'utilité d'un équipage de pont avait été assez vivement contestée en raison des nombreuses ressources du pays en embarcations de toute nature.

Colonne de Houaï-Lou (19 au 29 avril). — On a vu précédemment, dans le compte rendu des opérations de la compagnie 9/4, qu'à la fin du mois d'avril le général en chef décida de porter en avant les troupes de la 2e brigade pour refouler au delà de la grande muraille les Chinois devenus trop entreprenants. Ce mouvement suffit à amener sans combat la décision cherchée. Toutefois, en pré-

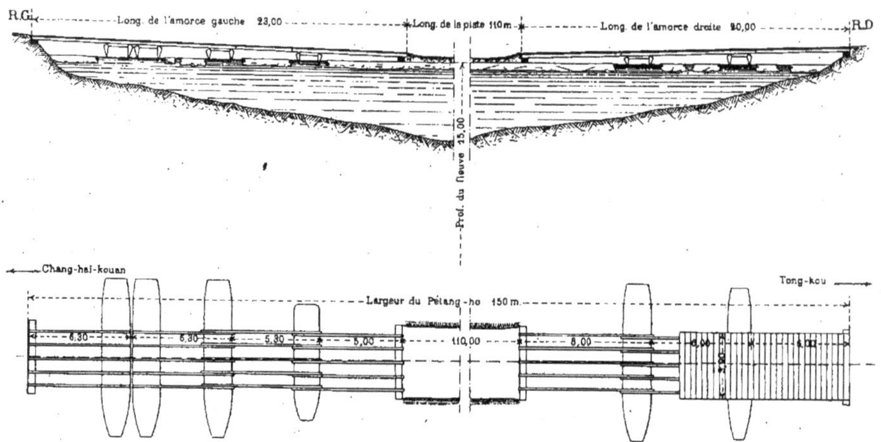

Fig. 19. — Passage établi sur le Pe-Tang-Ho à Han-Kou. Élévation et plan (1/300).

vision des éventualités possibles, le commandement avait résolu d'augmenter les troupes du génie et ordonna qu'une unité nouvelle à l'effectif de 100 sapeurs, cadres compris, serait adjointe à la 2e brigade. La compagnie 19/1 fut chargée de la constituer ; 3 officiers : le capitaine Curtet, les lieutenants Lamarche et Dorido, en firent partie, ainsi que le médecin-major Pouy. Comme matériel, elle disposait d'une voiture de sapeurs-mineurs, d'une voiture légère d'explosifs et de 4 caisses de bât.

Transportée de Tien-Tsin à Pao-Ting-Fou et Ting-Tchéou par voie ferrée, elle arrive dans cette dernière localité le 21 avril. Là, elle laisse sa voiture de sapeurs-mineurs, qui aurait difficilement pu suivre les mauvaises routes de la région montagneuse ; les parties essentielles de son chargement sont réparties sur 3 voitures chinoises ; 7 autres voitures analogues porteront les bagages, les vivres et les sacs des malingres.

La compagnie se met en marche le 21 dans la journée, atteint Sin-Lo, puis Tchen-Ting-Fou le 22 ; elle en repartait le 23 au matin lorsque survint l'ordre prescrivant aux troupes de renfort d'arrêter leur mouvement et de regagner Pao-Ting-Fou. La compagnie 19/1 y parvint le 27, après avoir pris une journée de repos, et regagna Tien-Tsin par voie ferrée. A défaut d'opérations militaires importantes, la compagnie avait exécuté d'une manière très satisfaisante des marches parfois pénibles en raison do l'état du sol et de la température ; elle s'était rapidement mobilisée et avait su apporter à l'organisation de ses moyens de transport les modifications rendues nécessaires par les circonstances.

Travaux divers. Aménagement de villages. — De retour à Tien-Tsin, la compagnie 19/1 reprit son service dans la place et fournit à la chefferie les chefs de chantiers et surveillants de travaux dont celle-ci avait besoin. Elle y assurait en outre le service de protection contre l'incendie et eut, en plusieurs circonstances, l'occasion de se signaler sous ce rapport.

Les travaux principaux furent des aménagements de villages exécutés sur l'ordre du commandement, dans le but de donner à nos troupes des cantonnements moins resserrés que ceux de la saison d'hiver. Elle organisa ainsi Koun-Koun-Touan, près de Yang-Tsoun et Chung-Liang-Cheng, à mi-chemin entre Tien-Tsin et Tong-Kou. Puis, à la suite d'une reconnaissance du capitaine Belhague dans la région de Chan-Haï-Kouan, le général en chef ordonna l'aménagement de Seu-Chan-Tzan et de Mou-Zaie.

En juillet, la compagnie subit une transformation : elle versa tous ses hommes libérables dans l'année à la compaguie 9/4 désignée pour le rapatriement, reçut des autres unités du génie des hommes appartenant aux classes plus jeunes et, réduite à l'effectif de 200 hommes, fut chargée d'assurer le service de la brigade d'occupation.

Pour achever l'exposé de ses travaux, il reste à parler maintenant de ceux exécutés par la section Pacton à Tong-Kou et le détachement Lamarche à Chin-Van-tao.

Détachement de Tong-Kou. — La section Pacton, laissée à Tong-Kou pendant toute la durée de son séjour en Chine, participa aux divers travaux de la chefferie de cette place jusqu'en janvier 1900, date à laquelle cet organe fut supprimé. Le détail s'en trouvera exposé plus loin au chapitre VI. Entre temps la section avait coopéré à la réfection des ouvrages d'art de la route de Tong-Kou à Tien-Tsin.

Après la suppression de la chefferie, Tong-Kou, place annexe de Tien-Tsin, fut placée sous la direction du lieutenant commandant le détachement ; c'est durant cette période que furent exécutés les appontements et le raccordement de voie ferrée dont il sera parlé au chapitre VI.

Détachement de Chin-Van-tao. — Le 6 novembre, sur la demande de l'amiral commandant en chef l'escadre d'Extrême-Orient, un détachement commandé par le lieutenant Lamarche et comprenant 15 sapeurs arriva à Chin-Van-tao pour organiser en ce point voisin de Chan-Haï-Kouan la base auxiliaire de débarquement destinée à être utilisée pendant l'hiver.

Les travaux exécutés à Chin-Van-tao d'après les indications du service maritime comprennent divers pavillons pour l'installation de la direction du port, le logement des officiers et de 25 marins, une ambulance de 25 lits pour les hommes à rapatrier (fig. 20 et 21). On trouva sur place des billes de bois qu'il fallut débiter et on dut extraire la pierre de la montagne voisine. Les sapeurs s'installèrent ensuite à Mafang pour organiser un gîte d'étapes dans cette localité qui fut reliée à Chin-Van-tao et à la gare de Tang-Ho par un fil téléphonique. On construisit en outre à Chin-Van-tao un hangar pour abriter les embarcations et un mirador pour permettre l'échange de signaux avec la rade. On y installa enfin une glacière en vue de l'occupation pendant l'été. Ces divers travaux furent achevés en mars, et le 18 de ce mois le détachement rentrait à la portion centrale. M. l'amiral Pottier voulut bien exprimer sa satisfaction des résultats obtenus par le détachement du génie.

Sapeurs de chemins de fer. — La demi-compagnie 23/3 du 5ᵉ régiment (capitaine Guyot, lieutenants Genin et Coste), pourvue d'un parc sur routes, s'embarque à Marseille sur la *Ville-de-Tamatave*, le 1ᵉʳ septembre, à l'exception d'un détachement de 18 sapeurs embarqués déjà sur le *Matapan*. Elle arrive le 16 octobre à Ta-Kou, débarque le même jour à Tong-Kou, est dirigée le 17 sur Tien-Tsin où elle est employée aux travaux de la place. Les 18 hommes du *Matapan*, arrivés seulement le 19 octobre à Ta-Kou, restent provisoirement employés à Tong-Kou. Le 5 novembre le lieutenant Coste est dirigé sur cette dernière place pour y installer un aiguillage sur la voie ferrée de Tien-Tsin, destiné à raccorder celle-ci à un embranchement appelé à desservir l'appontement projeté à Tong-Kou.

TRAVAUX DE CHIN-YAN-TAO.
(Clichés du capitaine Calmel.)

Fig. 20. — État d'avancement au 25 novembre 1900.

Fig. 21. — Construction du poste français.

A la suite de l'entente établie par ordre du général en chef entre le commandant du génie et le représentant de la compagnie franco-belge du chemin de fer Pékin-Han-Kéou, il fut décidé que la demi-compagnie 23/3 serait en entier employée à la réfection de la ligne Lou-Kou-Kiao-Pékin. En conséquence, le 12 novembre la section Génin est dirigée sur Pao-Ting-Fou, tandis que la section Coste, sous le commandement du capitaine Guyot, se porte à Lou-Kou-Kiao de manière à entreprendre la réfection de la ligne par ses deux extrémités. Ce travail, ainsi que le prolongement de la voie ferrée franco-belge depuis Lou-Kou-Kiao jusque dans l'intérieur de Pékin, sera exposé plus loin au chapitre spécial des chemins de fer. Il constitue l'œuvre la plus importante de la compagnie 23/3.

Cette unité fournit en outre un détachement au capitaine Calmel pour l'étude d'un tracé de voie ferrée destiné à raccorder directement Tien-Tsin à Pao-Ting-Fou. Elle fut rappelée à Tien-Tsin en juin, laissant cependant un détachement à Pékin sur le chantier de la caserne des Légations ; un autre fut dirigé sur Chung-Liang-Cheng pour la surveillance du chantier de construction de la caserne définitive de ce poste ; le surplus fut employé aux travaux de Tien-Tsin. Le 3 juin, le capitaine Guyot, nommé chef du génie à Chang-haï, passa le commandement de la compagnie au capitaine Génin. La 23/3, après avoir fourni son contingent à la 19/1 maintenue en Chine, fut rapatriée, sous le commandement du lieutenant Coste, le 14 août.

Section télégraphique. — La section télégraphique (capitaine Lévy, sous-lieutenant Quillacq), formée par le 1er régiment du génie, s'embarque, comme les sapeurs de chemins de fer, sur la *Ville-de-Tamatave* et débarque avec eux.

A son arrivée à Tien-Tsin, elle est renforcée du détachement de télégraphistes de la marine constitué avant la formation du corps expéditionnaire et comprenant 1 officier (lieutenant Froustey), 2 sous-officiers, 32 caporaux et soldats empruntés aux divers corps de troupe de la marine.

Le détail de ses travaux prendra place au chapitre spécial de la télégraphie, on se bornera à indiquer ici la participation de l'unité aux opérations de la colonne sur Houaï-Lou (avril-mai 1901).

La section possédait alors un détachement à Pao-Ting-Fou commandé par le lieutenant Quillacq ; il fournit un premier atelier comprenant 5 télégraphistes avec 3 sapeurs-conducteurs munis du matériel alors disponible (8 km de fil bimétallique, 3 km de fil de fer de 3 mm, 2 appareils Morse et 2 appareils optiques de 10 m. Le matériel est transporté sur 2 voitures chinoises. Ce premier atelier part avec le lieutenant le 18 avril ; il devait être rejoint ultérieurement par un second atelier de 3 télégraphistes et 3 conducteurs sous le commandement d'un sous-officier, amenant le complément de matériel expédié de Tien-Tsin sur Pao-Ting-Fou par voie ferrée.

Arrivé le 18 à Ting-Tchéou (fig. 22) par voie ferrée, le lieutenant Quillacq avec son atelier se porte le même jour sur Sin-Lo (22 km) où il reçoit l'ordre de relier Pin-Chang, situé à 60 km de Sin-Lo, à l'un des postes télégraphiques existants. Le matériel de ligne faisant défaut pour ce travail est emprunté au détachement allemand qui opère avec nos forces et qui utilise déjà nos lignes pour la transmission de ses dépêches ; 20 km de câble nous sont ainsi prêtés, ils seront d'ailleurs restitués quelques jours après.

Le 19, l'atelier ayant chargé son matériel sur des voitures chinoises et pourvu de chevaux réquisitionnés se met en marche par une forte chaleur. Il fait une étape de 40 km. Le lendemain 20, arrivé à la rivière Pou-Tao-Ho, à 7 km, il oblique vers le nord-ouest sur Pin-Chang, en déroulant ses bobines de câble à l'aide d'une voiture chinoise transformée en dérouleuse par un dispositif très simple. Le soir même, malgré d'assez sérieuses difficultés de terrain et la traversée d'un affluent du Pou-Tao-Ho de 250 m de large, on atteint Pin-Chang, ayant déroulé 15 km de câble. La communication est aussitôt établie, mais, en raison de la faiblesse de la pile dont on dispose, le poste peut recevoir les dépêches qui lui sont envoyées sans être à même de faire parvenir les siennes.

Le 21, tandis que le lieutenant se rend à Houaï-Lou pour y chercher une pile supplémentaire, la ligne est coupée par les Chinois, le soir même arrive à Pin-Chang le second atelier avec le matériel de renfort qui permet de

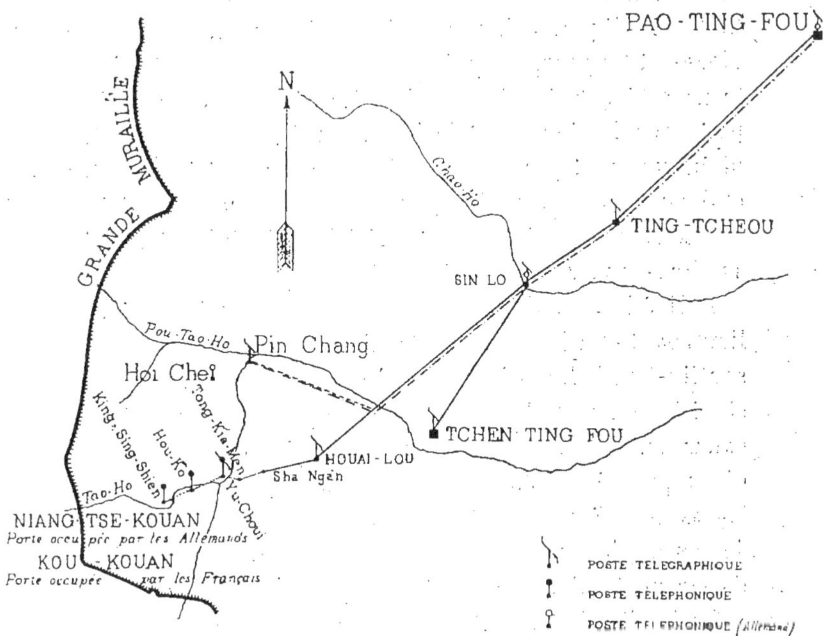

Fig. 22. — Réseau télégraphique du sud pendant les opérations du 18 avril au 3 mai 1901 (1/3 000 000).

——— ligne en fil de fer ; - - - - - ligne en câble de campagne ; · · · · · · ligne en fil bimétallique ; - · - · - · - ligne française servant aux communications téléphoniques allemandes.

restituer aux Allemands une longueur de câble égale à celle qu'ils nous ont fournie.

Le 22, la ligne est réparée et on organise un service de surveillance. Ordre est donné par le commandement de prolonger la ligne de Houaï-Lou jusqu'à King-Sing-Shien. Le lieutenant part pour Houaï-Lou avec 30 km de ligne ; il y arrive le soir même et fait la reconnaissance de la ligne chinoise existante. Elle a été coupée en deux endroits, entre Houaï-Lou et Sha-Ngan ; on la répare, mais entre ce dernier poste et King-Sing-Shien il ne reste plus rien.

Le 23, la ligne atteint Yu-Choui (15 km de Sha-Ngan); elle est en câble et, pour le dernier kilomètre, en fil bimétallique doublé. On a requis les habitants pour planter les poteaux. Le soir même la communication est établie et les télégrammes passent jusqu'à 2 h du matin. Le service des télégraphistes est dur.

Le 24, au réveil, on constate que la ligne a été coupée par malveillance à 4 km de Yu-Choui. On la répare et à 8 h du matin elle fonctionne. La colonne ayant quitté Yu-Choui, on pousse sur 12 km une ligne téléphonique pour communiquer avec elle. Le poste de Pin-Chang devant être abandonné par nos troupes et occupé par les Allemands, on cède à ceux-ci la ligne qui le réunit à Pou-Tao-Ho.

Le 25, la ligne téléphonique est poussée jusqu'à King-Sing-Shien, mais, passant sur les ouvrages fortifiés des Chinois, elle est prise pour des fils conducteurs de torpilles et consciencieusement coupée par nos propres troupes en plus de dix endroits. On ne réussit pas à la réparer avant la fin de la journée.

Le 26, conformément aux ordres du général en chef, commence le mouvement de repliement de nos forces sur Houaï-Lou, on relève la ligne de King-Sing-Shien à Yu-Choui et on répare une coupure due à la malveillance.

Le 27, jour de repos pour les troupes, est marqué pour les télégraphistes par un travail très intense qui dure jusqu'à 2 h du matin.

Le 28, repliement de la ligne de Yu-Choui à Sha-Ngan et arrivée à Houaï-Lou après une étape très dure en raison de la chaleur et des difficultés du terrain.

29, repos.

30, étape sur Tchen-Ting-Fou, 30 km; le chemin est

mauvais et la chaleur excessive, mais les télégraphistes tiennent bon.

1er mai, étape sur Sin-Lo, 35 km dans les mêmes conditions ; les mulets chinois sont épuisés et on doit en abandonner deux, mais nos hommes continuent à se maintenir.

2 mai, étape sur Ting-Tchéou 32 km, tempête de sable. C'est avec une vive satisfaction que le détachement atteint la voie ferrée qui le ramènera le lendemain à Pao-Ting-Fou. Personne n'est resté en route et le matériel a été ramené au complet.

En résumé, les télégraphistes de la colonne de Houaï-Lou ont fait preuve d'une endurance et d'un entrain remarquables. Leur zèle pendant les périodes de bon fonctionnement de la ligne a été parfait et il n'a pas tenu à eux que le service ne fût constamment assuré, puisque, ainsi qu'on vient de le voir, les coupures de la ligne furent nombreuses et indépendantes de leur volonté.

La section de télégraphie versa à la compagnie 19/1, en juillet 1901, le nombre d'hommes nécessaires à l'exploitation du réseau conservé ; le surplus fut rapatrié au mois d'août.

Section d'aérostiers. — La section d'aérostiers, formée au 1er régiment (capitaine Lindecker, lieutenants Plaisant et Izard), s'embarque à Marseille le 22 août sur l'*Uruguay* et arrive à Tong-Kou le 3 octobre ; elle est aussitôt dirigée sur Tien-Tsin avec son matériel.

La marche des événements était alors telle qu'on pouvait prévoir que le concours des aérostiers dans les opérations militaires serait peu probable ; aussi, laissant à l'entretien du matériel le nombre d'hommes strictement indispensable, on utilisa les officiers et le surplus de l'unité aux travaux de Tien-Tsin qui étaient alors en pleine période d'activité.

Toutefois, le commandement jugea qu'il pourrait être avantageux d'utiliser les gonflements apportés en Chine pour mettre en service le matériel aérostatique français et montrer ainsi sa supériorité sur celui des étrangers. En conséquence, des ascensions captives furent faites à Tien-Tsin et à Pékin en novembre 1900 et en mars 1901; le détail de ces opérations se trouvera indiqué au chapitre spécial relatif à l'aérostation. Au cours de ces ascensions, de nombreuses vues photographiques ont été prises dont plusieurs seront reproduites ici ainsi que des vues fort intéressantes de l'intérieur du palais impérial.

La section d'aérostiers fut rapatriée par la *Nive* le 10 mai, à l'exception de deux de ses officiers, le capitaine Plaisant et le lieutenant Izard.

CHAPITRE IV

Avant d'aborder l'examen des travaux exécutés dans les
diverses places, il convient d'indiquer d'une manière générale quelle a été l'œuvre du génie en Chine et comment
le service a été organisé pour l'accomplir.

Le corps expéditionnaire débarque en octobre ; le premier souci du général en chef est de l'installer de manière
à lui permettre de subir l'hivernage sans pertes et sans
souffrances. Les locaux d'habitation ont été détruits en
maint endroit, ailleurs ils sont organisés pour la vie
indigène à laquelle nos hommes ne peuvent se plier du
jour au lendemain, ils nécessitent en conséquence des
aménagements à l'européenne.

Tien-Tsin, où le quartier général est installé ainsi que
les grands services du corps expéditionnaire, a été particulièrement éprouvé par le siège : la concession française
est en ruines ; il faut y construire, de toutes pièces, des
baraquements, pourvus de moyens de chauffage ; y aménager un hôpital et les divers magasins et établissements
des services administratifs.

Pékin, Pao-Ting-Fou, qu'occupent respectivement des
troupes de la 1re et de la 2e brigade, possèdent plus de
ressources, mais ce sont des maisons chinoises qu'il faut
adapter aux besoins de nos troupes.

Les autres localités appelées à recevoir des garnisons
permanentes, Tong-Kou (base de débarquement), Yang-
Tsoun, ont été plus ou moins détruites par les Boxers et les
habitations restées debout exigent de sérieuses réparations.

Partout où stationnent nos troupes, dans les grands

centres, comme sur les lignes d'étapes qui s'allongent à mesure que notre occupation s'étend sur une plus grande superficie, il faut installer des moyens de chauffage et aménager des locaux.

Tout ceci représente ce qu'on pourrait appeler la période d'installation du corps expéditionnaire ; elle dure deux mois environ : octobre et novembre, car les hommes doivent être à l'abri avant que les grands froids ne commencent.

Pour le service du génie, la tâche qui correspond à cette période peut être résumée par l'ordre du général en chef du 4 octobre prescrivant de construire à Tien-Tsin : 2 600 places de casernement pourvues de moyens de chauffage, d'aménager un hôpital de 400 lits et d'installer pour l'ensemble du corps expéditionnaire 15 000 places de cantonnement.

Si l'on met en regard du programme à remplir le temps et les moyens dont on disposait, on se rendra compte que la tâche imposée était véritablement exceptionnelle, qu'elle n'a pu être produite que grâce au dévouement et au zèle de chacun et à la convergence de tous les efforts individuels vers un but unique.

L'installation des troupes n'était pas achevée encore, que de nouveaux travaux étaient demandés au service du génie.

D'abord, l'organisation de communications télégraphiques. On supposait, en quittant la France, que nous aurions à effectuer quelques réparations aux lignes existantes ou à établir de courtes lignes de raccordement. Au lieu de cela, on dut construire de toutes pièces un réseau complet allant de Tong-Kou à Tien-Tsin, Pékin, Pao-Ting-Fou, comportant quelques lignes optiques secondaires et se rattachant plus tard au réseau chinois. Ce travail ne fut évidemment pas exécuté d'un seul coup, mais pour qui sait avec quelle ardeur on désire obtenir des communications rapides, l'impatience qu'occasionne le moindre de leurs dérangements, il sera aisé de se rendre compte de ce qui fut demandé au service télégraphique en Chine.

La question des chemins de fer se posa également dans

des conditions tout à fait différentes des prévisions. Au lieu de faire les menues réparations que permet d'effectuer le matériel d'un parc sur routes, on eut à contribuer à la réfection complète d'une ligne de 120 km entre Pao-Ting-Fou et Lou-Kou-Kiao, à en construire une, de toutes pièces, de Lou-Kou-Kiao à Pékin. Et là encore la besogne était urgente, car il fallait affirmer nos droits sur une partie du réseau chinois à laquelle sont intéressés les capitaux français et assurer le ravitaillement de nos troupes les plus avancées. Pao-Ting-Fou, centre de la 2e brigade, est relié à Tien-Tsin par une route médiocre et une voie navigable ; cette dernière allait être inutilisable pendant tout l'hiver, les transports de toute nature entre Tien-Tsin et Pao-Ting-Fou exigeaient donc une voie ferrée.

Tel est dans ses grandes lignes le programme qu'a rempli le génie en Chine pendant la période d'installation et l'hivernage. Pour en donner une idée complète il faudrait y ajouter les menus travaux demandés à tout instant par les corps et services pour leur aménagement, les réparations aux ouvrages d'art réclamées d'urgence, les reconnaissances et études diverses ordonnées aux officiers. Survenant au moment où chacun de ceux-ci avait à diriger un ou plusieurs chantiers, ces travaux obligèrent souvent à apporter des modifications temporaires à la répartition du service ; ils contribuèrent à maintenir le personnel dans un état de tension où cependant aucune défaillance ne s'est produite, grâce au dévouement de chacun. La période d'installation et d'opérations du corps expéditionnaire prend fin au printemps de 1901. A ce moment les négociations diplomatiques donnèrent à penser que la mission des troupes était terminée et que le gros des forces européennes serait rapatrié pour ne laisser en Chine qu'un corps d'occupation d'effectif réduit. On prépara alors les moyens d'embarquement, tandis qu'on mettait à l'étude les installations définitives des troupes destinées à assurer l'exécution du traité à intervenir.

La Chine avait accepté, entre autres conditions, le maintien des troupes européennes à Pékin dans le quartier des Légations et sur la ligne qui joint la capitale à la mer. Les diverses puissances devaient avoir chacune un détachement à Pékin, à Tien-Tsin, à Chan-Haï-Kouan. Elles se partageaient entre elles la garde des divers postes : à la France échurent ceux de Tong-Kou et de Chung-liang-Cheng, situés entre Tien-Tsin et Takou. Le service du génie reçut en conséquence l'ordre de dresser les projets de ces divers casernements et bientôt après celui de les mettre à exécution. Ce travail se poursuivit pendant l'été de 1901 et fut achevé à l'entrée de l'hiver 1901-1902.

En résumé, dans l'espace d'une année, le service du génie a assuré l'installation d'un corps expéditionnaire de 18 000 hommes environ, établi et exploité un réseau télégraphique de plus de 300 km, réparé une voie ferrée de 120 km et construit de toutes pièces une ligne de 16 km, édifié enfin des casernements durables et d'une importance que la suite de ce récit démontrera suffisamment, pour un effectif de 1 200 hommes.

L'organisation adoptée pour l'exécution de ce programme a été la suivante :

Le service du génie des étapes auquel incombait la plus lourde tâche eut deux chefferies : Tien-Tsin et Tong-Kou.

La première (capitaine Descourtis, officiers d'administration Brunet, Carrèrechique, stagiaire Jamet) disposa pendant la période des travaux intensifs du personnel du commandement du génie (capitaines Calmel, Levêque, Belhague) ainsi que de toutes les unités stationnées à Tien-Tsin.

La seconde (capitaine Mathy, officier d'administration Boutin) eut à sa disposition pendant un certain temps le commandant du Parc du génie (capitaine Cambier) et, en permanence, la section Pacton de la compagnie 19/1. A la fin de décembre 1901, les travaux de Tong-Kou ayant un peu diminué d'importance alors que les besoins des autres places nécessitaient un renfort de personnel, la chefferie de Tong-Kou fut supprimée et la place rattachée à la chefferie de Tien-Tsin. Le capitaine Mathy vint à Tien-Tsin ; l'officier d'administration Boutin fut envoyé à Pao-Ting-Fou comme gérant de la chefferie.

A *Pékin*, une chefferie fut créée et confiée au commandant du génie de la 1re brigade (commandant Guillot, officier d'administration Regnaut) ; elle disposait de la demi-compagnie 9/4 affectée à cette brigade (capitaine Barthe, lieutenant Gilbert) et fut temporairement renforcée par divers officiers (capitaines Cambier, Levêque, Belhague, lieutenant Izard), suivant les nécessités de son service. Cette chefferie fut supprimée à la date du 1er juillet.

A *Pao-Ting-Fou*, le commandement du génie de la 2e brigade (capitaine Noguette) ne put être organisé en chefferie qu'à la fin de décembre par l'arrivée de l'officier d'administration Boutin ; il disposa d'une moitié de la compagnie 9/4, lieutenants Rougemont et Le Blévenec.

La chefferie de Pao-Ting-Fou dut être supprimée le 1er juin, lorsque, l'évacuation de la place étant considérée comme assez prochaine, d'autres besoins se firent sentir.

En mai 1901, en effet, le général en chef décida de confier au génie le service du baraquement de Chang-Haï jusqu'alors assuré par l'artillerie coloniale : on y installa une chefferie (capitaine Guyot, officier d'administration Boutin).

En juillet, lorsque le rapatriement des troupes de la guerre fut commencé et que le personnel subit une première réduction, la chefferie de Tien-Tsin eut comme chef le capitaine Noguette ; le commandant Descourtis, désigné pour prendre la direction du service après le prochain départ du lieutenant-colonel, fut adjoint à ce dernier.

Les travaux de réfection de la voie ferrée ont été exécutés par la demi-compagnie 23/3 ; ceux d'étude et de construction du prolongement de Lou-Kou-Kiao à Pékin confiés à une mission dont le chef était le capitaine Calmel ont exigé le concours de la demi-compagnie 23/3 et, momentanément, celui de divers officiers.

Le service télégraphique eut pour chef le capitaine Lévy et pour agents d'exécution M. Creteaux, rédacteur de l'administration des télégraphes envoyé en Chine, le personnel des sections télégraphiques de la guerre et de la marine fondues en une seule unité.

Le commandement du génie fut installé à Tien-Tsin auprès du quartier général jusqu'en février 1901, puis transporté à Pékin, au moment où se construisait la voie ferrée entrant dans cette ville, ramené enfin à Tien-Tsin en mai. Entre temps le commandant du génie, accompagné du capitaine Belhague, s'était rendu à Chang-Haï par ordre du général en chef pour y étudier l'installation des troupes stationnées dans cette place.

Il paraît nécessaire de signaler à ce propos une lacune de l'organisation adoptée : le commandement du génie ne comportait pas l'emploi d'un officier supérieur chef d'état-major. Le besoin s'en est cependant fait sentir. Le commandant du génie doit voir par lui-même toutes les localités où s'exécutent des travaux importants, c'est à cette seule condition qu'il peut diriger effectivement le service.

Pendant ses absences, qui, dans un pays où les communications sont lentes, sont d'assez longue durée, le commandement par intérim peut échoir à un officier qui, malgré toute sa valeur, n'aura pas l'autorité du grade. Cet inconvénient ne se produirait pas si auprès du chef de service se trouvait un officier supérieur ayant qualité pour le suppléer durant ses absences. Fort heureusement, l'excellent esprit qui régnait parmi tous les officiers du génie en Chine, le tact avec lequel les commandants intérimaires ont exercé leurs fonctions, ont permis d'éviter absolument les à-coups et les froissements dans le service. Il vaudrait mieux cependant les rendre impossibles par une meilleure organisation. C'est à ce titre qu'on croit utile de signaler ici un perfectionnement aisément réalisable dans une expédition future.

CHAPITRE V

TRAVAUX DE LA CHEFFERIE DE TIEN-TSIN[1].

Lorsque le corps expéditionnaire commandé par **M.** le
général Voyron arriva à Tien-Tsin, il ne trouva pour s'installer que les débris de la concession française. Celle-ci,
contiguë au faubourg sud de la ville chinoise occupée par
les insurgés, séparée seulement par le Peï-Ho des terrains
de la gare qui avaient été le théâtre de luttes acharnées,
avait énormément souffert du siège. Aucune construction
n'y était restée intacte, nombreuses étaient celles dont la
trace n'était plus marquée que par des ruines et, dans la
plupart des maisons utilisables, il était nécessaire d'exécuter d'importants travaux de réparation. Pour en citer un
exemple, l'immeuble affecté au commandement du génie,
composé de quatre grandes pièces au rez-de-chaussée et
autant à l'étage, avait perdu ses portes et croisées sur
deux de ses faces, un trou d'obus avait percé le plafond
d'une pièce, il contenait en somme deux chambres à peu
près habitables.

Les concessions étrangères avaient naturellement été
occupées par les troupes de leur nationalité et n'offraient
aucune ressource au corps français ; par contre, certains
détachements qui n'avaient pas alors de concession à Tien-
Tsin (les Russes, les Italiens, les Japonais) avaient occupé
d'importants immeubles sur la concession française et
diminuaient ainsi les ressources disponibles pour nous.

---

1. Les vues photographiques accompagnant le texte ont été prises par
MM. les capitaines Calmel et Plaisant.
Voir planche III.

L'agglomération constituée par la ville chinoise murée et

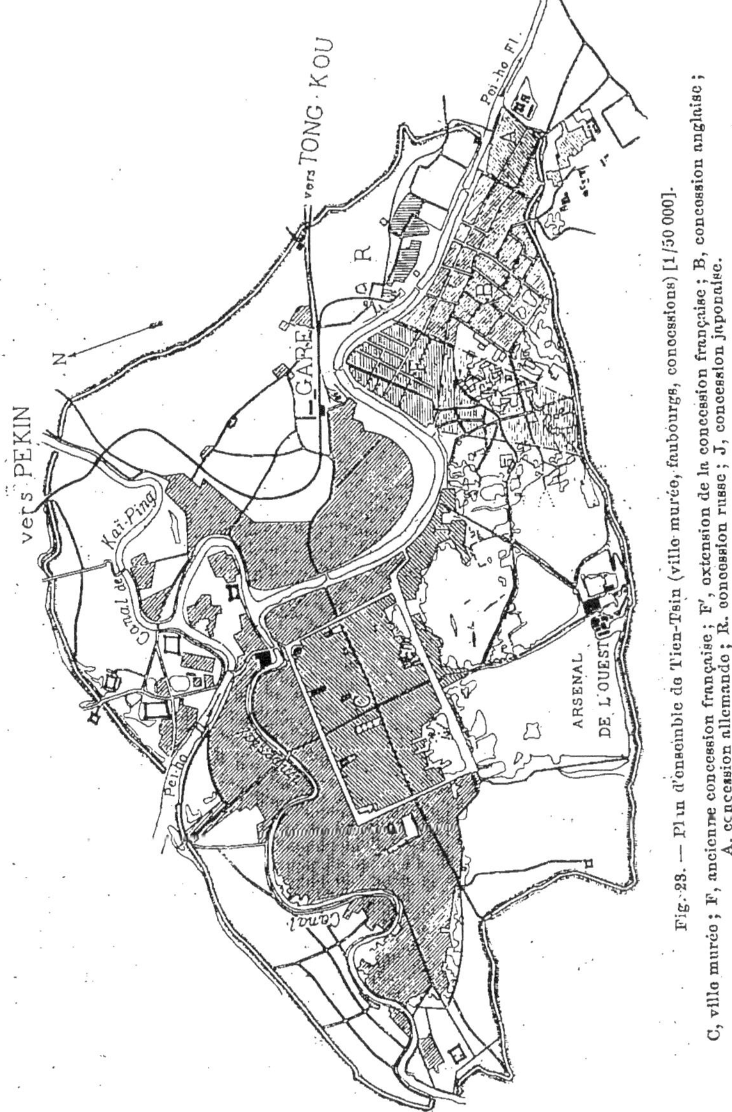

Fig. 23. — Plan d'ensemble de Tien-Tsin (ville murée, faubourgs, concessions) [1/50 000].

C, ville murée; F, ancienne concession française; F', extension de la concession française; B, concession anglaise; A, concession allemande; R. concession russe; J, concession japonaise.

ses faubourgs (fig. 23) avait été répartie entre les divers

corps alliés, et, dans cette répartition effectuée au moment
où le corps français ne comptait encore qu'un faible effectif,
la part qui nous avait été dévolue se bornait à un quartier
de la ville murée ne contenant que quelques yamens et pagodes susceptibles d'être affectés au logement des troupes.
En définitive, les ressources disponibles à Tien-Tsin permettaient d'installer environ 1 800 hommes dans la ville

Fig. 24. — Tien-Tsin. Concession française. Ruines aux abords du pont.
Ancienne direction des chemins de fer chinois.

murée, à condition toutefois d'exécuter dans les immeubles
des travaux d'aménagement considérables.

Les besoins à satisfaire étaient grands : Tien-Tsin était
appelé à recevoir une garnison importante ainsi que les
approvisionnements de toute nature : munitions, outil-
lages, vivres et effets du corps expéditionnaire entier avec
les services qui s'y rattachent.

L'effectif de la garnison sembla tout d'abord devoir
s'élever au tiers du corps expéditionnaire, parce que
l'époque du débarquement coïncida avec celle où certains
corps alliés, espérant obtenir la rentrée de la cour à Pékin,
manifestaient l'intention d'abandonner cette ville et cher-

chaient à entraîner les autres à leur suite. On ne pensait donc envoyer sur Pékin qu'un faible détachement et on supposait qu'une fraction notable du corps expéditionnaire

Fig. 26. — Tien-Tsin. L'angle sud-est de la cité murée, le Peï-Ho.

s'établirait pour l'hivernage dans la région comprise entre Tien-Tsin et Yang-tsoun.

Sous l'impression de ces idées, le général en chef ordonna au service du génie de construire à Tien-Tsin 2 600 places de baraquement pourvues de moyens de chauffage, d'y établir un hôpital de 400 lits et, enfin, d'aménager dans l'ensemble des localités occupées par les troupes 15 000 places de casernement.

En outre de ces travaux, le service du génie avait encore

Fig. 26. — Tien-Tsin. La cité murée face ouest. Constructions en ruines aux abords de la porte.

à créer ou aménager des écuries pour les corps de troupe et la remonte, des magasins et établissements pour les services administratifs et de santé, des installations pour le service de la trésorerie et des postes, à doter enfin les corps et services du mobilier nécessaire et notamment

des moyens de chauffage dont le besoin n'allait pas tarder
à se faire sentir.

L'exécution de ce programme, déjà si important, ne
fut pas la seule occupation de la chefferie de Tien-Tsin,
pendant la période d'installation.

Les corps et services arrivaient l'un après l'autre, il
fallait les loger et, une fois en possession de leur local,
chacun, effrayé par le délabrement des constructions,
s'adressait au génie pour y porter remède. La recherche

Fig. 27. — Tien-Tsin. Le commandement et la chefferie du génie.

et la location des immeubles absorbaient en partie le temps
du chef du génie qui devait en outre se pourvoir de matériaux, d'outils et d'ouvriers. A tout instant surgissait un
nouveau besoin à satisfaire; un différend à régler entre
deux services qui réclamaient le même emplacement; il
fallait parer à un accident survenu au pont du Peï-Ho, à
une construction chinoise ou européenne dont la solidité
paraissait douteuse. Les jours de grand vent amenaient
dans les ruines de la concession des oscillations inquié-
tantes des pans de mur et il fallait procéder à la démoli-

tion de ceux-ci. Puis, les coolies indigènes, payés de leur salaire à la fin de la journée, dévalisés en route par des flibustiers de toute nationalité, menaçaient de déserter les chantiers, il fallait les protéger. Et, pendant tout ce temps, l'hiver avançait : on réclamait des moyens de chauffage, d'éclairage ; on venait de réussir à mettre la main sur un Chinois capable de fabriquer des poêles, on apprenait que, sans la moindre gêne, une troupe armée étrangère était venue cueillir ses produits dans son atelier, vite on y dépêchait une garde.

Ce fut, pendant les mois d'octobre et de novembre, un labeur fiévreux, incessant, où chacun donna à plein collier, mais qui fut couronné d'un succès complet, puisque, deux mois après en avoir reçu l'ordre, la chefferie livrait les baraquements et l'hôpital et qu'à l'arrivée des grands froids, chacun était pourvu de moyens de chauffage.

Pour mener à bien le travail des baraquements, il fallait d'abord des matériaux. Fort heureusement, l'amoncellement des ruines de Tien-Tsin fournissait une mine presque inépuisable de briques dont beaucoup étaient encore utilisables. On mit d'abord des coolies à les ramasser, en les payant à la journée ; ils en portaient péniblement quatre à la fois. Un officier eut l'idée ingénieuse de faire apposer sur son chantier une pancarte en chinois annonçant qu'il achetait à un dollar (2,50 fr. environ) le mille les briques de démolition, et soudain elles affluèrent.

Le bois paraissait tout d'abord plus difficile à obtenir ; les tas énormes de billes et de poutres portaient le plus souvent un drapeau dont la provenance était plus ou moins légitime, mais devant lequel on s'inclinait. Et, le drapeau français ayant paru plus souvent au feu qu'au partage des dépouilles, notre lot était plutôt mince. Il se trouva alors qu'un renseignement officiel, inexact ou mal interprété, dépeignant la région du Petchili comme totalement dépourvue de bois de construction (le fait n'était

vrai que pour les arbres sur pied), fut la cause que le service du génie se trouva en mesure de parer le danger.

Sur la foi du document en question, lorsque, en cours de
route, les événements survenus en Chine ayant montré
que la mission du corps expéditionnaire se trouvait mo-
difiée et que le général en chef eut prescrit d'étudier les
moyens d'hiverner, le lieutenant-colonel commandant le
génie se mit en quête d'un fournisseur de bois. Il devait
tout naturellement s'adresser de préférence à des Français
et, en débarquant à Saïgon, crut y trouver ce qu'il cherchait. Sa déception fut grande, car le commerçant auquel
il s'adressa, sur la recommandation des services locaux, fut
introuvable à son domicile, et ne se donna pas la peine de
répondre à l'avis qui lui fut laissé qu'une importante commande de bois était à prendre. L'arsenal maritime voulut
bien céder une cinquantaine de stères ; on comptait les
charger sur les affrétés qui passeraient à Saïgon, quand survint l'ordre prescrivant aux bateaux de brûler cette escale.
Le bois de l'arsenal s'en vint cahin-caha sur des transports
qui, sans doute, en avaient, eux aussi, grand besoin, car
il n'en arriva à Takou qu'une quantité insignifiante.

A Chang-Haï, on fut plus heureux grâce au concours
obligeant et empressé du chef des travaux de la municipalité française, M. Chollot, conducteur des ponts et chaussées,
lequel se mit en quête de fournisseurs français et transmit
à Tien-Tsin des offres raisonnables qui permirent de
conclure un marché important. La livraison fut faite à
l'heure dite et, sauf un retard au déchargement d'un des
bateaux, dû à l'encombrement des quais de Tong-Kou par
le matériel des différents services, aucun accroc sérieux
ne se produisit.

On avait donc les gros matériaux ; il fallait des outils,
des vitres, des ferrures de portes et de croisées. Un premier appoint fut fourni par un achat direct fait en cours de
route, à Saïgon, par le lieutenant-colonel commandant le
génie ; le commerce local fournit au surplus des besoins.

Quant aux ouvriers, leur nombre était grand, mais il fallait faire un tri parmi eux ; tous ceux que la misère des temps avait mis sur le pavé s'offraient à travailler et ne demandaient pas cher (0,50 à 0,75 fr par jour), mais parmi tout ce ramassis, comptant d'ailleurs bon nombre d'anciens Boxers, revenus pour un instant à de meilleurs sentiments, il se trouvait naturellement peu d'ouvriers d'art. Ceux-ci ne vinrent que peu à peu, lorsqu'ils eurent acquis la conviction que les Français portant la double bande rouge au pantalon les payaient régulièrement et ne les battaient pas. Quand ils les virent enfin prendre le soin d'escorter, à la nuit tombante, la cohorte grouillante des coolies chargés de leur salaire et qu'attendaient au passage les malandrins, l'entente fut complète. Comme toujours, la coupe de miel avait été préférée au baril de vinaigre, mais ceux qui y avaient puisé y trouvaient, non pas la mort, mais le travail et la vie.

Qu'on veuille bien pardonner cette peinture un peu longue des soucis et des tracas du génie à Tien-Tsin, ils ont eu alors tant de place dans l'existence des officiers de l'arme qu'ils ne peuvent s'effacer de nos souvenirs. Parmi les camarades qui les liront, les uns y revivront les heures semblables passées en d'autres lieux ; les autres y comprendront l'attrait tout particulier et si puissant du service accompli dans ces conditions.

On va maintenant passer en revue les travaux effectués à Tien-Tsin en prenant successivement les casernements, les installations des services et les travaux divers.

Casernements. — Le nombre des emplacements disponibles pour la construction de baraques était des plus restreints, en raison de la répartition faite des terrains de Tien-Tsin entre les diverses forces alliées. Le corps français disposait uniquement de la concession française et de la partie située immédiatement en arrière qui, malheureusement, était presque partout inutilisable en raison des mares et des tombes qui la recouvraient. Après avoir bien cherché, on fut amené à choisir quatre emplacements assez voisins l'un de l'autre.

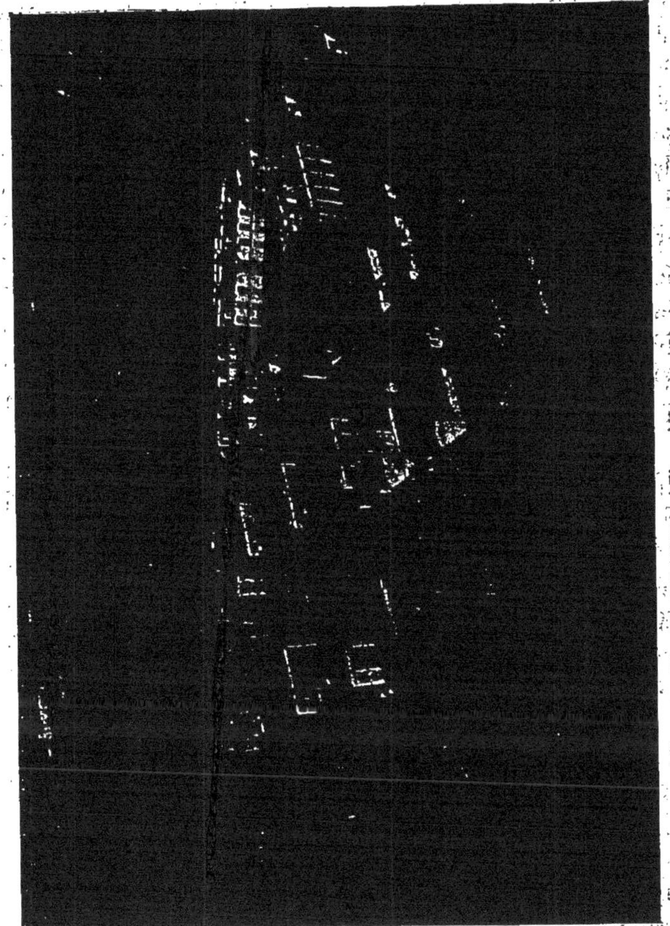

Fig. 98. — Tien-Tsin. Concession française.

Groupes de constructions affectées à l'état-major du corps expéditionnaire, aux services du génie et de santé. A droite, ruines de la direction des chemins de fer chinois ; à gauche, maisons chinoises.

Le premier entourait une construction jadis assez important qui s'appelait le théâtre français et dont les ruines, au premier coup d'œil, avaient paru susceptibles d'utilisation ; les habitations chinoises qui l'avoisinaient à l'est

étaient entièrement ruinées et on pouvait s'étendre à loisir
sur leur emplacement. On décida d'y construire des baraques pour 1 200 hommes.

Fig. 29. — Tien-Tsin. Concession française.
Le théâtre chinois. — Baraquements en construction. — En haut de la photographie l'emplacement de la Ville-Levêque.

Le second, à l'ouest du précédent, en dehors de la concession française, vers Takou-Road, était complètement
débarrassé de toute construction, mais d'étendue restreinte ; il fut affecté au baraquement de 400 hommes.

Le troisième était la cour attenante au théâtre chinois dans l'intérieur de la concession; il pouvait contenir 200 hommes.

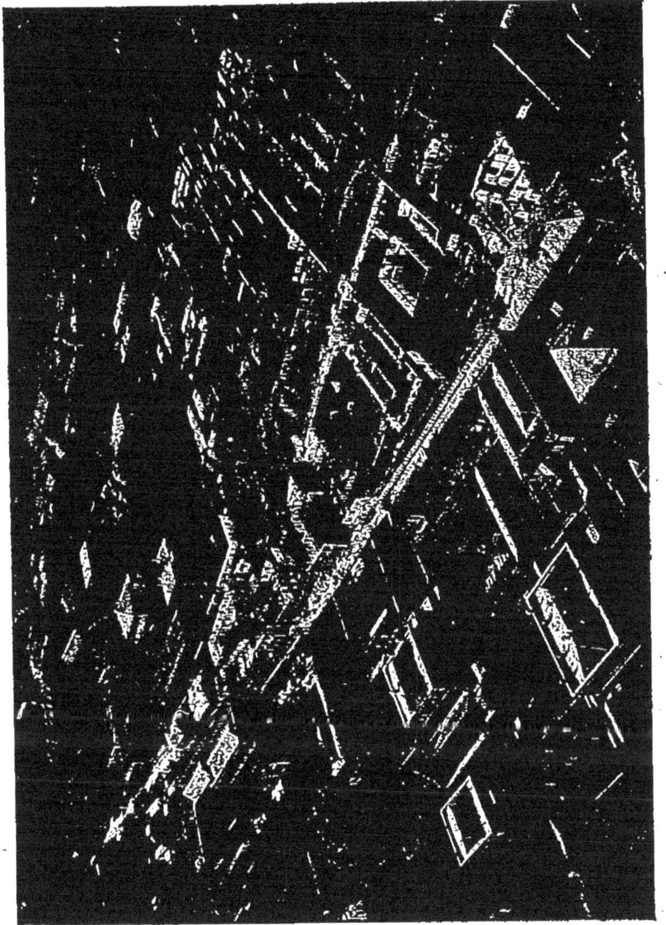

Fig. 80. — Tien-Tsin. Concession française. — Ruines utilisées pour la construction de baraquements (côté Bolhague).

Les rues de France et de Tien-Tsin.

Enfin, pour le dernier on utilisa les ruines des maisons situées rues de Tien-Tsin, Fontanier, Chevrier et de France. On jugea pouvoir y installer 800 hommes en se servant des pans de murs encore solides, en rétablissant les toitures, les portes et croisées que l'incendie avait détruites.

Le type général des constructions fut donné, à titre d'indication, par le lieutenant-colonel commandant le génie, toute latitude étant laissée aux chefs de chantier pour le réaliser ou s'en rapprocher le plus possible, en utilisant les matériaux dont ils pouvaient disposer. La baraque type devait avoir 6 m de large et comporter 7 travées de 4 m ; celles du centre, affectées chacune à 10 hommes (contenance normale) ou à 12 (contenance maxima), donnaient place à 45 ou 54 hommes, en tenant compte de la perte résultant de l'ouverture centrale. Les travées extrêmes servirent, l'une à 4 sous-officiers répartis en deux chambres, l'autre à des bureaux-magasins, et au logement d'un adjudant ou sergent-major. Au total, la baraque donnait 50 à 59 places d'hommes.

On a dit plus haut que les ruines de la concession permettaient de disposer d'un nombre considérable de briques ; on se décida en conséquence pour ce genre de matériaux qui offrait d'ailleurs le double avantage de bien abriter les hommes contre le froid et d'être aisément mis en œuvre par les indigènes. Les toitures devaient être faites, à la mode du pays, en briques posées à plat sur les chevrons, recouvertes de terre battue que protège contre la pluie soit une couche d'un ciment particulier, dit chaux noire, qui résiste aux intempéries, soit une couverture en tuiles. Dans quelques baraquements la couverture en briques fut remplacée par un plancher en sapin. Les deux dispositions étaient également bonnes et donnaient des locaux sains et protégés contre l'air extérieur.

Le bois des charpentes et celui des aménagements intérieurs furent tirés en majeure partie de la commande de Chang-Haï et, pour le surplus, des ressources locales.

Comme il fallait avant tout aller vite, on s'efforça de multiplier les chantiers et on fit appel à toutes les ressources.

Un entrepreneur, offrant des garanties acceptables, s'étant présenté, on lui adjugea à forfait les groupes de Takou-Road et du théâtre chinois, avec prime ou retenue pour avance ou retard de livraison. Le groupe le plus important, celui du théâtre français, fut exécuté en régie par le capitaine Levêque. Les aménagements de la rue de Tien-Tsin furent dirigés par le capitaine Belhague qui disposait d'un entrepreneur pour la confection des lits de camp et divers aménagements. Le prix de revient de la place d'homme à Takou-Road fut de 155 fr, au théâtre chinois de 173 fr, tandis que, sur les chantiers dirigés par des officiers y apportant la stricte économie qui caractérise notre arme, on arriva au chiffre de 105 fr. Il n'est pas inutile de noter ce fait au passage, car il démontre une fois de plus combien sont préjudiciables aux intérêts du Trésor les économies qu'on veut réaliser sur le personnel. L'intermédiaire se fait payer de son travail et, s'il se sent moins surveillé, apporte moins de soin dans ses constructions.

En définitive l'ensemble des baraquements donna :

> 34 places d'officiers ;
>
> 2 466 places d'hommes (contenance normale)
>
> ou 2 968 places d'hommes (contenance maxima).

La dépense totale s'est élevée à 300 700 fr ; les logements d'officiers ayant coûté 17 000 fr, il reste 283 700 fr pour ceux des hommes, ce qui fait ressortir à 115 fr la place d'homme.

Les plans et les vues photographiques qui accompagnent le texte donnent une idée complète des résultats obtenus. Ils sont particulièrement satisfaisants au groupe du théâtre français qui fut baptisé du nom de « Ville-Levêque ». Les baraques forment deux groupes séparés par une large rue, les accessoires sont masqués derrière ceux-ci ou dans les ruines du théâtre français ; une maison chinoise restée debout par miracle au milieu de toutes ces ruines a été aménagée en infirmerie ; un mur de clôture entoure cet ensemble et sa hauteur permet aux hommes de voir à

Fig. 31. — Tien-Tsin. Emplacement de la Ville-Levêque.

l'extérieur ; enfin, grâce à l'emploi judicieux de contreforts

Fig. 32. — Tien-Tsin. La Ville-Levêque.

peints en rouge-brique, aux boiseries vert clair et à la porte décorée à la chinoise, l'aspect général est presque élégant.

Fig. 33. — Tien-Tsin. La Ville-Levêque.

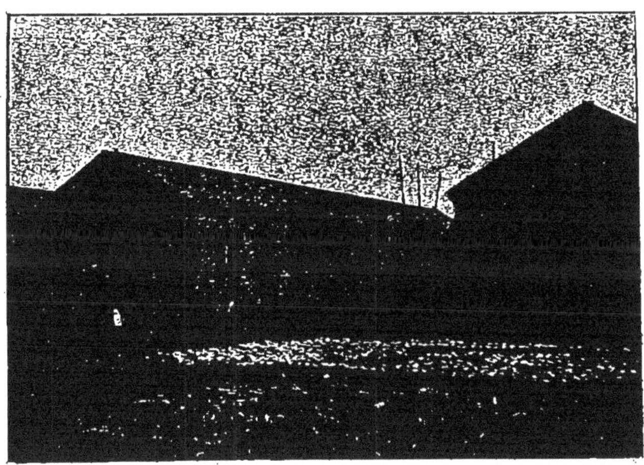

Fig. 34. — Tien-Tsin. La Ville-Levêque.
Vue d'une baraque.

On peut dire que ces constructions ont provoqué l'admi-

ration générale, et les officiers étrangers ont exprimé la
leur à maintes reprises.

Fig. 35. — Tien-Tsin. La Ville-Levêque.
Entrée principale.

Fig. 36. — Tien-Tsin. La Ville-Levêque.
Cour intérieure.

Les aménagements de la rue de Tien-Tsin (cité Belhague)

Fig. 37. — Tien-Tsin. La Ville-Levêque.
L'infirmerie.

Fig. 38. — Tien-Tsin. Cité Belhague.

ne pouvaient prétendre à un résultat aussi coquet à l'œil et ne se prêtaient pas à une ordonnance satisfaisante; cepen-

Fig. 39. — Tien-Tsin. Cité Belbague.

dant, grâce à l'emploi de murettes avec balustres réunis

Fig. 40. — Tien-Tsin. Cité Belbague.

par un treillage en bois, de portes décorées à la chinoise,

on a pu transformer les ruines navrantes de la concession française en logements fort convenables.

Fig. 41. — Tien-Tsin. Cité Belhague.

Fig. 42. — Tien-Tsin. Baraquement du théâtre chinois.

Dans toutes les chambres, des lits de camp en bois ont

été disposés, ainsi que des planchers à bagages et des râte-

Fig. 43. — Tien-Tsin. Baraquement du théâtre chinois.

Fig. 44. — Tien-Tsin. Le baraquement de Takou-Road.

liers d'armes. Le mobilier comprend des tables et bancs et

des poêles en nombre suffisant pour que nos hommes puissent braver les rigueurs de l'hiver.

Des écuries ont été adjointes aux groupes du théâtre français pour 40 animaux, à celui du théâtre chinois pour 75, de la rue de Tien-Tsin pour 30. On en a construit en outre une pour les chevaux australiens de la remonte, elle contenait 40 places ; enfin le service de l'artillerie qui, pour le surplus, a assuré par ses propres moyens l'installation de ses troupes, a demandé le concours du génie pour une écurie de 105 mulets qui a pu en contenir jusqu'à 135. Les prix de revient de la place d'animal ont été respectivement de 87 fr, 153 fr, 80 fr, 120 fr et 81 fr. Soit en moyenne 105 fr environ. Les différences entre les prix de revient s'expliquent, comme pour les baraquements de troupe, par ce fait que les unes ont été construites directement par les officiers chefs de chantier, les autres par l'intermédiaire d'un entrepreneur.

En outre des baraques construites de toutes pièces, le corps français disposait encore de quelques habitations chinoises occupées au premier moment et très suffisantes pendant la belle saison, mais qui nécessitèrent d'importants travaux d'aménagement pour l'hiver. C'était, dans la concession française, l'ancienne amirauté chinoise, vaste local donnant abri au service de la place, à celui des étapes et à une compagnie environ d'infanterie de marine, puis quelques hangars ou magasins. Enfin, dans la ville chinoise, quatre yamens ou pagodes plus ou moins délabrées susceptibles de contenir 1 800 hommes environ. Le premier travail consistait à réparer les effets du bombardement, le second à transformer en locaux habitables les constructions chinoises. Celles-ci couvrent une grande superficie, mais souvent sont ouvertes sur une ou même deux faces ; les locaux servant d'habitation sont fermés sur une face par une cloison ouvragée à jour, en bois, sur laquelle on colle du papier. Dans ce climat très sec, cette clôture qui paraîtrait puérile chez nous, est parfaitement

suffisante, surtout lorsqu'on a la précaution de mettre deux
parois de papier, une à l'extérieur, l'autre à l'intérieur.
Les chambres chinoises sont en outre pourvues d'un *can*
ou lit de camp qui est placé à 0,50 m environ au-dessus du
sol, construit en briques et disposé de manière à servir de
foyer[1]. C'est là, avec des sortes de braseros, le seul mode
de chauffage usité en Chine. Son emploi exige une certaine pratique, car ces foyers tirent médiocrement ; en outre,
ils offrent le grand danger, dans le cas où le rejointoie-

Fig. 45. — Aménagement d'une maison chinoise.

ment des briques est mal fait ou si le tirage n'est pas
suffisant, d'envoyer des gaz délétères dans la pièce. Les
cas d'asphyxie la nuit ont été fréquents et parfois mortels.
Lorsque les Chinois trouvent quelqu'un dans cette situation, ils emploient un remède héroïque : ils déshabillent
le patient complètement et le roulent tout nu dans la neige.
Il en réchappe ordinairement, mais avec une sérieuse bron-
chite. Lorsque ce système de chauffage fonctionne con-

---

1. Le détail de l'organisation du *can* est donné au chapitre XIII.

venablement, il est parfait, car il entretient une douce température et consomme peu de combustible, mais il est aléatoire. Aussi, dans tous les locaux aménagés par les soins du génie, a-t-on fait disparaître le *can* ou, du moins, on en a bouché les foyers et on a placé des poêles. Avec quelques nattes ou, mieux encore, avec de la paille le *can* devient un lit de camp excellent. Lorsqu'il n'existait pas, on a dû installer ceux-ci à l'aide de planches. Il a fallu en outre placer des planches à bagages et des râteliers d'armes. Enfin dans tous les locaux on a créé de toutes pièces des cuisines, latrines et souvent des écuries.

Si on veut bien songer que le travail à exécuter dans ces diverses constructions, auquel s'ajoutait celui de l'aménagement des divers services, se trouvait réparti dans un grand nombre d'immeubles éloignés les uns des autres, on comprendra qu'il ait été impossible au service du génie de l'exécuter par ses seules ressources dans le délai très court qui lui était imparti. Aussi, avec l'autorisation du commandement, on laissa fréquemment les corps procéder eux-mêmes à leur propre aménagement. On leur fournit les matériaux, les outils et les ouvriers. Partout où on le put cependant, on affecta un officier du génie à la surveillance des chantiers et on leur réserva tout naturellement ceux qui exigeaient le plus de travail. Tout le personnel du commandement du génie, de la chefferie et celui des diverses unités pendant la période de leur stationnement à Tien-Tsin se trouvèrent ainsi employés. Mais, en raison des mouvements de plusieurs unités dans le courant d'octobre et de novembre, des missions données à certains officiers sur la ligne d'étapes, il se produisit de fréquents changements dans le personnel des chefs de chantiers. Ce fut, à coup sûr, un inconvénient qui amena peut-être de légères erreurs dans certains travaux. On l'avait prévu, mais il parut cependant impossible de laisser dans l'inaction des officiers, alors que leurs camarades se trouvaient surchargés de besogne. Tout compte fait, le résultat désiré fut obtenu et les aménagements de locaux furent, comme les baraquements, terminés avant le début de l'hiver.

Pour achever la question du logement proprement dit des troupes, il faut ajouter à l'énumération qu'on vient de faire trois corps de garde destinés aux postes de police de la gare, du pont, des tas de sel ; la réparation complète et l'aménagement en logement d'officiers d'un bâtiment anciennement affecté au service de la douane chinoise sur le bord du Peï-Ho ; la transformation en casernement d'un magasin voisin de l'hôtel du quartier général de la 2ᵉ brigade, enfin l'aménagement d'un local pour le service des coolies.

Hôpital et établissement du service de santé. — La concession française de Tien-Tsin disposait de deux établissements hospitaliers : l'un, tenu par la congrégation des Pères Lazaristes, était dénommé hôpital général ; il pouvait contenir 50 lits ; il fut doublé par les soins de la mission et aux frais du corps expéditionnaire ; l'autre était l'école française de médecine qui, au cours du siège de Tien-Tsin, avait été transformée entièrement en hôpital ; il pouvait contenir 200 lits. Ces ressources parurent insuffisantes au service de santé et, sur sa demande, le général en chef ordonna au génie d'installer un nouvel hôpital de 400 lits. On trouva pour cette destination deux établissements commerciaux contigus comprenant chacun un grand magasin ou « godown », une maison d'habitation européenne, des dépendances diverses servant soit au logement des indigènes, soit à abriter des marchandises, disposées autour d'une cour assez vaste. L'un des godowns était à un étage, l'autre à deux ; on disposait donc de cinq grandes salles susceptibles de recevoir 80 malades au besoin ; on partagea chacune d'elles en deux par des cloisons ; on fit un plancher au rez-de-chaussée de l'une qui devait être affectée aux blessés ; on répara la toiture, les portes et les fenêtres qui avaient souffert du bombardement ; à la porte d'entrée de chaque salle on mit un tambour, à droite et à gauche duquel se trouvaient des latrines ; on installa de grands poêles d'un modèle excellent pour assurer le chauffage. Dans la cour attenante à la salle des blessés on construisit de toutes pièces une salle d'opérations réunie à la première par un couloir bien clos, largement éclairée par des baies vitrées, enduite sur ses murs d'une peinture émaillée ; le sol en fut cimenté ; des accessoires permettaient de débarrasser cette salle des linges ayant servi au

Fig. 46. — Construction d'une salle d'opérations à l'hôpital de Tien-Tsin.

pansement. Bref, on réalisa toutes les conditions d'hygiène et d'antisepsie réclamées par le service de santé.

Les pavillons d'habitation furent affectés l'un au service des officiers malades, l'autre au logement du personnel de l'hôpital. Dans les bâtiments entourant la cour on installa les bureaux, la pharmacie, la tisanerie, des laboratoires de radiographie et de bactériologie, le logement des infirmiers, les cuisines et latrines, une salle de bains, la salle des morts. Enfin, comme le service de santé réclamait encore une cour plus vaste pour la promenade

des malades, ainsi qu'un préau couvert, le service du génie,
dont le parc était installé dans un godown voisin, transféra ailleurs son établissement. La cour servit de promenoir et le godown de préau couvert, dans lequel on installa une petite chapelle. On voit que, par les dispositions
prises, le service hospitalier fut doté d'un établissement
complet qui pouvait être mis en parallèle avec les installations permanentes les plus perfectionnées. Si les épi-
démies annoncées au départ avaient dû sévir sur le corps

Fig. 47. — Tien-Tsin. Le cimetière français.

expéditionnaire, tout était prêt pour assurer à ceux qui en
auraient été les victimes les soins les plus complets.

Pour parer à l'éventualité d'une invasion de maladies
contagieuses, le service du génie monta, dans un enclos
distant de l'hôpital d'une centaine de mètres, les baraques
Decker que possédait le service de santé. Elles furent provisoirement utilisées comme logement des infirmiers, et,
fort heureusement, n'eurent pas à servir pour la destination qu'on avait prévue pour elles.

Le service de santé disposa encore d'un grand magasin

fermé pour abriter ses approvisionnements et son matériel et on y créa un étage le long des murs, de manière à pouvoir y loger les infirmiers dans le cas où ceux-ci auraient dû abandonner les baraques qui leur étaient provisoirement affectées.

L'inhumation des morts se faisait, au début, dans le cimetière de la concession anglaise et chaque place occupée était payée assez cher. Dans le but d'exonérer le Trésor de cette dépense et aussi pour assurer aux morts français une sépulture commune, le général en chef ordonna la création d'un cimetière. Par une convention passée avec la municipalité française, celle-ci fit acquisition d'un terrain dont le prix d'achat lui fut remboursé et elle s'est engagée à entretenir à l'avenir les tombes de nos soldats.

Établissements des services administratifs. — A l'arrivée du général en chef, les services administratifs disposaient déjà de nombreux locaux ; ils avaient pris en location tous les magasins disponibles, occupé un très grand terrain libre, au centre de la concession, pour y installer leur parc au bétail. Leur dotation était donc très large, mais ne leur paraissait pas suffisante encore lorsqu'ils la comparaient à leurs besoins. D'autres services cependant réclamaient aussi des locaux et des terrains ; certains établissements administratifs pouvaient trouver hors de la ville un emplacement meilleur que celui qui leur était primitivement assigné. Tel était, par exemple, le parc aux bœufs sur lequel sévissait une épizootie ; il paraissait préférable, dans l'intérêt même des bouches à nourrir de toute espèce, d'éloigner le bétail contaminé des centres habités et de le répartir en plusieurs groupes. Le service du génie fut amené ainsi à proposer une nouvelle répartition des locaux et des terrains qui reçut l'approbation du général en chef et même, un peu plus tard, celle des services dépossédés.

Dans le magasin principal des vivres on créa des abris

légers le long des murs pour recevoir les denrées que le froid ne pouvait détériorer, on construisit un magasin à pétrole en briques, couvert en tôle ondulée. Les fours et la manutention furent installés par les services eux-mêmes. Le fourrage et le combustible furent placés en dehors de l'enclos sur le bord du Peï-Ho, et entourés d'une palissade légère. Lorsque les approvisionnements de fourrages arrivèrent au grand complet, ce dépôt devenant insuffisant, on transporta le surplus hors de la ville, près du parc à

Fig. 48. — Tien-Tsin. L'abattoir.

bestiaux. Ce dernier fut installé dans des constructions en ruines que le service intéressé aménagea lui-même et où il organisa un abattoir. On verra plus loin que l'inconvénient résultant de la dispersion des locaux affectés aux denrées et fourrages fut atténué par la création d'une voie ferrée portative reliant entre eux les établissements principaux ainsi que les casernements.

Enfin, à la gare par laquelle arrivaient tous les envois de l'extérieur il était nécessaire de disposer d'un local fermé pour mettre un terme aux rapines qui s'exerçaient tout particulièrement sur les approvisionnements français. Le vin, le tafia, les dons des sociétés de secours aux blessés avaient pour les malfaiteurs un attrait spécial qu'il fallait enrayer. On éleva alors le long d'une voie d'évitement neuf magasins contigus et parallèles, en charpente, à paroi et toiture en planches, recouvrant une superficie totale de 1 500 m² environ, auprès desquels fut placé un poste de surveillance.

Ces ressources furent cependant encore insuffisantes, elles devaient être complétées par des baraques démontables dont le service du génie avait proposé l'acquisition au moment du départ en adoptant les types que l'expérience de la campagne de Madagascar lui avait fait reconnaître comme bons. Ceux-ci furent remplacés par des constructions en charpentes expédiées de France et que l'artillerie de la marine vint monter elle-même.

Il est probable que cette modification fut ordonnée par des raisons majeures, mais on doit constater cependant que les types adoptés eurent le défaut d'être assez longs à installer, car, au 1er février 1901, leur montage n'était pas encore terminé.

Pour l'ensemble de ces travaux d'installation de hangars, on fera observer qu'il eût été plus économique de disposer immédiatement d'un approvisionnement suffisant de hangars démontables que l'industrie française produit maintenant couramment. On aurait dépensé moins d'argent, et on eût été plus vite prêt si on les avait eus sous la main. Comme la capacité de production des usines est limitée et qu'au moment où l'expédition de Chine fut décidée les travaux de l'Exposition avaient absorbé tous les stocks existants, on ne put constituer d'approvisionnement dans le court délai dont on disposait. Il serait donc utile de comprendre dans les approvisionnements de l'armée coloniale une quantité importante d'abris de ce genre, on se trouverait ainsi en mesure de parer à tous les besoins d'une expédition survenant brusquement.

Établissements du service du génie. — Pour abriter son matériel et pour installer les nombreux chantiers de charpente et de menuiserie qu'exigeaient les travaux qu'il devait exécuter, le service du génie disposa de divers locaux.

A côté de la chefferie se trouvait un terrain enclos de murs sur lequel avait été édifiée une construction incendiée pendant le siège ; on y organisa un premier chantier après l'avoir déblayé. Celui-ci ne suffisant pas aux besoins, on prit en location un terrain disponible, de 2 500 m² en-

Fig. 49. — Chantier du génie à Tien-Tsin.

viron, qui fut bientôt couvert de bois et de travailleurs. Grâce à la grande sécheresse du climat et à la rareté des pluies, on put se dispenser de faire des abris pour les ouvriers chinois.

Le parc du génie avait été tout d'abord installé dans un grand magasin avec terrain annexe et quelques constructions accessoires à proximité de la chefferie. Mais ce local était très demandé par le service de santé pour en faire le promenoir et le préau des malades, aussi dès qu'il put en trouver un autre, le service du génie y transféra son parc pour abandonner l'ancienne installation à l'hôpital. On construisit, dans la cour du parc, un magasin pour la mélinite. Sa toiture était formée d'une série de voûtelettes portant sur des rails ; il présentait toutes garanties contre la malveillance et les chances d'incendie. Les petits ateliers de menuiserie trouvèrent place dans des cases indigènes ; on installa un chantier de visite et de réparation du matériel d'équipage de pont. Enfin, on plaça un poste et un gardien.

La confection du mobilier des troupes fut assurée sur les chantiers dont on vient de parler ; ils avaient produit, à la fin de décembre 1900, 250 tables de caserne, 50 tables de comptable avec tiroirs, 300 bancs et 20 guérites.

Le chauffage était une des grosses préoccupations du commandement ; on savait que l'hiver est rigoureux dans le Petchili et, pour maintenir les hommes en bonne condition sanitaire, il fallait leur donner le moyen de se préserver du froid. La marine avait fait une commande de poêles qui parvint à destination, mais, au cours des transports, ces appareils, dont l'enveloppe extérieure était en tôle, avaient beaucoup souffert ; sur les 420 qu'on reçut ainsi, un bon quart ne put être utilisé. On s'adressa à l'industrie locale par l'intermédiaire de négociants français de Tien-Tsin et on put obtenir tout le nécessaire, malgré quelques incidents auxquels il a été fait allusion au début de ce chapitre. On se procura ainsi 1 900 poêles en fonte d'un modèle rustique qui donnèrent de bons résultats. Pour le chauffage de l'hôpital de Tien-Tsin, on fit l'acquisition de six calorifères à enveloppe réfractaire dont le fonctionnement fut parfait.

Communications. — Ainsi qu'on peut s'en rendre compte par l'exposé qui précède et par l'inspection du plan de Tien-Tsin, les divers établissements des services et les casernements se trouvaient assez éloignés les uns des autres. Dans le but de faciliter les transports de denrées et les mouvements de matériel entre ces différents centres, le service du génie établit une voie ferrée étroite. Elle par-

tait du magasin principal des services administratifs, sur
le quai de France, au bord du Peï-Ho, avec un petit embranchement sur le parc à fourrages et combustibles, suivait le quai de France et la rue Dillon, passait à proximité
de la chefferie du génie, du parc d'artillerie et devant le
théâtre chinois. Là, un embranchement allait rejoindre le
groupe de baraquements de la rue de Tien-Tsin. La voie
principale traversait le groupe de la Ville-Lévêque, passait
à proximité du casernement du train et des écuries de ce

Fig. 50. — Tien-Tsin. La voie Decauville.

service et se prolongeait ensuite dans l'extra-concession
jusqu'au parc à bétail.

Le service de cette voie se faisait sur les plates-formes
que le corps expéditionnaire avaient emportées avec le
matériel de voie étroite ; on les avait munies de ridelles
pour en faire des wagons ; des mulets étaient attelés aux
trains qu'on formait journellement. Ce service fonctionna
dans d'excellentes conditions, on eut seulement à regretter
le poids un peu trop considérable des plates-formes. Cet
inconvénient fut la conséquence de la hâte avec laquelle

les préparatifs avaient dû être faits et qui avait obligé à prendre le matériel immédiatement disponible dans les établissements industriels au lieu d'en faire fabriquer un spécialement approprié à sa destination future.

Fig. 51. — Tien-Tsin. La voie Decauville.

La voie ferrée portative de Tien-Tsin fut installée par la section d'aérostiers. Cette troupe prouva ainsi une fois de plus que les sapeurs du génie ne perdent rien de leurs qualités générales pour être spécialisés.

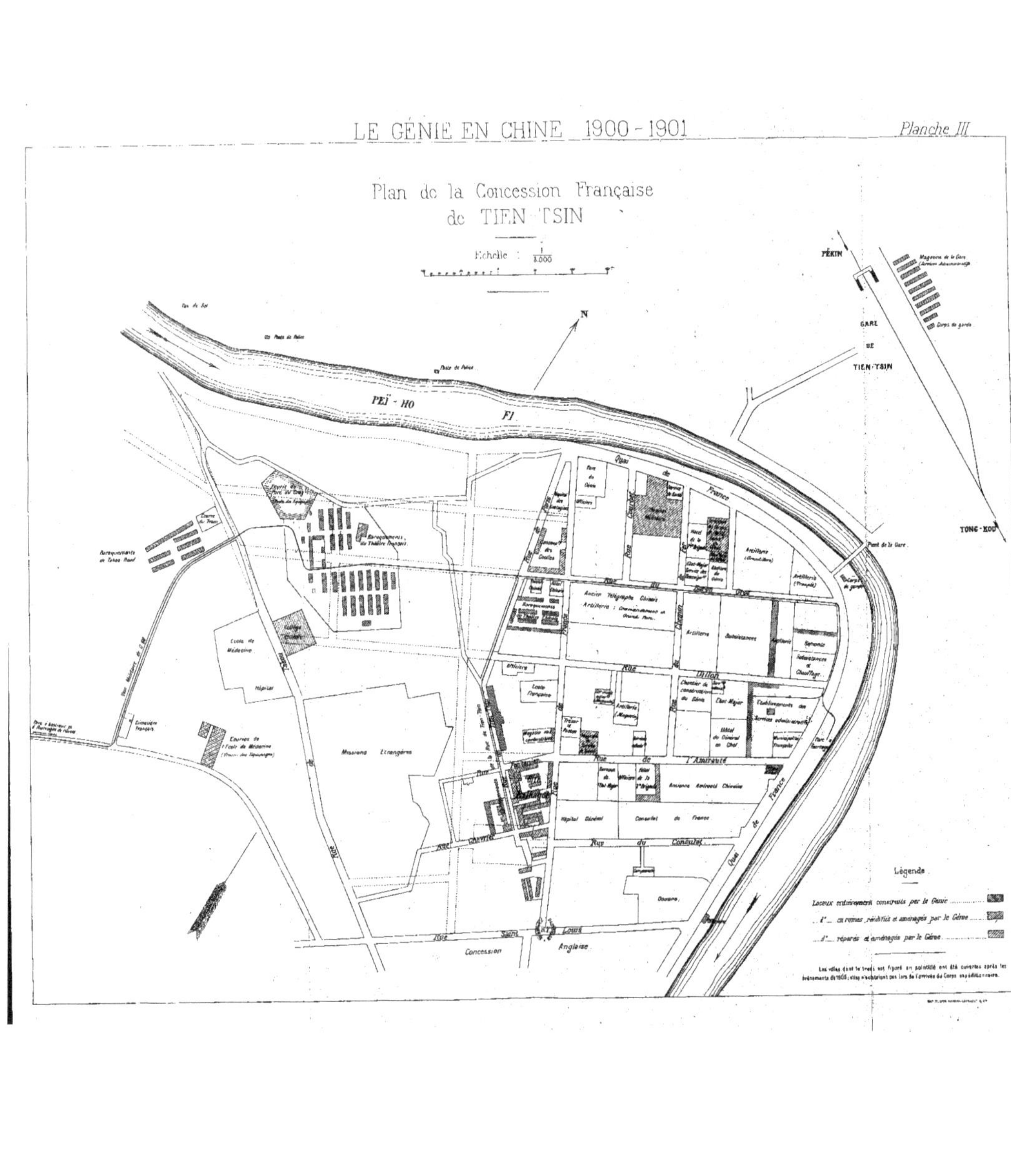

Plan de la Concession Française
de TIEN-TSIN
Échelle : 1/5.000
N
PÉKIN
GARE DE TIEN-TSIN
Corps de garde
Magasins de la Gare
PEÏ-HO FI.
TONG-KOU
Pont de la Gare
Quai de France
Rue de France
Quai de France
Rue Dillon
Rue de l'Amirauté
Rue du Consulat
École de Médecine
Hôpital
Missions Étrangères
Concession Anglaise
Saint Louis
Douane
Consulat de France
Ancienne Ambassade Chinoise
Légende
entièrement construits par le Génie
en ruines, réédifiés et aménagés par le Génie
réparés et aménagés par le Génie
Les villes dont le tracé est figuré en pointillé ont été ouvertes après les
événements de 1900, elles n'existaient pas lors de l'arrivée du Corps expéditionnaire.

CHAPITRE VI

On a vu, au chapitre précédent, que les ruines de la
concession française de Tien-Tsin présentaient un aspect
désolant; elles étaient cependant, pour le voyageur débarqué à Tong-Kou la veille ou le matin, un spectacle
agréable lorsqu'il les comparait à celui qui s'était offert à
ses yeux en abordant la terre de Chine. Des villages, na-
guère encore très peuplés, qui s'étendaient entre Takou
et Tien-Tsin, pas une maison n'était restée debout et,
comme ces habitations étaient bâties en mauvais matériaux, leurs ruines étaient tout particulièrement lamen-
tables. Tong-Kou, station du chemin de fer de Tien-Tsin,
sur la rive gauche du Peï-Ho, avait conservé, mais fort
endommagés, les bâtiments du chemin de fer et ses appontements, tout le reste était en miettes. Comme la campagne
environnante, plate et sans végétation, couverte de nombreux marais, n'offre à l'œil aucun point sur lequel il puisse
se reposer, on conçoit que la Chine ne s'ouvrait pas par son
beau côté pour les troupes qui y débarquaient.

Cependant il fallait s'installer à Tong-Kou, puisque
c'était là que les bateaux légers et les chalands de haute
mer venaient débarquer les troupes et le matériel qui pre-
naient ensuite la voie ferrée. Là, devait se faire le triage
des colis, leur classement, là se rembarquaient les blessés
et malades. Chaque service devait donc être représenté à
Tong-Kou et une garnison devait protéger ce point.

---

1. Planche IV. Clichés des capitaines Calmel et Plaisant.

Les divers contingents s'étaient partagé les maigres ressources de la localité (voir pl. IV) et, comme à Tien-Tsin, la France avait eu faible part : un lambeau de village en ruines bordant le fleuve, sans aucun quai ni appontement. Il est vrai qu'il existait, non loin de là, un superbe appontement baptisé « international » et laissé à l'usage de tous, mais les services maritimes français se plaignaient d'être trop rarement admis à s'en servir.

Lorsque le service du génie des étapes débarqua, le 7 septembre, il dut installer une chefferie à Tong-Kou et présenta un projet de travaux qui fut aussitôt approuvé.

Le chefferie (capitaine Mathy, officier d'administration Boutin) eut pour se loger, en commun avec le commandant d'étapes, les ruines d'une pagode. Le bâtiment du fond, possédant encore trois murs et une toiture, lui fut affecté ; la saison était chaude, les moustiques nombreux, on y jouissait d'un sommeil relatif. Le programme à remplir était de relever les ruines utilisables, de construire des bâtiments neufs de manière à loger la garnison et les services. Comme moyens d'action, le personnel de la chefferie avait son zèle et sa bonne volonté, pas un outil, pas un homme et, en fait de matériaux, ceux qu'on pouvait extraire des décombres. Par surcroît, la population s'était enfuie, car les réguliers chinois tenaient encore les forts de Peïtang et les opérations militaires duraient toujours. Le 22 septembre, quand débarqua le quartier général, Peïtang venait d'être pris, on apercevait au loin la fumée des explosions de torpilles ; ce spectacle, si intéressant qu'il fût, n'attirait cependant pas la population. Il fallut au personnel du génie une persévérance constante, un soin de tous les jours pour rassurer les quelques coolies qu'on pouvait conserver et amener peu à peu les habitants à venir chercher du travail. On ne saurait assez dire et louer le zèle qu'il apporta dans cette œuvre, couronnée d'ailleurs d'un plein succès. Ses premiers outils lui vinrent de la commande de Saïgon qu'amenait le lieutenant-colonel commandant le génie; ses premiers auxiliaires furent une section de la compagnie 19/1 (lieutenant Pacton) débarquée le 30 septembre et qui, plus ou moins renforcée selon les besoins et les ressources, exécuta tous les travaux de la place jusqu'à la fin. Le personnel du parc du génie apporta son concours pendant deux mois et demi environ.

Les travaux à exécuter comprenaient : des maisons à réparer, d'autres à construire pour le logement des troupes et des services et enfin l'édification de bâtiments destinés à servir de magasins ou d'abris pour le bétail. On adopta, comme type général, celui dont se servent les indigènes, c'est-à-dire des murs en carreaux de terre de 45 cm d'épaisseur, recouverts d'un enduit de terre battue, et des toitures en bottes de roseaux de 15 cm, recouvertes du même enduit: deux couches dessus et une dessous. Ces habitations, très rustiques, répondent parfaitement aux nécessités du climat, car elles garantissent bien du soleil et du froid.

On a reconstruit ainsi 16 maisons capables de contenir 200 hommes environ (le prix de revient de la place d'homme a été de 43 fr); créé deux postes l'un pour 12, l'autre pour 5 hommes, et des écuries pour 30 animaux (40 fr par place). Une infirmerie de passage destinée aux malades à rapatrier fut construite de toutes pièces; elle peut contenir 100 lits (106 fr par place de malade) avec logement du médecin, des infirmiers et locaux accessoires.

Les bâtiments destinés aux troupes ont été pourvus de lits de camp, planches à bagages, râteliers d'armes et poêles. On a aménagé 25 logements d'officiers.

Les services administratifs ont demandé : deux fours de boulangerie pour 100 rations; six magasins de 30 m sur 5 m qu'il a fallu construire de toutes pièces; cinq étables pour 200 bœufs avec un terrain de parcours, un parc à fourrage.

Pour le service du génie on a utilisé un bâtiment en ruines dont on a réparé la clôture et dans lequel on a dressé la baraque démontable Espitallier-Wehrlin emportée de France ; on y a installé des ateliers et trois petits magasins.

Le poste télégraphique a trouvé place dans une maison réparée.

Pour le service du Trésor et des postes on a construit, dans la pagode, un bâtiment comprenant un bureau, un logement et un caveau muré pour les fonds. La prévôté a demandé une prison et un préau ainsi que le logement des gendarmes.

La marine s'était installée elle-même à proximité du fleuve et avait entrepris, par ses propres moyens, la construction d'un appontement. Ayant renoncé à poursuivre son projet, elle demanda, en novembre, le concours du génie. Le peu de temps qui restait à courir encore avant la fermeture du port et les faibles ressources dont on disposait déterminèrent le service du génie à établir deux passerelles fixes reliant la rive à des jonques amarrées servant de ponton mobile. Ce moyen de débarquement transitoire fit place ultérieurement à des appontements fixes dont les projets furent établis de concert entre les deux services. Ils comportaient la création de deux appontements : l'un (amont) de 100 m de long, devant le terrain français, l'autre (aval) de 40 m à côté de l'appontement international. Le premier devait être relié à la voie ferrée par un raccordement de 590 m de longueur, établi en grande partie en remblai.

Le travail fut ordonné au début de janvier 1901, mais, par suite de la prise des cours d'eau qui rendait les transports difficiles, les fournisseurs ne purent livrer les bois nécessaires qu'au bout d'un mois. Comme il importait cependant d'être prêt au 10 mars, époque à laquelle le port est rouvert à la navigation, il fallut déployer une activité exceptionnelle. On renforça en conséquence la section Pacton par un détachement bien choisi, on embrigada les équipes et, grâce au zèle apporté par tous, on réussit à terminer le travail à la date fixée.

Les palées de l'appontement étaient distantes de 4 mè-

tres les unes des autres (fig. 52) et leurs pilots extrêmes
avaient 8 mètres de hauteur. Ils étaient réunis par des
écharpes et des traverses. Un tablier de 4,80 m de large
couvrait l'appontement. Pour accélérer le travail, on fit
deux sonnettes neuves en utilisant le second mouton em-
porté de France et un troisième qu'on trouva sur place. En
définitive, la construction des appontements commença le
5 février et fut terminée le 10 mars pour l'appontement
d'aval (40 m), le 18 pour celui d'amont (100 m). Au premier avait été employée une équipe d'un sous-officier,

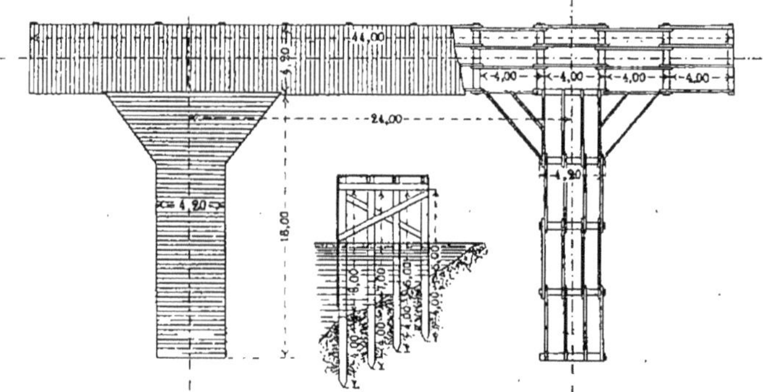

Fig. 52. — Plan et coupe de l'appontement français de Tong-Kou (1/500).

16 hommes et 50 coolies ; au second, deux équipes, se
relayant, composées chacune de : 1 sergent, 3 caporaux,
15 hommes et 50 coolies.

Dès que l'état d'avancement des négociations diplomatiques permit d'entrevoir dans un avenir prochain le rapatriement d'une fraction du corps expéditionnaire, le général
en chef se préoccupa d'assurer un abri convenable aux
troupes qui devaient stationner à Tong-Kou avant leur embarquement.

Il eût été onéreux et long de construire des maisons,
mais on avait les baraques et les tentes Decker du service
de santé qui n'avaient pas été utilisées encore : le service

de santé consentit volontiers à les prêter. Il valait mieux, à

Fig. 53. — Construction de l'appontement amont de Tong-Kou.

Fig. 54. — Construction de l'appontement amont de Tong-Kou.

coup sûr, s'en servir pour abriter des gens en bonne santé
que d'attendre que ceux-ci fussent atteints par la maladie

pour les y recevoir. Ces baraques furent montées dans l'espace de terrain disponible et, avec les quelques maisons aménagées, donnèrent ainsi 1 000 places de bivouac en sus du cantonnement normal de la garnison. Dans les tentes on mit un plancher en utilisant les matériaux de démolition des lits de camp devenus disponibles ailleurs.

Le camp fut doté de cuisines, latrines et enfin, sur la proposition du service du génie, d'une glacière contenant 100 tonnes de glace, grâce à laquelle les troupes qui stationnèrent à Tong-Kou durant les chaleurs purent rafraîchir leur boisson.

Enfin, au mois de juin, le général en chef ordonna la construction, à Tong-Kou, d'une caserne permanente pour les 300 hommes appelés à y tenir garnison. La description de cette caserne est donnée au chapitre XI.

Concession Française de
TONG-KOU

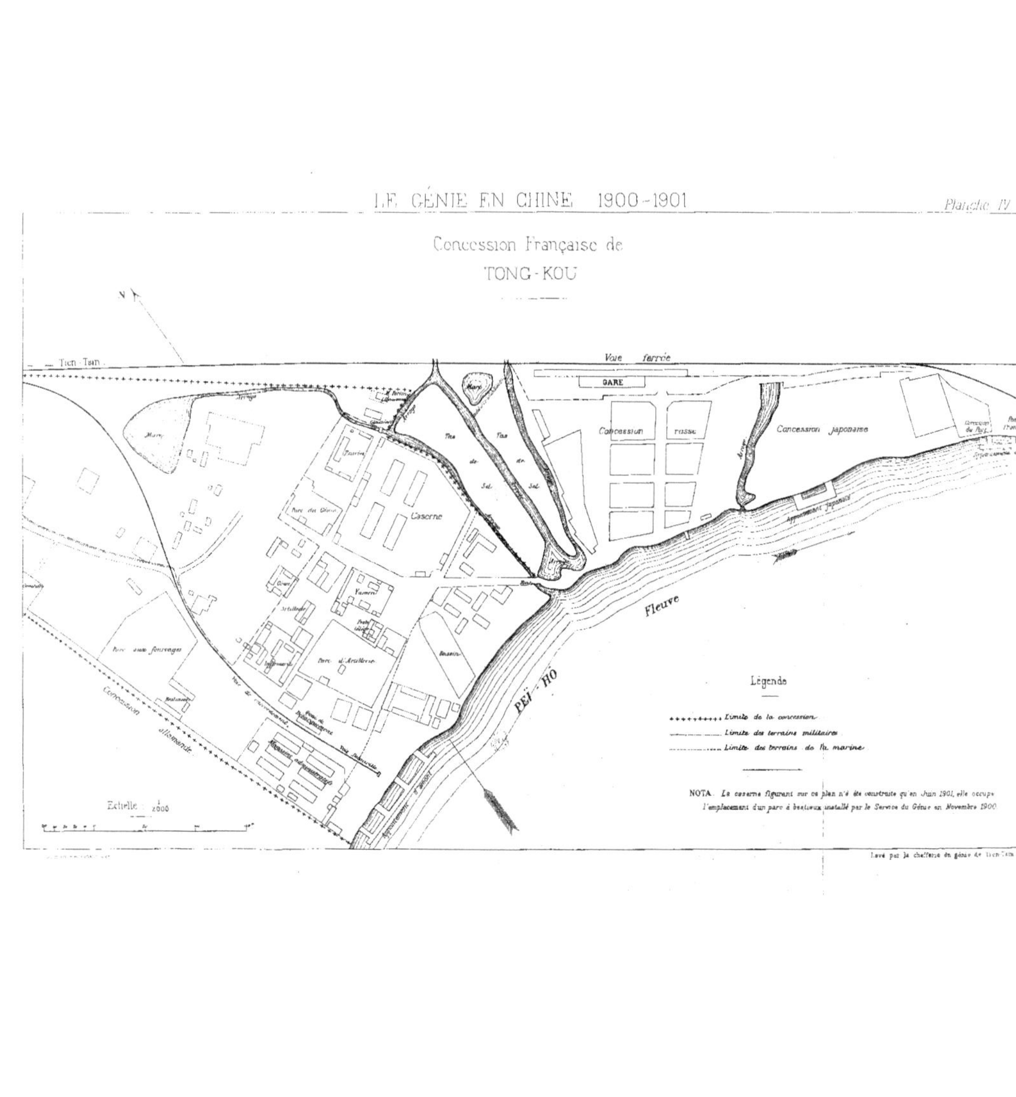

CHAPITRE VII

Travaux de Pékin[1].

Les troupes stationnées à Pékin se trouvaient, à certains points de vue, dans une situation meilleure que celles de Tien-Tsin ; si l'insurrection et les désordres qui la suivirent avaient ruiné un assez grand nombre de palais et de maisons particulières, il restait néanmoins, dans le secteur français de la capitale, des ressources suffisantes pour assurer convenablement le logement. Les immeubles affectés aux troupes et services étaient généralement en bon état et exigeaient seulement quelques perfectionnements pour être rendus habitables par des Européens. Quelques planches améliorant le can chinois en faisaient un lit de camp ; des planches à bagages, des râteliers d'armes et des poêles transformaient les chambres chinoises en excellentes chambres de troupe. Toutefois, l'installation des appareils de chauffage exigeait de sérieuses précautions en raison de l'abondance des matériaux combustibles qui entrent dans les constructions. Les plafonds sont en papier collé sur un quadrillage de jonc ; les charpentes forment non seulement le soutien des toitures, mais encore l'ossature même des habitations, de sorte qu'au milieu d'un mur, en apparence très solide, on trouve des poteaux, des poutres, souvent dissimulés au premier coup d'œil, qui peuvent devenir des causes d'incendie.

---

1. Voir planches V et VI.

Chacun des immeubles occupés à Pékin était donc commode à habiter, mais leur dispersion rendait le service un peu compliqué.

Comme les grandes artères de Pékin, larges et spacieuses, sont de véritables dunes de poussière formées par les détritus de nombreuses générations ; que les rues ou ruelles qui les unissent ont le tracé le plus fantaisiste, on peut se rendre compte du peu de facilité des communications à l'intérieur de la capitale. En outre, Pékin (pl. V) est formé d'enceintes successives : la ville tartare renferme la ville impériale qui, elle-même, contient la cité interdite au centre de laquelle se trouve le palais. Des murailles ferment chacune de ces enceintes emboîtées les unes dans les autres et obligent à de longs détours lorsqu'on doit les traverser. On obvia bien vite d'ailleurs à cet inconvénient en perçant une série d'ouvertures dans ces compartiments ; cette mesure était particulièrement nécessaire dans le secteur français (pl. VI) qui, partant du palais, s'étendait vers l'ouest jusqu'à la muraille tartare, franchissant ainsi les enceintes successives. Le général commandant la 1ʳᵉ brigade et le service de la place occupaient des palais de la ville interdite (fig. 55), le général en chef installa son quartier général dans un palais avoisinant l'ancienne cathédrale, ou Petang (fig. 56), et formant une sorte d'annexe de la ville interdite. Les troupes et les services étaient répartis entre la ville impériale et la ville tartare.

La chefferie de Pékin fonctionna à partir de la fin d'octobre. Elle s'installa au nord du lac, dans un palais de la ville interdite, qui offrait à l'œil l'aspect le plus coquet. C'était une résidence d'été de l'impératrice, portant le nom de Palais de la belle vue du Lac (fig. 57) : elle n'avait qu'un défaut, celui d'être un peu trop abondamment pourvue de rochers artificiels qui y rendaient la circulation malaisée.

Lorsque le commandement du génie s'installa à Pékin

LE GÉNIE EN CHINE 1900-1901
Planche V
PLAN DE PEKIN 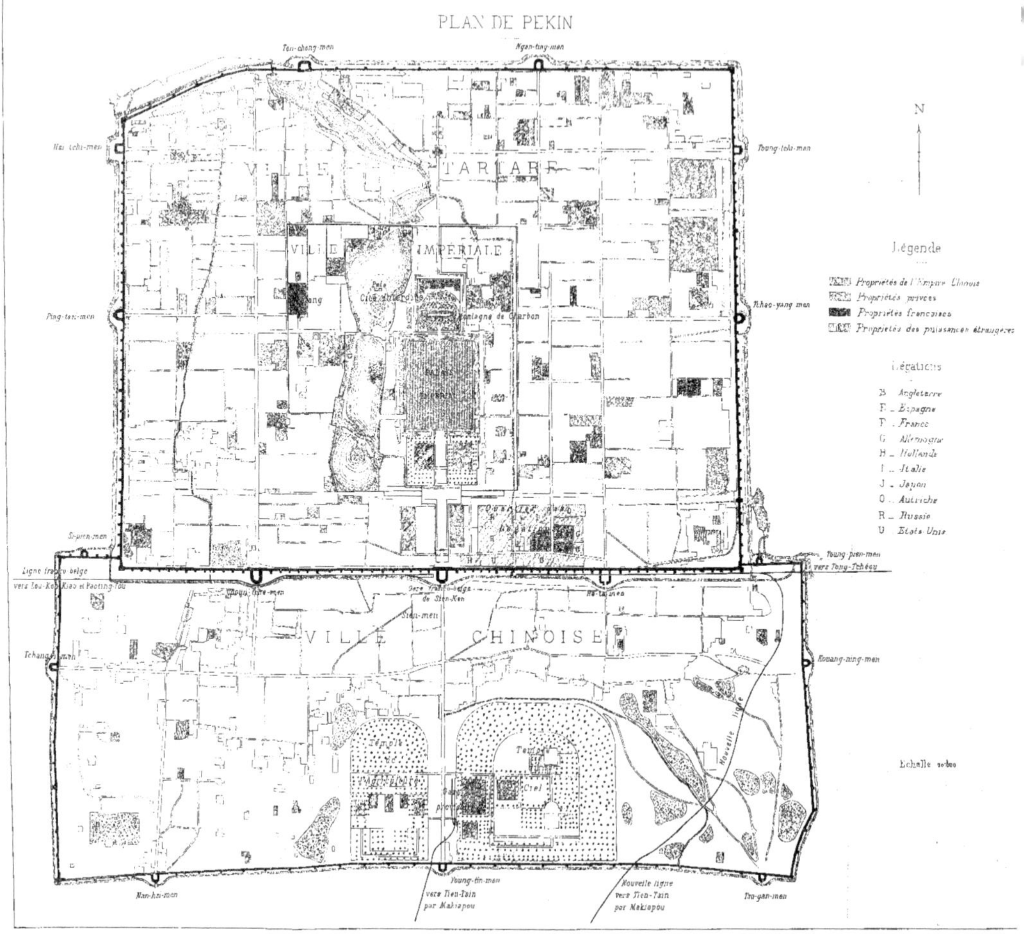
N
VILLE TARTARE
VILLE IMPÉRIALE
VILLE CHINOISE
Ten-chang-men
Ngan-ting-men
Hai-tchi-men
Toung-tchi-men
Ping-tan-men
Tchao-yang-men
Si-pien-men
Toung-pien-men
vers Tong-Tchéou
Ligne franco-belge
vers Lou-Kéou-Kiao et Pao-ting-Fou
Gare franco-belge de Sien-Men
Ha-ta-men
Sien-men
Tchang-i-men
Kouang-ning-men
Montagne de Charbon
Cité interdite
Nan-ha-men
Young-tin-men
vers Tien-Tsin par Makiapou
Nouvelle ligne vers Tien-Tsin par Makiapou
Tso-gan-men
Légende
Propriétés de l'Empire Chinois
Propriétés privées
Propriétés françaises
Propriétés des puissances étrangères
Légations
B _ Angleterre
E _ Espagne
F _ France
G _ Allemagne
H _ Hollande
I _ Italie
J _ Japon
O _ Autriche
R _ Russie
U _ Etats-Unis
Echelle

en février 1901, il occupa une maison abandonnée de la
ville impériale, à proximité du quartier général.

L'étendue de Pékin et le mauvais état de ses rues ne

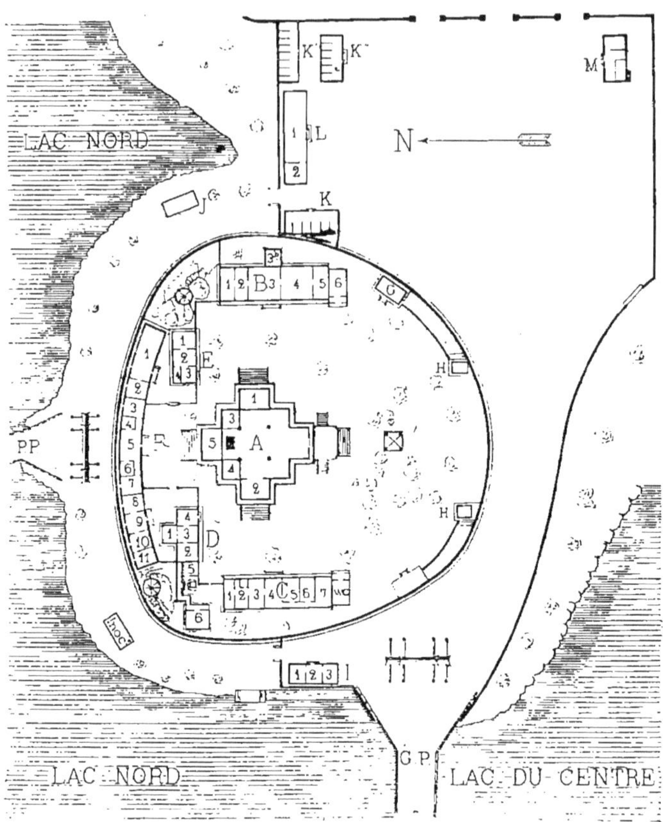

Fig. 55. — Le palais de la Rotonde, occupé par l'état-major de la place (1/1 000).

Légende : A, bureau de la place, salle des rapports, réfectoire ; B, chambres des
télégraphistes, bureau télégraphique ; C, chambres des officiers de passage ; D, E,
G, locaux pour officiers ; F, officiers, chambres pour ordonnances ; H, kiosques ;
I, chambres de sous-officiers ; J, chambres de coolies ; K, écuries ; L, chambres de
troupe ; M, cuisines ; G P, grand pont de marbre ; P P, petit pont de marbre.

constituent pas le principal inconvénient de la ville ; le plus
grave de tous est la mauvaise qualité de l'eau. Celle-ci
provient de puits assez nombreux (on peut en creuser par-

Fig. 56. — Pékin. — Le vieux Petang. Quartier général du général en chef et hôpital militaire.

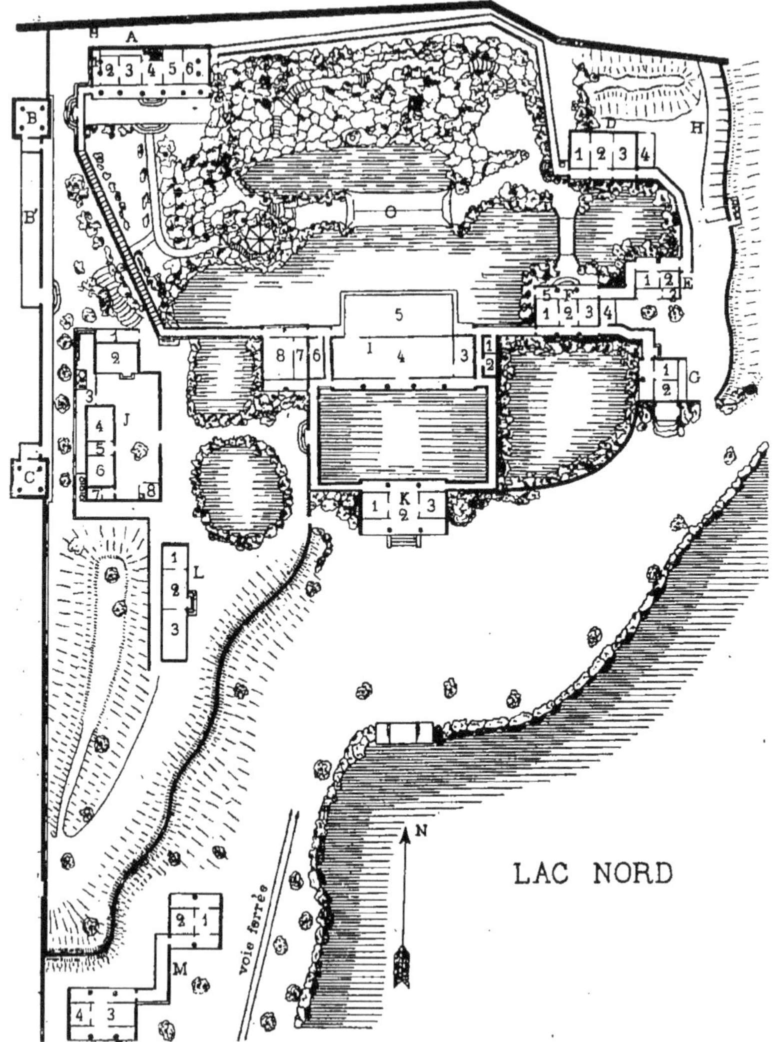

Fig. 57. — Pékin. — Le palais de la belle vue du Lac. Chefferie du génie et cantonnement
des sapeurs (1/1 000).

Légende : A, chefferie ; B, C, chambres d'officiers ; B', magasin de la chefferie ; D, officiers de la
compagnie 9/4 ; E, bureau et magasin de la compagnie 9/4 ; F, chambres de sous-officiers ; G, sapeurs-conducteurs ; H, écuries ; I, cuisines et salles à manger ; J, sapeurs, prison et forge ; K, poste
de police et magasin ; L, chambres de sapeurs ; M, chambres des interprètes et des coolies ; N,
kiosques ; O, galerie couverte.

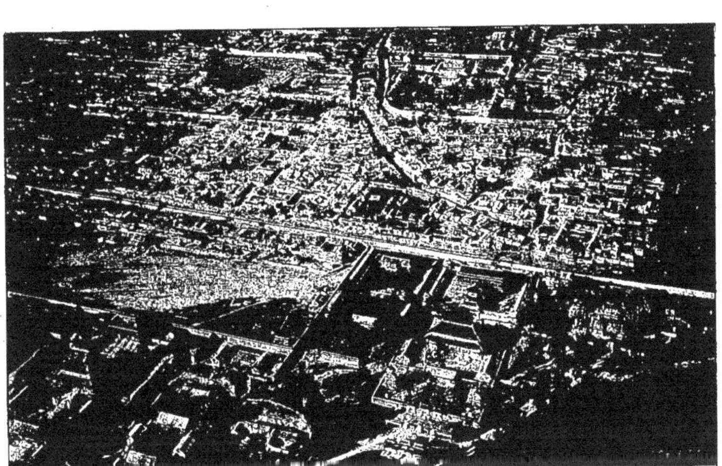

Fig. 58. — Pékin. — L'angle N.-O. de la ville impériale et des lacs. La chefferie du génie et le cantonnement des sapeurs occupent le coin inférieur droit. — Vue prise en ballon.

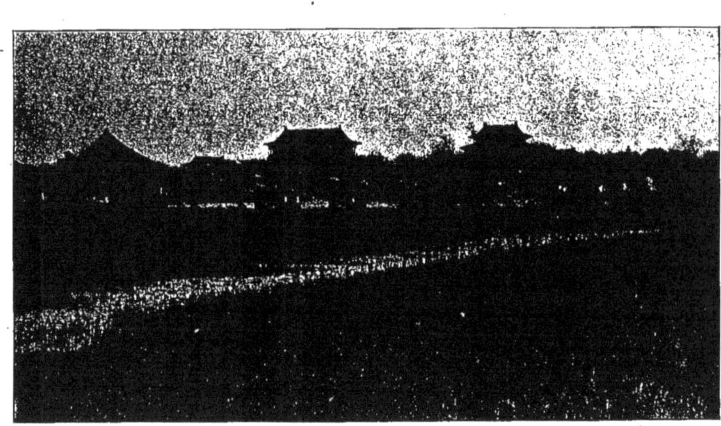

Fig. 59. — Pékin. — Les palais au nord du lac ; celui de droite était occupé par la chefferie du génie.

Fig. 60. — Pékin. — La rive Est du lac ; à gauche, palais des vers à soie (quartier général de la 1re brigade). On aperçoit dans l'angle gauche
la pagode de la grosse cloche. — Vue prise en ballon.

tout avec certitude de trouver l'eau à quelques mètres de profondeur), mais elle est le plus souvent chargée de sels calcaires ou magnésiens et des microbes les plus variés. Son goût et son odeur sont détestables, aussi faut-il toujours la faire bouillir ; elle ne dissout pas le savon, circonstance particulièrement fâcheuse en un pays où le vent soulève une poussière noire très ténue qui s'attache à la peau.

Les détails qu'on vient de donner sur les conditions de l'existence des troupes et services à Pékin font voir quel pouvait être le rôle du génie dans les travaux d'installation. Il n'y avait pas là de grands chantiers à ouvrir comme à Tien-Tsin, mais une série de petits aménagements auxquels les corps procédaient eux-mêmes bien souvent, se bornant à demander le concours du génie pour les parties délicates. La chefferie se trouvait avoir ainsi une série de petits chantiers, peu importants, mais assez distants les uns des autres pour rendre difficiles leur surveillance et leur direction.

L'organisation de l'hôpital fournit un chantier plus intéressant ; le général en chef assigna à cette formation sanitaire l'ancien établissement des Lazaristes, dit le vieux Petang[1], et le palais impérial contigu, dont il occupait lui-même une faible partie.

La mission des Lazaristes, voisine de l'ancienne cathédrale, est un bâtiment à étages construit par des Européens ; il fut aisé d'y installer des salles d'hôpital ; le palais impérial ne comprend que des bâtiments à rez-de-chaussée, mais spacieux, répartis autour de grandes cours et de

---

1. Cet établissement, concédé à la mission catholique sous le règne de Kang-Si, devint une gêne pour la cour impériale lorsque l'impératrice régente s'installa dans la partie du palais qui lui est contiguë ; les vues plongeantes des tours de la cathédrale étaient particulièrement incommodes. La mission consentit à évacuer son établissement et en construisit un nouveau sur l'emplacement qui lui fut alors concédé à quelque distance du palais ; ce nouvel établissement, dit nouveau Petang, est celui que les Boxers ont assiégé.

jardins, bien aérés et éclairés ; ils sont même pourvus de calorifères.

Le travail consista à blanchir les murs européens, tapisser les constructions chinoises, élever quelques cloisons, créer les accessoires de l'hôpital : cuisines, latrines, etc , installer un service de protection contre l'incendie à l'aide de grandes jarres pleines d'eau enfouies en terre et garanties contre la gelée. En résumé, l'hôpital militaire de Pékin fut rapidement installé, et dans d'excellentes conditions.

On peut citer aussi comme installation intéressante celle de la section d'aérostiers (fig. 61 et 62) durant son séjour à Pékin en octobre et novembre 1900, dans le palais de l'île des Jades. Les bâtiments qui la composent donnent une idée de ce que peut être le goût chinois en matière d'habitation de plaisance destinée au souverain. L'effet est original et devait être somptueux lorsque tous les ameublements étaient encore en place, mais l'enchevêtrement des couloirs et galeries, les dénivellations obtenues par des rochers artificiels rendent l'usage de ces palais assez incommode pour les Européens.

La section d'aérostiers avait organisé là son cantonnement, avec lits de camp, accessoires de toute nature, y compris un laboratoire de photographie qui avait trouvé place dans un réduit.

Au palais Ly, affecté aux services administratifs, on avait trouvé aisément place pour les magasins et les bureaux en créant quelques cloisons supplémentaires.

En sus de ces travaux, la chefferie eut à participer à une série de mesures intéressant la voirie ou l'ordre public, telles que l'installation de réverbères, le placement de pancartes indicatrices, etc.

Elle créa un cimetière dans un emplacement déterminé par le commandement derrière le nouveau Petang, à proximité des magasins impériaux.

Elle installa un appareil distillatoire dans le quartier des Légations, ou plutôt elle participa à ce travail confié à

un mécanicien de la marine, en creusant un puits de 2,50 m
de large sur 8 m de profondeur destiné à alimenter l'ap-

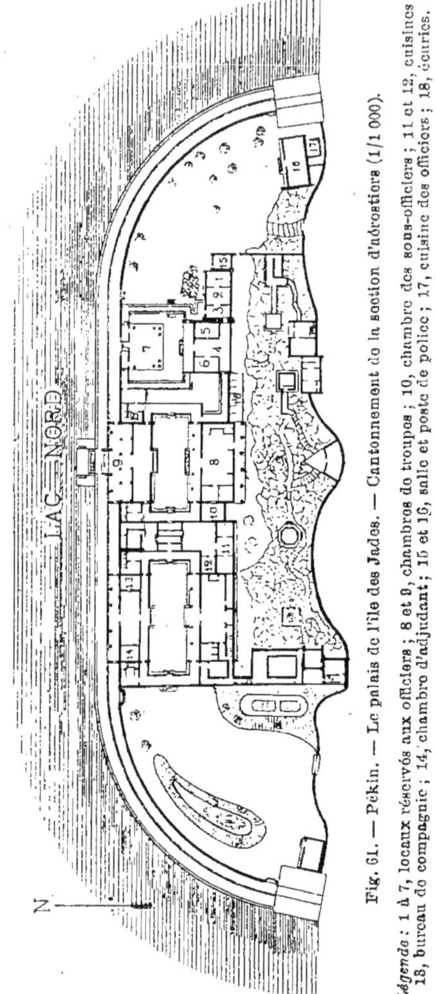

Fig. 61. — Pékin. — Le palais de l'île des Jades. — Cantonnement de la section d'aérostiers (1/1 000).

Légende : 1 à 7, locaux réservés aux officiers ; 8 et 9, chambres de troupes ; 10, chambre des sous-officiers ; 11 et 12, cuisines ; 13, bureau de compagnie ; 14, chambre d'adjudant ; 15 et 16, salle et poste de police ; 17, cuisine des officiers ; 18, écuries.

pareil, en édifiant une cuve maçonnée servant de réfrigérant et un château d'eau. Plus tard, le service du génie

Fig. 62. — Pékin. — Le cantonnement de l'île des Jades.
Au sommet de la colline, le Peta (baptisé le Pipermint par les troupiers), monument commémoratif.

prit en main la direction de l'appareil distillatoire et y
apporta quelques perfectionnements indispensables pour
assurer son bon fonctionnement.

Enfin, la chefferie, à laquelle fut affecté pour ce travail
le capitaine Levêque, fut chargée d'étudier le projet d'un
casernement définitif pour la troupe française composant
la garde des légations et reçut l'ordre de commencer la
construction de ce bâtiment en mai 1901. La description
de cette caserne est donnée au chapitre XI.

Fig. 63. — La muraille de Pékin au point d'ouverture de la brèche.
Vue de l'extérieur.

Parmi les travaux exécutés par la chefferie de Pékin et
présentant un intérêt particulier, il convient d'accorder
une mention spéciale à l'ouverture d'une brèche dans la
muraille de la ville chinoise destinée à donner passage à
la voie ferrée de Lou-Kou-Kiao dont on trouvera l'étude
complète au chapitre VIII.

Ce travail présentait un certain caractère d'urgence ;
aussi, dès que le point de passage put être déterminé avec
exactitude, le général en chef ordonna d'ouvrir la brèche.
La chefferie de Pékin fut chargée de l'exécuter et le tra-

vail fut confié au capitaine Cambier qui disposa d'une équipe de 1 sous-officier; 1 caporal et 6 sapeurs de la compagnie 9/4.

La muraille chinoise était constituée par un rempart en terre de 9 m d'épaisseur soutenu par des murs de revêtement ayant à l'extérieur 6,40 m de haut, à l'intérieur 4,60 m, surmontés de murs à bahut ainsi que l'indique le profil ci-dessous (fig. 64).

On se décida à faire tomber tout d'abord le mur intérieur en plaçant une charge concentrée derrière le parement adossé aux terres La nature du terrain extrêmement meuble ne permit pas d'employer les forages ; au fur et à

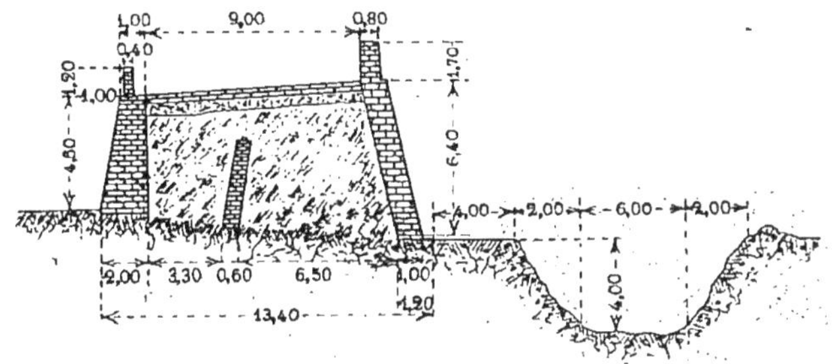

Fig. 64. — Profil de la muraille de la ville chinoise de Pékin.

mesure que la barre à mine s'enfonçait, la terre s'émiettait et retombait dans le trou. Il avait fallu d'ailleurs enlever au préalable un dallage en briques qui recouvre le rempart et repose sur un enduit de 0,50 m d'épaisseur en terre et mortier qui céda difficilement sous la pioche. Dans ces conditions, il fallut foncer un puits de 1 m de côté qui fut poussé à 3,20 m de profondeur et demanda 3 1/2 h de travail. Au fond du puits on plaça une charge de 22,5 kg de mélinite et on bourra complètement. La mise du feu à l'aide du cordeau détonant ne donna lieu à aucun raté et l'explosion ouvrit dans le parement une brèche de 7 m de largeur en haut et 5 m en bas (fig. 65 et 66).

La masse du rempart restait intacte ; on se décida alors à la renverser en plaçant vers le centre de la partie subsistante deux fourneaux ; celui des deux qui devait agir vers le parement extérieur fut calculé en donnant au coefficient g la valeur 3 ; pour l'autre on prit $g = 1,5$. On admit enfin que l'effet d'une charge de mélinite serait celle d'une charge de poudre d'un poids égal aux 4/3 du sien. Le premier fourneau reçut ainsi 140 kg et le second 75 kg de mélinite, soit au total 215 kg. Le puits, profond de 4,30 m, fut commencé le 13 janvier à 10 heures du matin, il était terminé le 14 à 11 heures, ayant demandé 7 heures de travail. Les deux fourneaux étaient reliés par un cordeau détonant dont les extrémités étaient

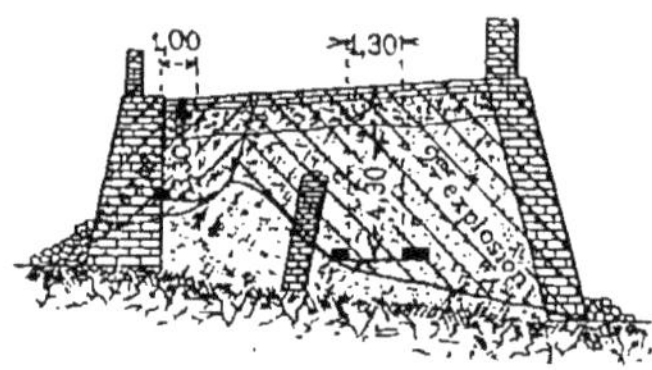

Fig. 65. — Emplacement des fourneaux
pour la brèche.

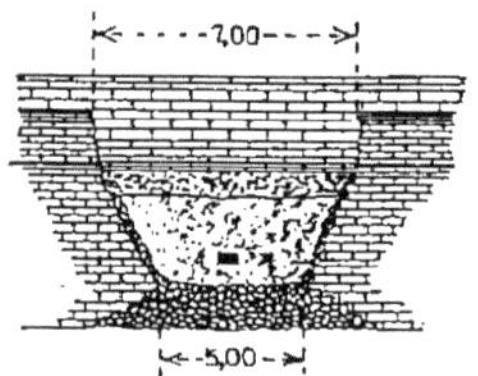

Fig. 66. — Aspect intérieur
de la muraille après la 1re explosion.

introduites dans un pétard d'amorçage noyé au centre de la charge. Chaque fourneau avait une mise du feu indépendante à l'aide du cordeau détonant.

Le puits fut comblé de manière à former bourrage et on mit le feu simultanément aux deux conducteurs. L'explosion réussit fort bien et donna un effet considérable (fig. 67). Le mur extérieur fut renversé jusqu'au bas de sa hauteur et les débris projetés en avant jusqu'à 250 ou 300 mètres, sans qu'on ait observé de projections latérales. La brèche avait 12 m de largeur en haut et 9 m en bas (fig. 68 et 69).

On procéda ensuite à l'élargissement de la brèche à 15 m avec talus latéraux à 2/1 ; on employa à cet effet la main-d'œuvre indigène sous la surveillance de sapeurs du génie. Le cube total du déblai s'éleva à 283,8 m³ pour la maçonnerie, 829,6 m³ pour les terres, au total 1 113,4 m³.

Lorsque la brèche fut ouverte et déblayée, on constata la présence d'une muraille au centre du rempart (voir figures 64 et 70) et on se demanda la raison d'être de ce dispositif. Après examen, on reconnut que la nature des matériaux du mur central et leur appareil sont identiques à ceux du mur extérieur, tandis que le mur tourné vers la

Fig. 67. — Ouverture de la brèche.

ville comprend des briques d'une autre dimension et disposées différemment. On en conclut que la muraille primitive comprise entre le mur extérieur et le mur central avait été renforcée postérieurement à sa construction. Avant d'arriver à cette conclusion, on avait accueilli avec faveur une hypothèse qui, bien que reconnue inexacte, mérite d'être reproduite ici en raison de son ingéniosité et de l'enseignement qu'on en peut tirer. Son auteur faisait remarquer que la terre du rempart étant de nature argileuse, si un éboulement vient à s'y produire, la partie entraînée des terres affecte la forme d'une portion de cylindre à section circulaire dont l'axe est voisin du cordon

Fig. 68. — La muraille après l'explosion.
Vue de l'extérieur.

du mur de soutènement. Dans un pareil massif, un mur central est lui-même en équilibre, puisqu'il reçoit de part

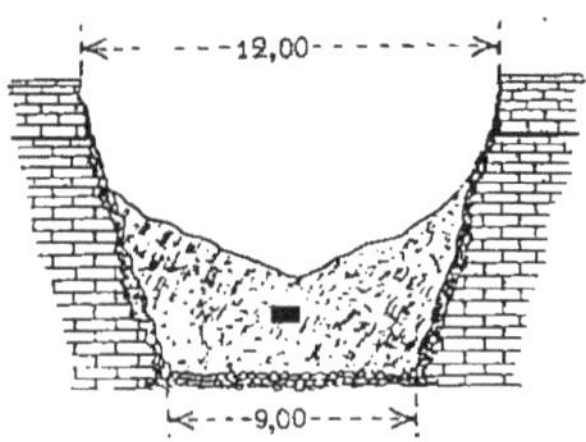

Fig. 69. — La brèche après la 2ᵉ explosion.

et d'autre des poussées égales, mais sa présence réduit considérablement la section de base du cylindre d'éboulement et, par suite, la poussée exercée sur les murs extérieurs. On peut donc ainsi à peu de frais augmenter la stabilité d'un mur de revêtement.

Les Chinois, qui sont de médiocres constructeurs, auraient, en inventant ce procédé, fait preuve d'une habileté dont on n'a trouvé les traces nulle part ailleurs dans leurs bâtiments ; le mérite de son invention doit donc légitimement revenir à l'officier (commandant Descourtis) dont la

Fig. 70. — La brèche aménagée pour le passage de la voie ferrée.

sagacité a su tirer une si heureuse conclusion d'une particularité de construction.

Travaux de Pao-Ting-Fou [1].

Pao-Ting-Fou, chef-lieu officiel de la province du Petchili, est une ville entourée de hautes murailles ; son tracé est un carré dont les côtés, longs de 1 500 m environ, font face aux quatre points cardinaux. Une porte occupe le milieu de chacun d'eux et des rues allant de chaque porte à celle qui lui est opposée divisent la ville en quatre quartiers (pl. VII).

Le 17 octobre 1900 notre avant-garde, sous les ordres du lieutenant-colonel Drude, occupait Pao-Ting-Fou ; le ca-

---

1. Planches VII et VIII.

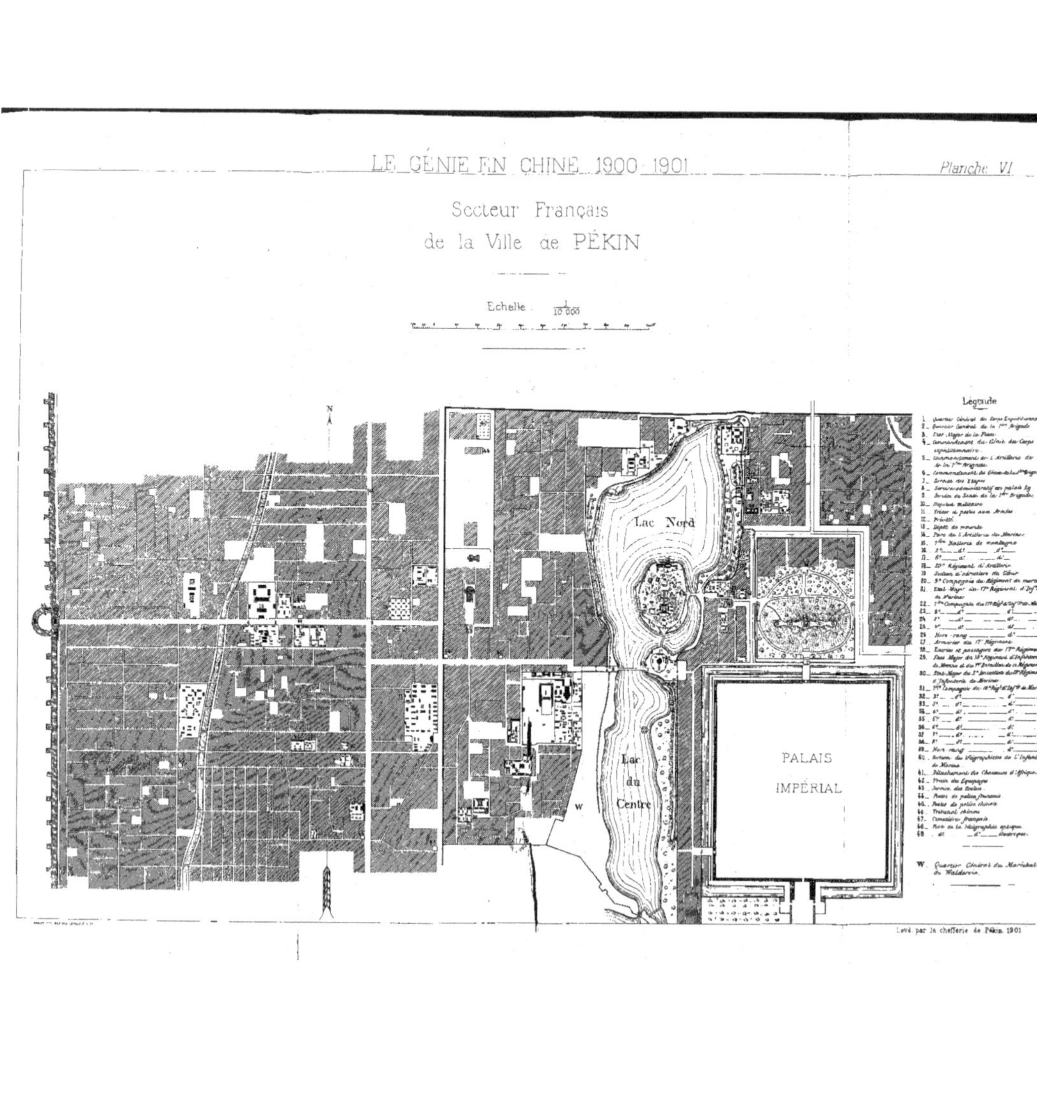

LE GÉNIE EN CHINE 1900-1901
Planche VI
Secteur Français
de la Ville de PÉKIN
Echelle : 1/10 000
N
Lac Nord
Lac du Centre
PALAIS IMPÉRIAL
W
Légende
W. Quartier Général du Maréchal de Waldersee
Levé par la chefferie de Pékin 1901

pitaine Noguette, commandant le génie de la 2ᵉ brigade et qui devait être chef du génie de la place, prenait possession du télégraphe et de la gare du chemin de fer. Le 19, nos troupes entraient en ville et, deux jours après, les alliés y venaient à leur tour. Notre occupation fut si bien accueillie par la population, particulièrement sensible au respect dont nous avions fait preuve à l'égard des personnes et des propriétés, que les notables voulurent, suivant la coutume chinoise, témoigner leur reconnaissance par une contribution en argent. Le général refusa naturellement cette offre, mais autorisa la distribution à ses hommes de capotes en peau de mouton qui furent particulièrement bien accueillies par les intéressés.

Au début de l'occupation, les quartiers de la ville furent partagés entre les quatre corps ayant pris part à la marche sur Pao-Ting-Fou. Les Français eurent le S.-O., les Anglais le N.-O., les Allemands le N.-E., les Italiens le S.-E. Après le départ des Anglais et des Italiens, nous occupâmes la moitié sud de la ville et les Allemands la moitié nord. Nous disposions également d'un fort en terre à 2 km au S.-E., et d'un camp chinois entouré d'une enceinte fortifiée à 500 m au S.-O. La gare, située à 1 km à l'ouest de la ville, nous revint naturellement comme étant dans notre secteur et appartenant à une société franco-belge.

Le secteur français (pl. VIII) contenait de grands bâtiments très convenables pour le logement des troupes, tels le palais du vice-roi, celui de Li-Hung-Chang, celui du grand juge, du colonel tartare, les pagodes de Confucius. Hors de l'enceinte on avait les deux forts dont il vient d'être question, une belle construction récente, l'école européenne, quelques-uns des locaux de la gare et les maisons avoisinantes. Il fut aisé, grâce à ces ressources, de loger les troupes de la garnison, mais la plupart des locaux, surtout les palais et pagodes, nécessitaient des aménagements pour être rendus habitables. Les figures 71 et 72 donnent une idée de la disposition de ces bâtiments.

La région de Pao-Ting-Fou, voisine des montagnes a, en

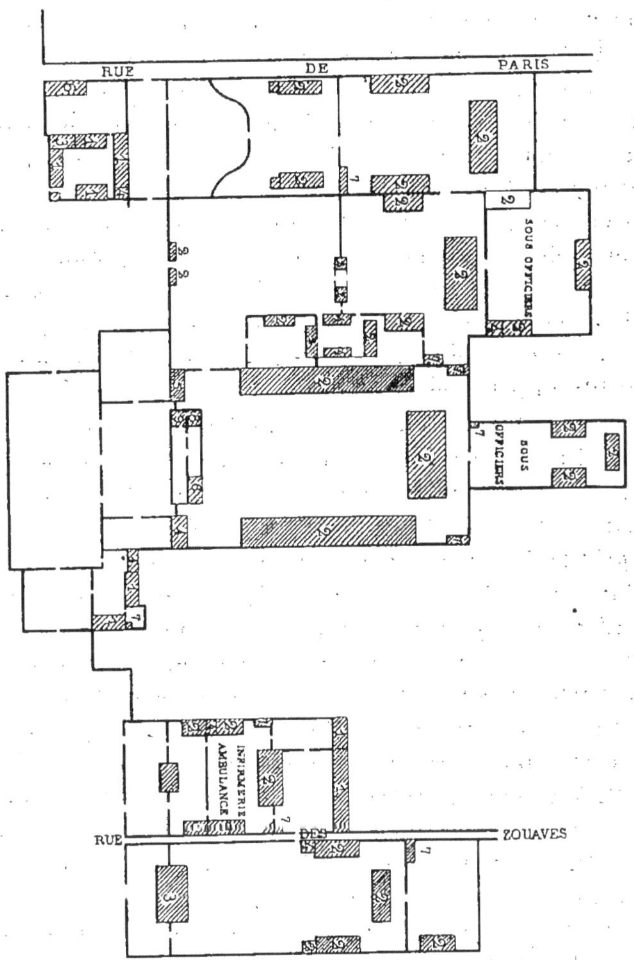

Fig. 71. — Temple de Confucius.
Cantonnement pour 2 compagnies 1/2 de zouaves (1/2 000).

Légende : 1, logement d'officiers ; 2, casernement des hommes ; 3, écuries ; 4, cuisine ; 5, locaux disciplinaires ; 6, poste de police de la porte sud ; 7, latrines ; 8, adjudant de bataillon ; 9, salle des rapports.

effet, un climat plus rude que celle du littoral et le froid y dépasse fréquemment — 20° pendant l'hiver. Dans les

grandes salles des palais et pagodes, le cube d'air à chauffer
eût été très considérable et il y avait intérêt à le réduire.
Pour y arriver, on employa un procédé indigène qui avait
réussi déjà à Tong-Kou : l'installation de plafonds en papier. On les établit sur un treillis horizontal en tiges de
sorgho dont les carrés ont 25 à 30 cm de côté. Les tiges,
préalablement entourées de papier, sont suspendues aux
pièces de la charpente à l'aide d'autres tiges de sorgho

Fig. 72. — Pagode de Confucius à Pao-Ting-Fou.
Aménagement d'un local en cantonnement.

verticales. Sur ce treillis on colle du papier et on obtient
ainsi un excellent plafond, extrêmement léger, dont le
prix de revient est d'environ 100 sapèques (0,35 fr) le
mètre carré. La figure 73 fait ressortir la disposition de
ces plafonds dont l'installation nécessite un tour de main
particulier.

Comme mobilier, on eut des lits de camp en planches, à
0,50 m au-dessus du sol, des étagères à bagages et des râteliers d'armes portatifs. La difficulté de sceller solidement
les planches dans les murs de mauvaise maçonnerie fit

préférer les étagères à tout autre dispositif comportant un scellement. Les tables et bancs furent fournis par la réquisition et existaient en abondance.

Le chauffage des locaux d'habitation fut assuré partie à l'aide de poêles en fonte provenant de la fabrication de Tien-Tsin, partie avec des poêles en briques à circulation horizontale construits sur place. Ce dispositif ingénieux, inspiré par le souvenir des appareils de chauffage de l'Est de la France, fut imaginé par le capitaine Noguette et mérite une mention spéciale en raison des excellents résultats qu'il permit d'obtenir. Les croquis ci-joints (fig. 74 à 76) en donnent une idée suffisante pour qu'il ne soit pas nécessaire de les décrire longuement. Ces poêles procu-

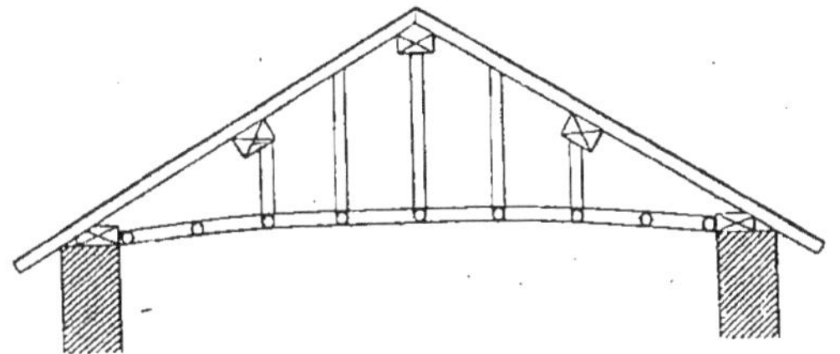

Fig. 73. — Plafonds en papier.

raient une chaleur très douce, se conservant longtemps et, grâce à la modicité du prix des matériaux et de la main-d'œuvre, n'entraînaient qu'une faible dépense.

Chaque cantonnement était pourvu en outre de fourneaux de cuisine en briques, avec marmites indigènes en fonte d'une contenance de 80 litres, permettant de faire l'ordinaire par compagnie.

Chez les chasseurs d'Afrique, on a installé des mangeoires doubles pour les chevaux et mulets d'après le modèle indiqué au croquis ci-après (fig. 77). On fera remarquer la précaution prise de doubler à l'aide de fer-blanc les parties en bois des mangeoires des mulets. Elle est absolument indispensable, attendu que le mulet détruit avec ses dents toutes les pièces de bois qui sont à sa portée.

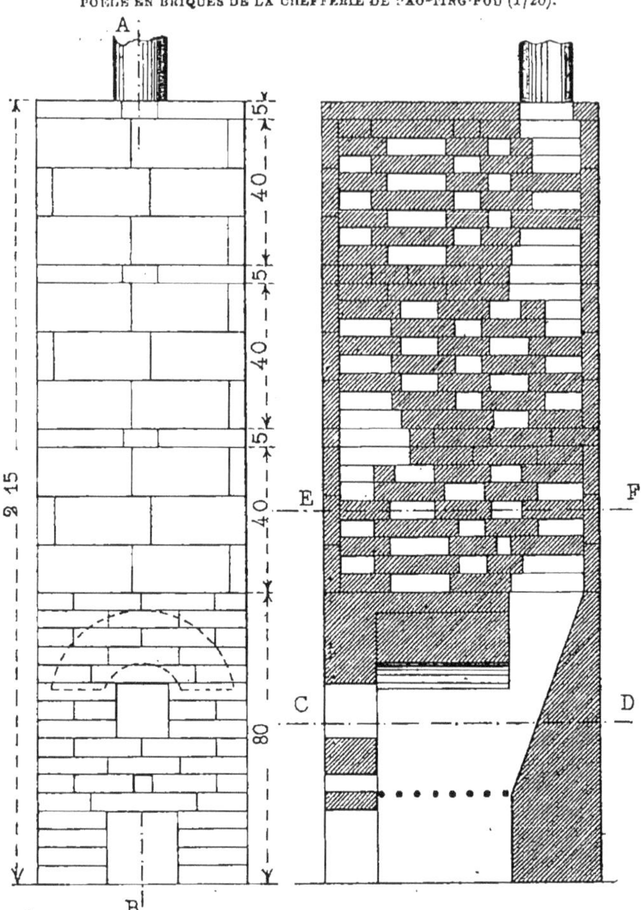

Fig. 74. — Élévation et coupe verticale A B.

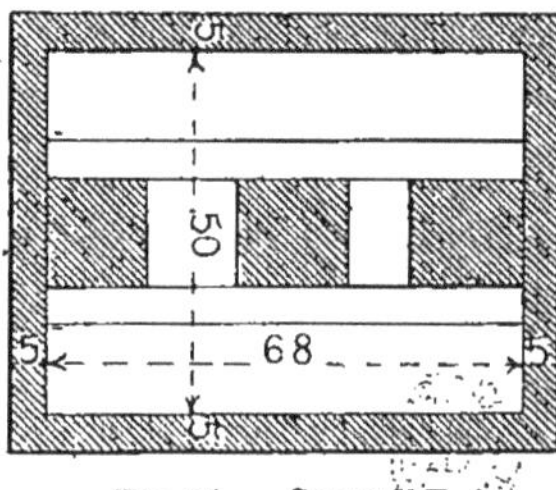

Fig. 75. — Coupe E F.

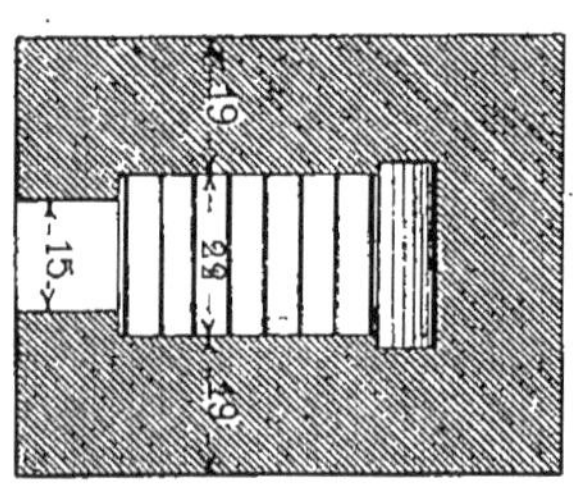

Fig. 76. — Coupe C D.

Il n'est pas inutile de la rappeler ici, parce qu'on l'a vu oublier parfois et cet oubli amener des mécomptes inattendus : tel, par exemple, l'écroulement d'un hangar-écurie dont les poteaux de support avaient été mangés par les animaux qui s'y trouvaient abrités. Le mulet est rarement victime de sa voracité, car ses membres sont robustes et l'animal est adroit, mais le constructeur est obligé de recommencer son travail et doit faire son *mea culpa*.

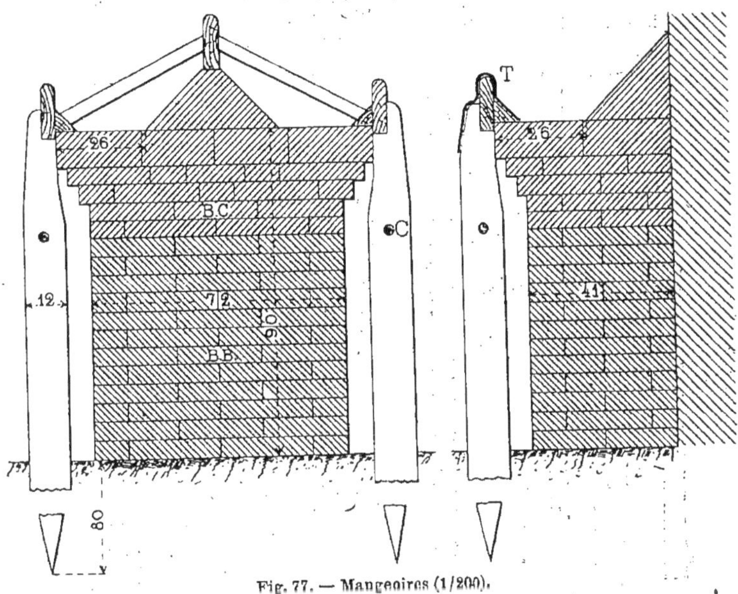

Fig. 77. — Mangeoires (1/200).

Légende : BB, briques crues ; BC, briques cuites ; T, feuille de fer-blanc.

En dehors des cantonnements de la troupe, la chefferie de Pao-Ting-Fou a installé les services administratifs et l'hôpital dans les bâtiments de l'école européenne. Pour l'hôpital, on dut refaire tous les plafonds et les vitrages en papier, installer des poêles en briques dans les chambres des malades, créer des cuisines, latrines, une buanderie et un local pour l'appareil distillatoire.

Pour les services administratifs, on a aménagé les locaux

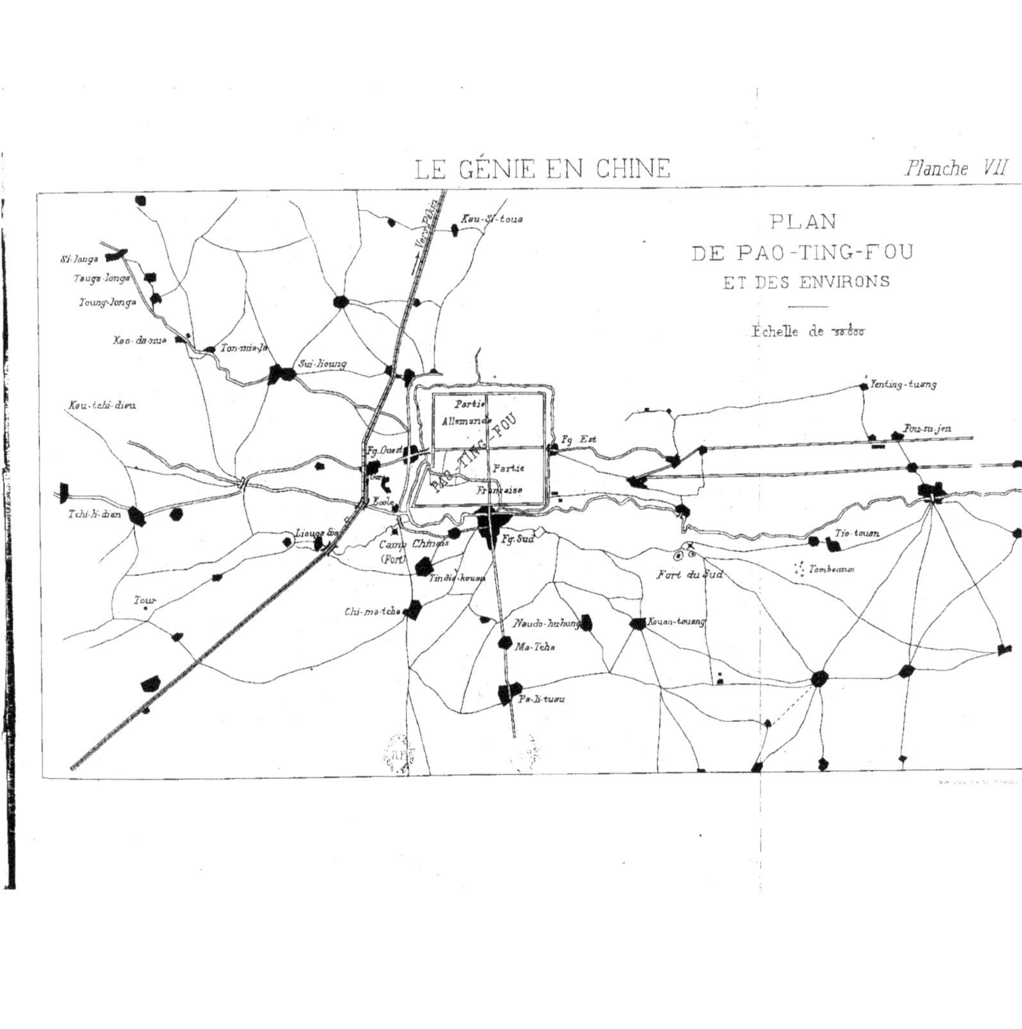
PLAN
DE PAO-TING-FOU
ET DES ENVIRONS

Echelle de
Kiu-Si-toua
Si-Jonga
Tsuga-Jonga
Toung-Jonga
Kao-da-nia
Tan-mia-Je
Sui-houng
Kou-tchi-dieu
Partie
Allemande
Fg.Ouest
Fg Est
Partie
Française
Ecole
Tchi-li-dien
Liouga Sia
Camp Chinois
(Fort)
Fg.Sud
Tindia-kouan
Tour
Chi-ma-tcha
Naudo-huhung
Ma-Tcha
Pa-li-tusu
Fort du Sud
Tombeaux
Tio-touan
Yenting-tuang
Fou-su-jen
Kouan-touang
PAO-TING-FOU
Voie Pékin

destinés au personnel, construit les fours et établi un parc
à bétail.

Fig. 78. — Chantiers de charpente du génie à Pao-Ting-Fou, près de la ligne
du chemin de fer.

Fig. 79. — Chantier de scieurs de long à Pao-Ting-Fou.

Tous les travaux ont dû s'exécuter en régie ou par l'intermédiaire de petits tâcherons qui n'acceptaient qu'un seul chantier à la fois ; ils nécessitaient par suite une surveillance minutieuse rendue assez difficile par la pénurie de personnel. Malgré ces difficultés très réelles, la chefferie eut terminé ses installations le 25 décembre ; elle avait commencé les travaux dans les premiers jours de novembre.

Le personnel du génie de Pao-Ting-Fou a été chargé d'assurer l'installation de deux compagnies de zouaves et de deux sections d'artillerie à Ting-Tchéou ; d'une compagnie à Tcheng-Ting-Fou ; il a aménagé enfin les gîtes d'étapes de Ta-Tsui-Tchuang et de Pao-Ting-Fou et a construit un pont de 10 m à Ten-Chouan.

La dépense nécessitée par les travaux d'installation a été extrêmement réduite grâce au concours des autorités locales ; le prix de revient a été de 9,55 fr par place d'homme et de 3,30 fr par place d'animal.

La chefferie de Pao-Ting-Fou a été supprimée à la date du 1er juin ; son personnel, maintenu dans la place jusqu'au 1er juillet, a été dirigé sur Pékin et Tien-Tsin.

PLAN DE PAO TING FOU

Partie Française

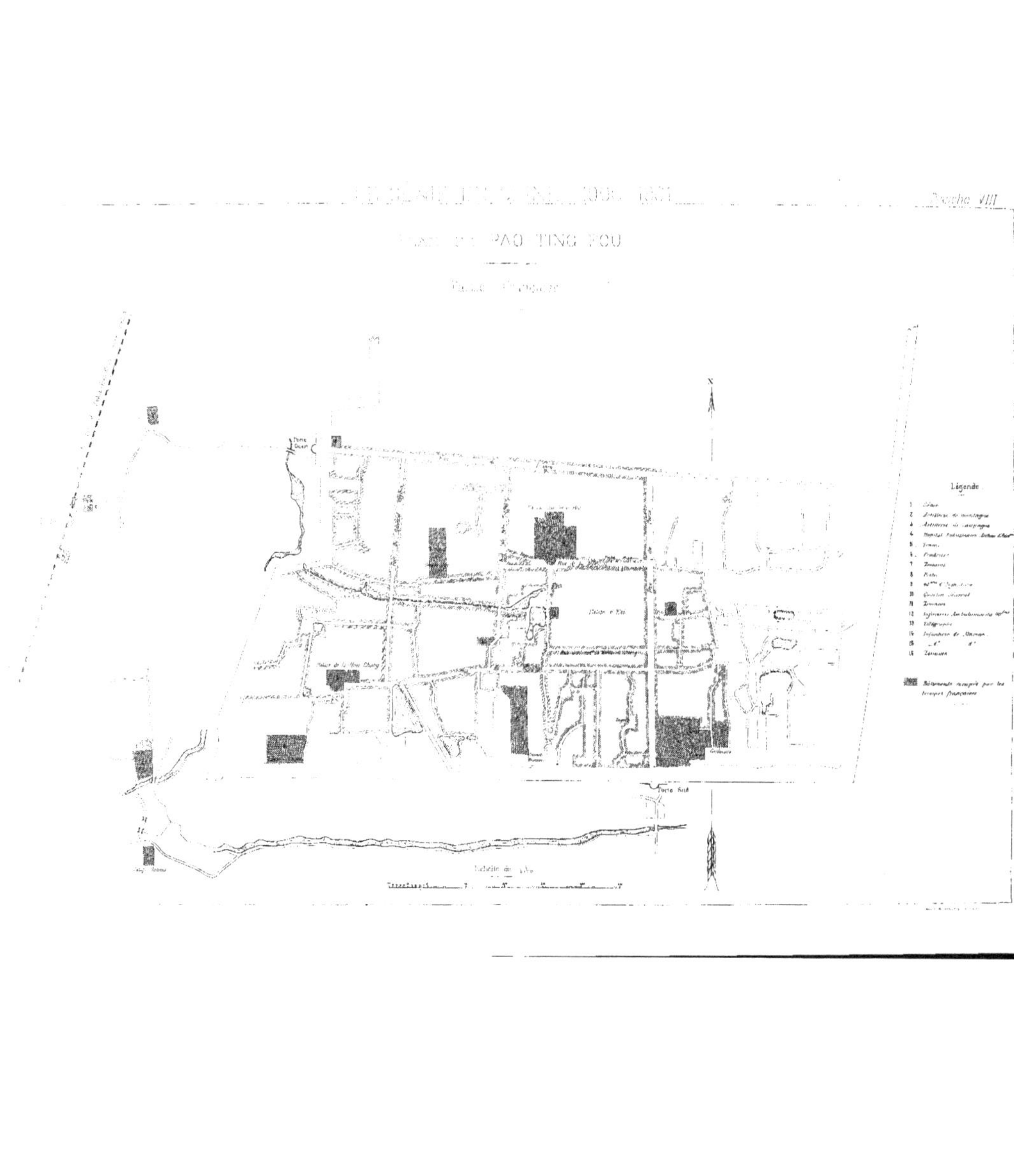

CHAPITRE VIII [1]

CHEMINS DE FER.

On a vu au chapitre premier que parmi les voies ferrées existant au Petchili en 1900 se trouvait une ligne réunissant Pékin à Pao-Ting-Fou, qui est l'amorce de la grande artère Pékin-Hankéou dont la construction et l'exploitation temporaire ont été confiées à un syndicat franco-belge. Ainsi que toutes les autres, cette ligne avait été détruite par les Boxers, dont les premières entreprises avaient été précisément dirigées sur cette manifestation tangible de l'action des Européens en Chine. Leur acharnement contre les voies ferrées avait été grand, tous les bâtiments des stations, les ateliers de réparation avaient été rasés au point que leur emplacement n'était plus marqué que par des ruines. Les traverses avaient été enlevées et dissimulées dans les villages où elles n'avaient pas tardé à être débitées, il ne restait ni une éclisse ni un boulon ; seuls, les rails, en raison de leurs dimensions (9 m) et de leur poids (42 kg au mètre courant), n'avaient pu être emmenés bien loin. Dans certaines gares on avait même déterré et enlevé les conduites d'alimentation des réservoirs à eau. Les ouvrages d'art, tous en acier, avaient été démolis systématiquement ; lorsqu'ils le pouvaient, les Boxers jetaient bas les poutres des ponts ; ailleurs, le poids des traverses étant trop considérable, ils avaient fort habilement enlevé les rouleaux de calage des poutres ; partout leur action destructive s'était fait sentir. En l'espace de quelques semaines ils avaient

---

1. Dans la rédaction de ce chapitre, des emprunts importants ont été faits au rapport du capitaine Calmel.

réussi à anéantir le travail de plusieurs années et il est impossible à ceux qui n'ont pas vu les résultats de ces actes sauvages de se figurer à quel point le Chinois est capable de pousser sa puissance de destruction. On admet communément en Europe que, sans employer les explosifs ou les déraillements systématiques, il est impossible de créer sur une voie ferrée une interruption d'une durée très supérieure à celle du temps employé à la produire, mais en Chine il en est tout autrement, en raison de la puissance considérable de la main-d'œuvre indigène.

Cette sauvagerie de la foule à l'égard des voies ferrées paraît difficilement conciliable avec l'intelligence dont les Chinois font preuve dans l'emploi de ce mode de transport et avec le parti qu'ils savent en tirer. Pour la comprendre, il faut songer que le chemin de fer porte atteinte aux sources de profit du mandarin en lui enlevant la possibilité d'exercer ses rapines sur les marchandises qui circulent. Or, le mandarin conduit la foule à son gré ; il sait à merveille jouer de ses préjugés contre les inventions européennes et les surexciter lorsqu'il le juge utile. On peut dire que c'est lui qui, en réalité, a fait détruire les voies ferrées. Celles-ci, cependant, assurent la richesse des pays qu'elles traversent ; pendant la paix, elles facilitent les échanges et donnent du travail aux populations ; viennent les troubles, les riverains en tirent du bois et du fer, et lorsque les diables étrangers persistant dans leur entreprise veulent réparer l'œuvre de destruction, ils apportent de nouveaux salaires dans la région.

La réparation de la voie ferrée de Tong-Kou, Tien-Tsin-Pékin fut entreprise et menée à bien successivement par les Russes et les Allemands avec l'aide des Anglais et des Japonais. Il importait au maintien de l'influence française en Chine que la voie ferrée concédée à un syndicat dans lequel nos compatriotes ont une très large part fût réparée par nos troupes qui, plus que toutes les autres, y avaient d'ailleurs intérêt, puisqu'elles occupaient Pao-Ting-Fou.

Au commencement de novembre 1900, le lieutenant-colonel commandant le génie se rendit dans cette place et s'entendit avec le directeur de l'exploitation de la ligne, M. Bouillard, pour fixer les conditions dans lesquelles le concours du contingent français serait apporté au travail de réfection. Il restait environ 30 km de voie intacte de Pao-Ting-Fou à Ting-Tchéou au sud, à Tsao-Ho au nord, la gare et les ateliers de Pao-Ting avaient été à peu près épargnés, la compagnie possédait encore deux locomotives de 100 tonnes et trois autres de 40 tonnes, ainsi que quelques wagons à voyageurs et un nombre suffisant de wagons découverts pour assurer le transport du matériel de voie.

Il fallait rétablir la voie sur 110 km environ et réparer de très nombreux ouvrages d'art. Le corps expéditionnaire français ne disposant que d'une demi-compagnie de chemin de fer avec parc sur routes, ne pouvait avoir la prétention d'exécuter l'ensemble du travail avec ses seules ressources. D'ailleurs la compagnie concessionnaire, dont une partie du personnel était revenue sur place, avait réussi à embaucher un bon nombre de ses anciens ouvriers ; elle était en mesure de reprendre par ses propres moyens la pose de la voie. Il fut dès lors convenu que l'action des troupes se bornerait à faciliter la recherche du matériel dérobé épars dans les villages ou enfoui dans les champs, à protéger les chantiers de pose, tandis que les sapeurs de chemins de fer effectueraient la réparation des ouvrages d'art.

Le 15 novembre, la demi-compagnie quittait Tien-Tsin : la 2ᵉ section (capitaine Guyot, lieutenant Coste) était dirigée sur Lou-Kou-Kiao, origine de la ligne franco-belge ; la 1ʳᵉ (lieutenant Génin), sur Pao-Ting-Fou. Les deux sections devaient marcher à la rencontre l'une de l'autre en réparant les ouvrages d'art.

Le lieutenant-colonel commandant le génie tint à accompagner la 2ᵉ section jusqu'à Lou-Kou-Kiao, parce qu'en ce point existe un grand pont de 450 m, formé de 15 travées de 30 m dont la réparation constituait la partie la plus importante du travail de cette unité. Il voulait en outre s'assurer que celle-ci serait installée dans des conditions matérielles suffisantes pour mener à bien une tâche rendue particulièrement difficile par les rigueurs de la saison à cette époque de l'année. La section arriva le 21 novembre à Chen-Sin-Tien, localité située à 3 km de Lou-Kou-Kiao, sur la ligne de Pao-Ting-Fou et où la compagnie franco-belge possédait de vastes ateliers et les installations de son personnel. On espérait y trouver quelques ressources en outillage et en logement, on fut également déçu sous ces deux rapports. Les installations avaient été entièrement détruites par les Boxers. En fait d'outils on trouva deux vérins hydrauliques de 20 tonnes, comme logement, des maisons du village. En raison de la distance séparant celui-ci du pont à réparer, on se décida, le 28 novembre, à ramener la section à Lou-Kou-Kiao, où elle put s'installer dans une partie du cantonnement de l'infanterie de marine.

Le pont avait été fort habilement endommagé par les Boxers qui, ne pouvant en détruire les lourdes travées, s'étaient appliqués avec succès à en enlever les rouleaux de calage, de sorte que chaque travée reposait, à une de ses extrémités, directement sur la maçonnerie et que l'ouvrage tout entier, au lieu d'être en ligne droite, présentait en élévation l'aspect d'une crémaillère, chaque travée se trouvant infléchie de 10 cm environ. Au premier abord d'ailleurs, le dommage n'apparaissait pas, en raison de la grande dimension des travées, mais un examen attentif le faisait aisément découvrir.

On songea tout d'abord à relever chaque travée en y replaçant les rouleaux de calage qui avaient été retrouvés et rapportés en partie, mais l'essai des deux seuls vérins qu'on possédait fut infructueux; l'un de ces engins fut même fissuré. Comme il n'était pas possible de se procurer de vérins plus puissants, on se décida à laisser les travées en l'état et à racheter les dénivellations successives par des cales en bois dur de hauteur progressive. Le schéma

Fig. 80. — Pont de Lou-Kou-Kiao, après la réparation.

ci-dessous (fig. 81) indique le dispositif adopté. La travée

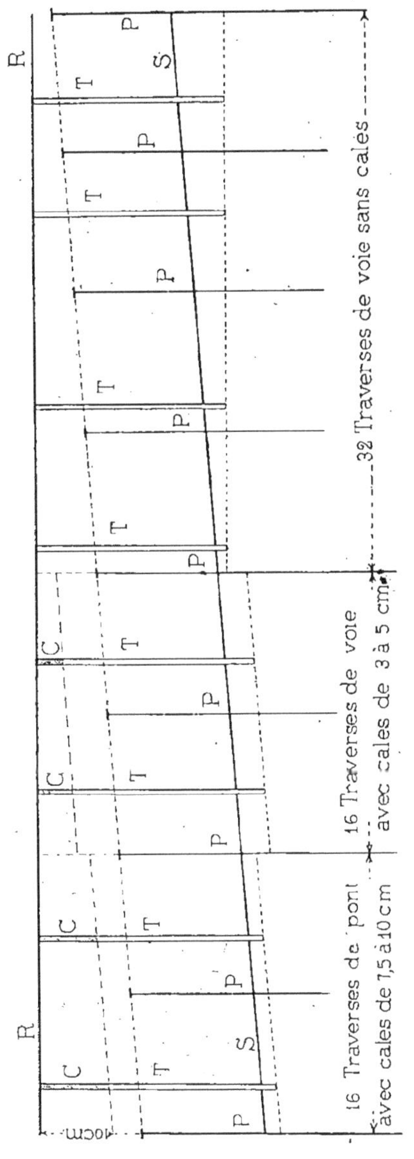

Fig. 81. — Schéma du dispositif de réparation du pont de Lou-Kou-Kiao.

Légende. — R, niveau inférieur du rail; C, cales en bois; T, traverses; P, poutrelles; S, semelle supérieure des longerons.

comprend 64 traverses : sur la moitié de sa longueur, on plaça sur les longerons des traverses ordinaires de champ entaillées de manière à embrasser le longeron sur une profondeur décroissante de 5 cm. Sur la seconde moitié, les 16 premières traverses ordinaires placées de champ, entaillées uniformément de 2 cm, sont surmontées de cales en bois dur de 3 à 5 cm. Les 16 dernières sont d'anciennes traverses de pont, hautes de 18 cm, surmontées de cales en bois dur dont la hauteur croît de 7,5 à 10 cm. Le travail a duré quinze jours, du 15 au 31 décembre 1900.

Il serait fastidieux d'énumérer toutes les réparations effectuées par la demi-compagnie de sapeurs de chemins de fer sur la ligne de Pao-Ting-Fou ; le tableau suivant donne pour chacune d'elles l'indication de la destruction et du travail de réparation. Il suffit pour rendre compte de l'importance de l'œuvre accomplie.

On fut moins heureux dans la recherche des matériaux de la voie, cachés par les habitants ; la région traversée n'était pas exclusivement placée sous l'autorité militaire française, il ne fut pas toujours possible de procéder aux recherches avec la rigueur nécessaire pour les rendre fructueuses. C'est ainsi, notamment, qu'une partie des traverses manquait à l'appel et, comme on ne possédait pas d'approvisionnements suffisants, on dut se contenter de poser la voie avec 7 traverses par rail au lieu de 11. En raison du poids des rails et de l'excellente qualité du métal qui les constitue, cette disposition ne présentait d'ailleurs aucun inconvénient pour une exploitation restreinte.

Les deux sections de la demi-compagnie avaient terminé la réparation des ouvrages d'art le 4 janvier 1901, et le service put reprendre sur la ligne entière à partir du 3 février. D'ailleurs, au fur et à mesure de l'avancement, les trains de service transportaient le personnel et le matériel militaire qui avait à se déplacer le long de la ligne.

Énumération des ouvrages d'art détruits par les Boxers et réparés par la demi-compagnie de sapeurs de chemins de fer.

DÉSIGNATION des ponts	LONGUEUR et nombre de travées.	NATURE de la destruction.	DATE de la réparation.	TRAVAIL EFFECTUÉ.	OBSERVATIONS.
Viaduc de Lou-Kou-Kiao.	450 m en 15 travées.	Enlèvement des rouleaux de dilatation.	Du 15 au 30 déc.	Relèvement de la voie au moyen de cales placées sur les traverses.	On n'a pu, faute de vérins, relever les poutres et les remettre sur leurs rouleaux de dilatation.
Pont au km 0,400	15 m.	Enlèvement des semelles de 0,15 m d'épaisseur sur lesquelles reposaient les abouts des poutres.		Pont replacé sur semelles et muni de ses traverses.	Le relèvement de tous les ponts s'est fait, faute de vérins, au moyen de rails ou de pinces dont on s'est servi comme leviers.
Id. 2,200	7 m.	Id.		Id.	
Id. 3	21 m en 3 travées.	Une poutre jetée à bas des piles ; les deux autres mises en dehors de leurs semelles.	Du 28 novembre au X décembre 1900.	Id.	De Lou-Kou-Kiao au km 17,300 le travail a été effectué par la 2e section.
Id. 4,600	2 pouceaux de 4,70 m.	Enlèvement des semelles.		Replacé sur semelles et sur 9 traverses.	
Id. 4,800	21 m en 2 travées de 10,50 m	Jeté à bas de ses semelles.		Id. 40 Id.	
Id. 5,700	4,70 m.	Id.		Id. 9 Id.	
Id. 7,300	20 m en 2 travées.	Id.		Id. 40 Id.	
Id. 9,600	30 m en 6 travées.	Id.		Id. 65 Id.	
Id. 10,300	30 m en 5 travées.	Id.		Id. 65 Id.	Travail effectué du km 17,300 jusqu'au pont de Fei-Ko-Tien inclus par la 1re section.
Id. 11,100	6 m.	Id.		Id. 10 Id.	
Id. 11,600	30 m en 5 travées.	Id.	Du 20 au 31 décembre 1900.	Id. 65 Id.	
Id. 11,900	18 m en 3 travées.	Id.		Id. 39 Id.	
Id. 12	12 m en 3 travées.	Id.		Id. 26 Id.	
Id. 12,700	12 m en 3 travées.	Id.		Id. 26 Id.	
Id. 13,600	18 m en 3 travées.	Id.		Id. 39 Id.	
Id. 15	6 m.	Id.		Id. 13 Id.	
Id. 16	18 m en 3 travées.	Id.		Id. 39 Id.	
Id. 16,600	24 m en 4 travées.	Id.	Du 1er au 4 janvier 1901.	Id. 52 Id.	
Id. 16,900	6 m.	Id.		Id. 13 Id.	
Id. 17,300	27 m en 3 travées.	Id.		Id. 45 Id.	
Id. 17,800	9 m.	Id.		Id. 15 Id.	
Id. 18	6 m.	Id.		Id. 12 Id.	
Id. 20	6 m.	Id.		Id. 12 Id.	
Id. 22,600	3,60 m.	Id.		Id. 8 Id.	
Id. 24,700	3,60 m.	Poutre jetée à bas des culées		Id. 8 Id.	
Id. 25,500	3,60 m.	Poutre jetée à bas de ses semelles.		Id. 8 Id.	
Id. 25,700	3,60 m.	Id.	Du 20 au 31 décembre 1900.	Id. 8 Id.	
Id. 27,680	6 m.	Id.		Id. 12 Id.	
Id. 30,000	9 m.	Id.		Id. 12 Id.	
Id. 29,500	27 m en 3 travées.	Id.		Id. 45 Id.	
Id. 31	6 m.	Id.		Id. 11 Id.	
Id. 31,750	219 m en 12 travées.	Id.		Id. 360 Id.	

DÉSIGNATION des ponts.	LONGUEUR et nombre de travées.	NATURE de la destruction.	DATE de la réparation.	TRAVAIL EFFECTUÉ.	OBSERVATIONS.
Pont au km 34	3,60 m.	Poutre jetée à bas de ses semelles.		Replacé sur semelles et sur 8 traverses.	
Id. 34,500	51 m en 6 travées.	Id.		Id. 114 Id.	
Id. 38,600	36 m en 2 travées de 9 m et 1 de 18 m.	Id.		Id. 72 Id.	
Id. 39	91 m en 15 travées.	Id.	Du 11 au 20 décembre 1900.	Id. 150 Id.	
Id. 39.250	9 m.	Id		Id. 18 Id.	
Id. 41	275 m en 16 travées.	Voie démontée.		Placé 570 traverses.	
10 ponts de petite ouverture.		Poutres jetées à bas des semelles.		Remis sur semelles et remplacé les traverses.	
Pont de Pei-Ko-Tien.	387 m en 11 travées de 18 m et 1½ de 10,50 m.	Traverses enlevées et poutres déplacées.	Du 21 au 30 nov.	Id.	
		Embranchement de	*Lou-Li-Ho à Cho-Ko-Tien.*		
Pont au km 1,800	54 m en 4 travées.	Poutres jetées à bas des semelles.		Replacé sur semelles et sur 50 traverses.	
Id. 2,700	6 m.	Id.	Du 7 au 20 janvier 1901.	Id. 12 Id.	Travail effectué par la 1re section.
Id. 4.600	18 m. en 3 travées.	Id.		Id. 86 Id.	
Id. 10	3,60 m.	Id.		Id. 8 Id.	
Id. 11,500	6 m.	Id.		Id. 12 Id.	

Prolongement de la ligne dans Pékin. — La ligne de Pékin à Pao-Ting-Fou était encore en voie de réparation qu'un nouveau travail fut demandé au service du génie. Cette ligne, on l'a dit déjà, prenait son origine au pont de Lou-Kou-Kiao, d'où part un embranchement se dirigeant sur Feng-Taï, où elle se raccorde à la ligne de Tien-Tsin. Les transports de Pékin à destination de Pao-Ting-Fou se trouvaient par suite astreints à un détour et à une servitude à l'égard de la ligne voisine qui n'étaient pas sans inconvénients. Il était de l'intérêt bien entendu du corps français de s'affranchir de l'une et de l'autre en prolongeant directement jusqu'à Pékin la ligne de Pao-Ting-Fou à partir de Lou-Kou-Kiao.

Cet intérêt se confondait d'ailleurs avec ceux de la société concessionnaire de la ligne, jusque-là tributaire de la société rivale dont les Anglais ont la direction, et qui n'avait pu obtenir du gouvernement chinois la concession d'une gare terminus dans Pékin. Aussi la société franco-belge était-elle toute disposée à solder la dépense qu'entraînerait la construction d'un prolongement destiné à rester entre ses mains, mais qu'elle ne pouvait construire elle-même.

Dans ces conditions, le général en chef ordonna au service du génie de procéder à l'étude et au tracé d'une voie directe entre Lou-Kou-Kiao et l'intérieur de Pékin ; puis, dès que ces études furent suffisamment avancées, il prescrivit de passer à l'exécution après entente avec le commandement des contingents étrangers.

Études. — La mission chargée de l'étude et du tracé fut dirigée par le capitaine Calmel, auquel furent adjoints ses collègues de l'état-major du commandement du génie : les capitaines Levêque et Belhague. Son travail, commencé le

15 décembre, était assez avancé dès les premiers jours de janvier pour qu'on pût déterminer exactement le point où la ligne future devait couper l'enceinte de la ville chinoise. Il y avait intérêt à ouvrir aussitôt que possible la brèche à la muraille de manière à mettre les Chinois devant le fait accompli si d'aventure les négociations de paix, dont la tournure était alors assez bonne, avaient dû se terminer avant la ligne nouvelle. L'événement a prouvé d'ailleurs que ces prévisions étaient un peu optimistes, mais il était nécessaire de prendre ses précautions à tout hasard.

En conséquence, ordre fut donné d'ouvrir la brèche, et le capitaine Cambier, alors détaché à la chefferie de Pékin, fut chargé de l'opération avec quelques hommes de la compagnie 9/4. Elle a été décrite précédemment, chapitre VII, et s'exécuta avec un plein succès les 11 et 14 janvier.

Tracé. — La voie partait du pont de Lou-Kou-Kiao dont le tablier est à 9 m au-dessus du sol ; elle comprenait donc à son point de départ un remblai important, d'environ 25 000 m³, que coupait une estacade destinée à donner passage au chemin de Lou-Kou-Kiao à Pékin. Elle se dirigeait au N.-E. vers le village de Che-Feng-Yen en contournant le champ de courses et, de là, directement à l'Est en traversant le mur de la ville chinoise, suivait exactement le glacis qui s'étend en avant du mur de la ville tartare, pour s'arrêter à la porte centrale de cette muraille dite Sien-Men. Sur le parcours hors de Pékin, elle ne comporte aucun remblai ou déblai important.

Dans l'intérieur de la ville, on dut faire une tranchée de 7 500 m³ et un remblai de 3 600 m³.

En fait d'ouvrages d'art, il fut nécessaire d'assurer par des estacades le passage de deux routes dont l'une traverse le remblai de Lou-Kou-Kiao et l'autre suit le fossé de la ville tartare que la voie franchit en remblai.

En outre, dans l'intérieur de la ville, la voie traverse

deux petits canaux débouchant dans le fossé, qui nécessitèrent des dispositifs spéciaux.

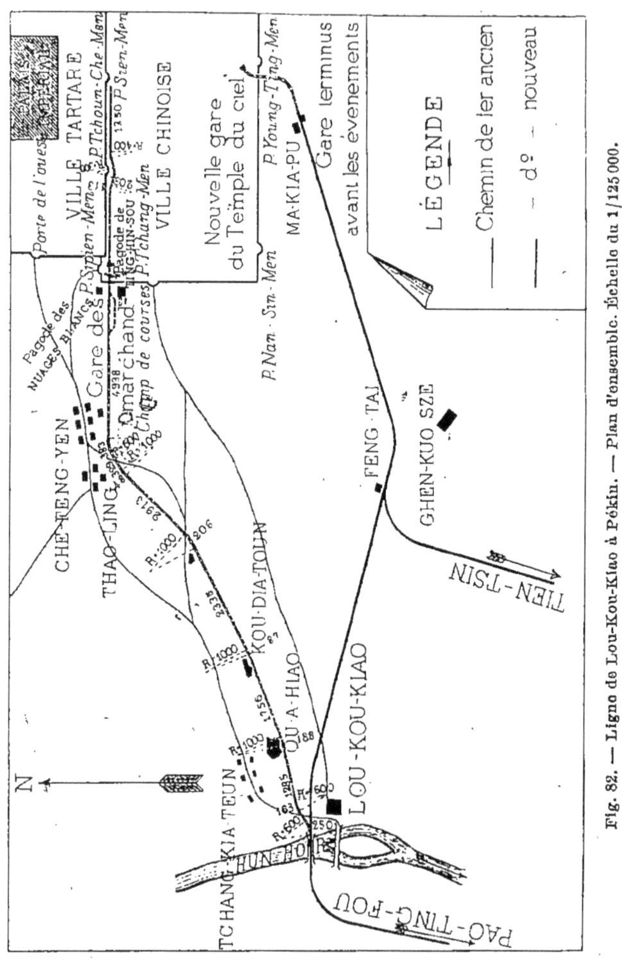

Fig. 82. — Ligne de Lou-Kon-Kiao à Pékin. — Plan d'ensemble. Échelle du 1/125 000.

Les estacades sont constituées chacune par deux chevalets en bois aux extrémités, et au centre par deux palées qui supportent une poutre métallique et laissent entre elles un passage de 3,70 m. La planche XI et la figure 83 en donnent une idée suffisante.

Fig. 83. — Estacade de Lou-Kou-Kiao.

Fig. 84. — Traversée des canaux devant le mur de la ville tartare.

La traversée des canaux se fit à l'aide de deux chevalets

ESTACADE DE LOU-KOU-KIAO

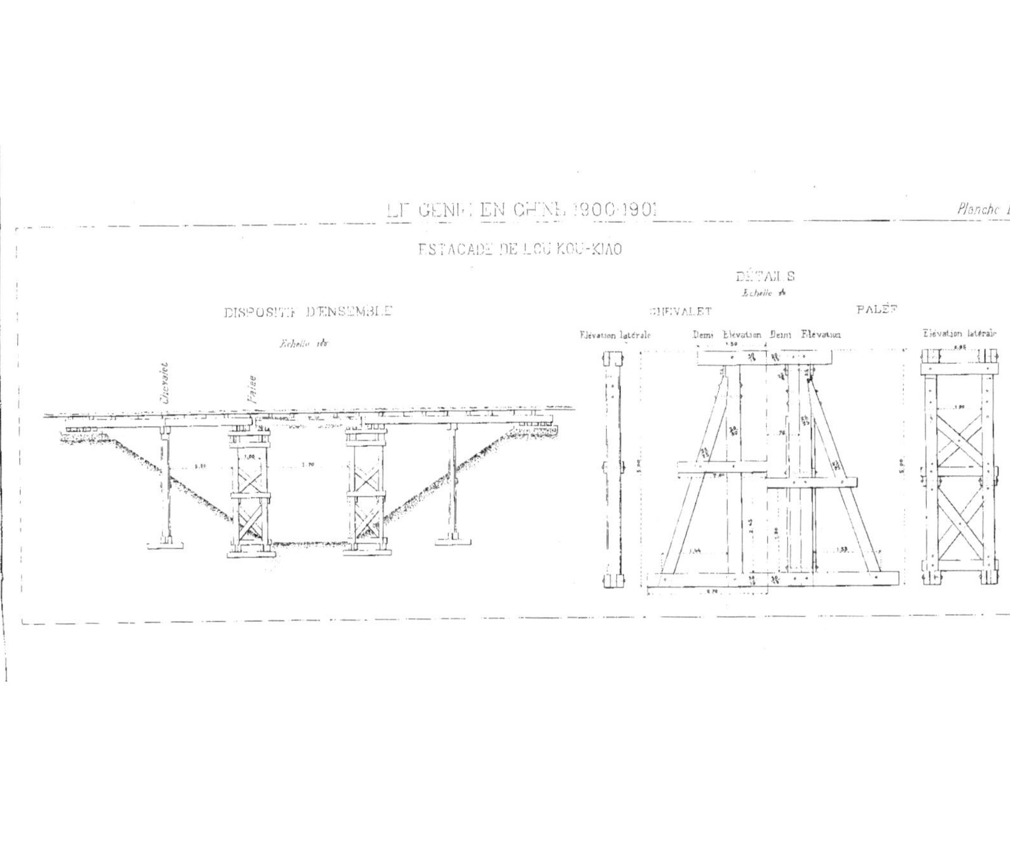

solidement reliés par des moises et des contreventements (fig. 84). Des madriers calés entre les talus et les chevalets ont pour but de résister à la poussée des terres au moment de la surcharge produite par le passage des locomotives.

L'exécution du terrassement comptait en résumé :

Remblais.	Hors Pékin	57 000	m³
	Dans Pékin	12 000	
Déblais.	Hors Pékin	2 000	
	Dans Pékin	14 000	

Elle fut confiée à des entrepreneurs sous la surveillance des officiers du génie. Le capitaine Guyot avait plus spécialement dans ses attributions la partie comprise entre Lou-Kou-Kiao et Che-Feng-Yen. Le lieutenant Génin allait de Che-Feng-Yen à la muraille chinoise. Le capitaine Belhague avait le chantier de l'intérieur de Pékin. Le prix du terrassement était de $ 0,70 par *fang* chinois de déblai en terrain ordinaire, et de $ 0,90 en terrain très dur. Le dollar valant 2,55 fr et le fang 3 m³, les prix de revient sont en conséquence de 0,22 fr et 0,28 fr le mètre cube. Ils sont un peu élevés en égard aux prix habituels de la main-d'œuvre en Chine, mais il fallait tenir compte de la rigueur de la saison qui rendait les fouilles très pénibles, ainsi que des conditions très étroites de délais imposées aux entrepreneurs. Ainsi, pour le lot existant entre Lou-Kou-Kiao et la muraille, qui comprenait environ 60 000 m³, le délai imparti n'était que de 35 jours, avec prime ou retenue par jour d'avance ou de retard.

Les entrepreneurs chinois ont d'ailleurs besoin d'être surveillés de très près non seulement dans l'exécution de leur travail, mais encore dans leurs rapports avec les ouvriers. Il est de règle pour eux d'exploiter outrageusement ces derniers, voire même de négliger de les payer. L'événement se produisit au cours des travaux et amena une grève ; il y fut mis bon ordre en incarcérant l'entre-

preneur jusqu'à la reprise du travail et en retenant ensuite
la caution jusqu'à l'achèvement complet. Ces habitudes
sont assurément déplorables ; mais on ne peut songer à y
porter remède en subtituant le travail en régie à l'entreprise, car le Chinois qui travaille directement pour l'Européen s'entend à merveille à le tromper et ne produit plus
qu'un rendement insignifiant.

En ce qui concerne l'exécution proprement dite des terrassements, il est intéressant de noter la façon dont opéraient les travailleurs.

Fig. 85. — Exécution d'une fouille.

Les couches superficielles du sol étant gelées jusqu'à
0,50 m de profondeur, ils s'approfondissaient verticale-
ment le plus vite possible jusqu'à 1,50 m ou 2 m, puis ils
sapaient à la base la terre meuble en laissant le plafond
gelé en porte-à-faux. Ils faisaient ainsi parfois de véritables
cavernes qui s'effondraient au grand péril des travailleurs ;
deux de ceux-ci trouvèrent la mort dans un accident de
ce genre.

Pose de voie. — Pour la construction d'une voie dans

laquelle on cherche à obtenir la plus grande rapidité possible, on peut, en ayant soin d'exécuter les terrassements
d'une façon méthodique, commencer la pose de voie avant
l'achèvement complet de l'infrastructure. Ici l'emploi de
cette méthode était impossible, attendu que le lot de terrassement le plus important : le remblai de Lou-Kou-Kiao,
se trouve à l'origine de la voie et que lorsqu'il fut terminé
les autres l'étaient également. On a profité de ce temps de
répit forcé pour faire une école de pose de voie au moyen de

Fig. 86. — Chantier de pose de voie.

matériel transporté à bras ou sur voie Decauville sur une
portion de plate-forme déjà terminée. 4 km ont été posés
ainsi. De même, dans l'intérieur de Pékin, où il y avait
intérêt à prendre rapidement possession du sol, on a, par
des procédés analogues, posé 2,5 km environ de rails. Pour
le surplus, le travail a été exécuté à l'entreprise à raison de
1 dollar (2,55 fr) par longueur de rail (9 m) comprenant le
chargement et déchargement du train de matériel, la pose,
le dressage et un premier relevage.

La compagnie du chemin de fer possédait les rails et

les traverses et tirefonds nécessaires ; elle se procura
25 000 boulons d'éclisses. Il ne manquait plus que les éclisses ; celles-ci furent fabriquées à Lou-Kou-Kiao par des
forgerons indigènes sous la direction du capitaine Guyot
qui produis'rent jusqu'à 135 éclisses par jour. Grâce à ces
dispositions, la pose de voie, commencée le 26 février, était
terminée le 11 mars, sa vitesse avait été d'un kilomètre
par jour environ et s'est élevée parfois à 1 200 m.

Gare de Pékin. — *Sien-Men*. —On s'est borné à exécuter

Fig. 87. — La première locomotive française entrant dans Pékin.

la partie des travaux nécessaire à une exploitation provisoire. Après avoir déblayé le terrain des constructions, en
partie ruinées, qui le recouvraient, conservant une ancienne pagode pour le logement du poste de la gare, on a
construit un quai de 200 m de longueur desservant deux
voies placées de part et d'autre ; une troisième voie sert de
garage. Enfin, on a établi un mur de clôture pour marquer
la prise de possession du terrain nécessaire aux développe-
ments ultérieurs de la gare.
En résumé, la voie ferrée de Lou-Kou-Kiao à Pékin,

comportant une longueur de 16 km, a été commencée le
26 janvier et donnait passage au train d'essai le 13 mars ;
elle était inaugurée le 16 mars par le général en chef, en
présence des ministres de France et de Belgique. A cette
occasion, le général en chef voulut bien témoigner, par un
ordre de félicitations pour le personnel d'étude et d'exécution, la satisfaction qu'il éprouvait du résultat obtenu.

Il fait honneur aux officiers et aux hommes qui ont été
employés à ce travail. Le corps expéditionnaire français
en retira immédiatement un avantage au point de vue de
ses relations avec Pao-Ting-Fou, et la compagnie franco-
belge y gagne d'avoir désormais son entrée dans Pékin et
d'être dégagée de la servitude d'une entreprise étrangère
rivale. On doit souhaiter que dans l'avenir ces résultats
soient maintenus sans contestation.

Au point de vue des dépenses qui, ainsi qu'il a été dit,
ont été supportées par la compagnie franco-belge, la construction de l'infrastructure, compris les bois nécessaires
aux ouvrages d'art, la pose de la voie et le déblaiement de
la gare de Pékin ont absorbé un peu moins de $ 42 000,
soit environ 107 000 fr.

Le matériel de voie a été fourni par la compagnie, qui a
également réglé les dépenses d'expropriation.

Travaux complémentaires. — Après l'achèvement de
la voie, un petit détachement de la compagnie de sapeurs
de chemins de fer, sous les ordres du capitaine Génin, a
été employé à l'organisation de la gare des marchandises
qui est située hors Pékin, à proximité de la muraille chinoise.

Le capitaine Calmel a été chargé de faire la reconnaissance du tracé d'une voie destinée à raccorder directement
la ligne Pékin — Pao-Ting-Fou à Tien-Tsin de manière
à donner à la compagnie franco-belge un accès direct et
indépendant vers la mer. La reconnaissance de cet officier
lui a permis de constater qu'en suivant un tracé jalonné

par les villages de Liang-liou-Tien — Pa-Tchéou — Sin-tchen-Tchien — Kao-Pei-Tien, il serait aisé de réaliser ce desideratum qui, il faut l'espérer, entrera prochainement dans la période d'exécution. L'exécution de cette reconnaissance et les résultats obtenus ont valu à leur auteur de nouvelles félicitations par la voie de l'ordre.

En résumé, l'œuvre des officiers et des troupes du génie en Chine en matière de chemin de fer a été dirigée à la fois dans le but de servir les intérêts immédiats du corps expéditionnaire et ceux plus importants encore pour l'avenir, du développement de l'influence française en Chine. Accomplie en parfait accord avec les représentants directs de ces intérêts, elle peut être féconde si, comme on doit l'espérer, elle est poursuivie plus tard avec méthode et persévérance.

CHAPITRE IX[1]

TÉLÉGRAPHIE.

Au moment où le général en chef débarqua en Chine, le service télégraphique était confié à une section des troupes de la marine comprenant un officier (lieutenant Froustey) et une trentaine d'hommes. Cette unité avait réussi à établir entre Tien-Tsin et Pékin, puis entre cette dernière ville et Liou-Li-Ho, une ligne de postes optiques dont la construction avait présenté de réelles difficultés en raison de l'absence de tout accident du sol ou d'édifice élevé. Toutefois, le fonctionnement de ce réseau laissait à désirer, son rendement était à la fois faible et incertain.

Le général en chef voulut tout d'abord être relié avec sa base de débarquement de Tong-Kou et, par cette localité, avec le câble qui atterrit à Takou, de l'autre côté du fleuve. Il prescrivit au service du génie d'établir une ligne entre Tong-Kou et Tien-Tsin.

On ne disposait alors d'aucun matériel télégraphique autre que celui provenant de l'administration chinoise qu'on avait pu sauver de la destruction ; comme personnel on avait un rédacteur de l'administration des télégraphes, M. Creteaux, et un ingénieur de la compagnie du chemin de fer Pékin-Hankéou, M. Jacobs, momentanément disponible.

A eux fut confiée la tâche de construire la ligne Tien-Tsin — Tong-Kou en utilisant quelques hommes de la section des télégraphistes de la marine et des ouvriers chinois.

---

1. Un rapport du capitaine Lévy a fourni les éléments principaux de ce chapitre.

Ils réussirent d'ailleurs à la mener à bien rapidement et à établir une ligne provisoire qui donna satisfaction au commandement et qui n'eut besoin par la suite que d'une réfection générale pour devenir ligne définitive.

Le 20 octobre, quand la section télégraphique du génie (capitaine Lévy, lieutenant Quillacq), débarquée quelques jours auparavant, fut en possession de son matériel et put commencer à fonctionner, le réseau comprenait la ligne électrique Tong-Kou — Tien-Tsin (50 km) et une ligne optique Tien-Tsin — Pékin (145 km).

Les deux sections télégraphiques de la guerre et de la marine furent alors fondues en une seule unité placée sous les ordres du capitaine chef de service, qui répartit l'ensemble de son personnel d'après les instructions générales qui lui furent données et selon les besoins du service.

Le premier travail à exécuter était la construction de la ligne Tien-Tsin — Pékin ; on l'entreprit par les deux extrémités à la fois, M. Froustey partant de Pékin, M. Quillacq de Tien-Tsin. La ligne suivait le cours du Peï-Ho jusqu'à Toung-Tchéou et, de là, se dirigeait sur Pékin. Sa longueur se trouvait ainsi augmentée assez notablement, mais on avait l'avantage de desservir les gîtes de la ligne d'étapes et de disposer du fleuve pour le transport du matériel. En même temps que ce travail on exécutait le prolongement de la ligne de Tong-Kou jusqu'à Takou, point d'atterrissage du câble (5 km). La ligne Takou — Pékin était en fonctionnement normal à la date du 18 novembre. Il avait fallu, pour obtenir ce résultat, déployer une grande activité non seulement pour le travail de construction de la ligne, mais pour la recherche des matériaux. Les poteaux et les isolateurs faisaient, au début, grandement défaut. On put se procurer les premiers auprès des Chinois lorsque ceux-ci eurent repris confiance et, pour les seconds, il fallut fréquemment faire usage de moyens de fortune, en attendant l'arrivée du matériel expédié par l'Indo-Chine. Fort heureusement la grande sécheresse du climat à cette époque de l'année permit éventuellement l'emploi d'isolateurs de fortune très primitifs, tels qu'une simple enveloppe de toile goudronnée entourant le fil au droit du poteau.

L'achèvement de la ligne Takou — Pékin coïncida à peu près avec le commencement des travaux de réfection de la voie ferrée Pékin — Pao-Ting-Fou et, en même temps que ces derniers, on entreprit la construction de la ligne télégraphique reliant les deux villes. Cette ligne fut établie avec deux fils. L'un, omnibus, desservant les postes intermédiaires; l'autre, direct, permettant de communiquer soit par le téléphone, soit par le télégraphe, entre Pékin et Pao-Ting-Fou. Cette dernière disposition présentait un avantage particulier en raison de la présence du général en chef à Pékin et du quartier général de la 2ᵉ brigade à Pao-Ting-Fou. Le fil omnibus était posé vers la fin de décembre, le fil direct un mois plus tard environ.

On avait dû, en effet, procéder successivement à la pose de ces deux fils faute d'isolateurs en nombre suffisant pour installer deux lignes à la fois. En outre, les opérations de construction de la ligne s'exécutaient au moment où le froid se faisait sentir le plus vivement; le sol étant recouvert de neige, elles présentaient par suite des difficultés particulières.

Au mois de mars, l'un des fils fut mis à la disposition de la Compagnie du chemin de fer Pékin — Hankéou pour l'exploitation de sa ligne ; l'unique fil restant servait à la fois à la communication omnibus et aux communications téléphoniques, circonstance qui compliquait un peu l'exploitation et la rendait parfois défectueuse.

Le réseau électrique du corps expéditionnaire était complété par un réseau optique reliant les troupes établies à Mouling, dans la région des tombeaux impériaux, avec le poste de Tcho-Chéou sur la ligne Pékin à Pao-Ting-Fou.

Une autre communication optique a été installée par les

soins du service du génie entre Takou et l'escadre mouillée en rade. A cet effet, deux appareils optiques ont été placés, l'un, dans le fort de Takou occupé par nos troupes ; l'autre, à bord du *Redoutable*, bateau portant le pavillon de l'amiral. Malgré l'agitation des eaux, assez fréquente en rade de Takou, et malgré l'évitage des bateaux, la communication a été établie dans des conditions satisfaisantes.

La distance entre les deux stations était de 24 km.

A Pékin, on établit un réseau téléphonique reliant entre eux les principaux établissements français (quartiers généraux, légation de France, commandant du 18ᵉ régiment colonial).

Le poste central était établi dans un des bâtiments du palais, dit de la Rotonde, occupé par le service de la place.

Plus tard on relia de même, par le téléphone, Tien-Tsin (concession française) avec Tien-Tsin (cité chinoise) ; la gare de Yang-tsoun avec le bureau du commandant de ce gîte d'étapes ; Chin-Van-Tao (port de débarquement d'hiver) avec la gare de Tang-Ho qui le desservait.

A Pao-Ting-Fou on avait trouvé un bureau indigène relié au réseau général chinois et les communications de ce poste n'avaient pas toutes été détruites, de sorte qu'il fut possible d'entrer, dans certains cas, en relation avec des localités occupées par l'ennemi.

Dès la première heure, l'autorité militaire française avait mis la main sur ce bureau indigène et le service du génie avait été spécialement chargé de le surveiller. L'existence des lignes chinoises et de celles du chemin de fer Pékin — Hankéou a d'ailleurs permis des communications permanentes avec la série de nos postes au sud-ouest de Pao-Ting-Fou, jusqu'à Houaï-Lou.

On a vu, au chapitre II, la part prise par les sapeurs télégraphistes dans la colonne dirigée sur la muraille de Chine et partant de Houaï-Lou.

On a indiqué précédemment que la ligne télégraphique

Tableau des lignes télégraphiques françaises construites ou exploitées au 1er juillet 1901.

SECTIONS.	LONGUEURS.	NATURE de la communication.	OBSERVATIONS.
	km		
Takou — Pékin	200	Télégr. omnibus.	6 postes intermédiaires : Tong-Kou, Tien-Tsin, Yang-tsoun, Hosiou, Ma-ka-Tchouang, Tong-Tchéou.
Yang-tsoun — Pékin. . . .	110	Télégr. direct.	
Pékin — Pao-Ting-Fou. Fil n° 1 .	155	Télégr. omnibus.	4 postes intermédiaires : Lou-Kou-Kiao, Liou-Li-Ho, Tcho-Tchéou, Kao-Pei-Tien.
Fil n° 2 .	155	Télégr. direct.	100 km de cette ligne ont été construits par la compagnie du chemin de fer Pékin — Hankéou.
Pékin — Cheng-Sin-Tien. .	22	Téléphonique.	
Pao-Ting-Fou — Ting-Tchéou (gare)	60	Télégraphique.	Ligne existante appartenant à la compagnie Pékin — Hankéou.
Pao-Ting-Fou — Sinlo . . .	85	Télégraphique.	Ligne existante chinoise.
Sinlo — Tchen-Ting-Fou. .	37	Télégraphique.	Ligne existante chinoise.
Sinlo — Houaï-Lou.	62	Télégraphique.	Ligne existante chinoise.
Réseaux téléphoniques.			
Pékin	25	Téléphonique.	
Pao-Ting-Fou	5	Téléphonique.	
Tien-Tsin	7,5	Téléphonique.	
Chin-Van-Tao — Mafang — Tang-Ho.	8	Téléphonique.	Repliée en mars 1901.
Liou-Li-Ho — Liang-Shang-Sien.	19	Téléphonique.	
Kao-Pei-Tien — Laï-Ghoui-Sien.	9	Téléphonique.	Repliée en avril 1901.
Yang-tsoun (gare-ville). . .	2	Téléphonique.	
Ping-Chang — Pou-Tao-Ho.	15	Télégraphique.	Construite pendant la colonne sur Kou-Kouan.
Houaï-Lou — Yu-Choui. . .	21,5	Télégraphique.	Construite pendant la colonne sur Kou-Kouan (on a utilisé, après réparation, 6,500 km d'une ligne chinoise abandonnée).
Yu-Choui — Hou-Ko	12	Téléphonique.	Construite pendant la colonne sur Kou-Kouan.
Hou-Ko — King-Sing-Sien .	10	Téléphonique.	Construite pendant la colonne sur Kou-Kouan.

reliant Tien-Tsin à Pékin suivait la rive du Peï-Ho jusqu'à Toung-Tchéou, de manière à desservir les divers postes de la ligne d'étapes. Lorsque l'éventualité de l'évacuation prochaine de cette ligne put être envisagée, le général en chef, d'accord avec le ministre de France, se préoccupa de substituer à l'ancienne ligne télégraphique une autre suivant la voie ferrée et bénéficiant ainsi de la protection que les postes européens permanents doivent lui assurer dans l'avenir. Le service du génie reçut en conséquence l'ordre d'établir un fil direct entre Yang-tsoun et Pékin, le long du chemin de fer. L'ancienne ligne Yang-tsoun — Toung-Tchéou — Pékin, qui devait être repliée aussitôt après la pose de ce nouveau fil, fut momentanément conservée. Ces travaux s'exécutèrent dans le courant du mois de juin 1901.

En résumé, à la date du 1er juillet 1901, le réseau télégraphique desservi par le corps expéditionnaire était conforme au tableau précédent et à la planche X.

Son développement total était de 1 020 km sur lesquels 670 ont été posés par les télégraphistes militaires. Si on tient compte des 100 km de lignes optiques, on voit que le développement total du réseau télégraphique français s'est élevé à 1 120 km.

Le nombre total de postes desservis était de 22, dont 7 optiques.

Le personnel employé à ce réseau comprenait 3 officiers, un fonctionnaire de l'administration des télégraphes spécialement chargé des relations avec les compagnies de câbles sous-marins, et 60 télégraphistes, dont 32 du génie, 25 des troupes coloniales et 3 de l'infanterie de ligne.

L'importance du trafic sera appréciée en se reportant au tableau ci-après, qui donne, pour quatre postes, le total des transmissions dans le mois d'avril 1901.

L'organisation du service était la suivante :

Le réseau comprenait trois sections : 1° Takou — Tien-

Tsin ; 2° Tien-Tsin — Pékin ; 3° Pékin — Pao-Ting-Fou
et prolongements.

INDICATION des POSTES.	DÉPART.		ARRIVÉE.	
	NOMBRE de télégrammes.	NOMBRE de mots.	NOMBRE de télégrammes.	NOMBRE de mots.
Tien-Tsin	729	18,983	759	21,485
Pékin	584	28,624	952	41,366
Pao-Ting-Fou (gare) . . .	297	9,201	310	8,930
Pao-Ting-Fou (central). .	651	28,330	477	26,188

La première était confiée à M. Creteaux, qui avait dans
ses attributions les relations avec les câbles et le poste de
Tien-Tsin ; la seconde au lieutenant Froustey, résidant à
Pékin ; la troisième au lieutenant Quillacq, installé à Pao-
Ting-Fou.

Les télégraphistes reçurent l'indemnité spéciale qui
leur est attribuée en Algérie et, grâce au confort qu'ils
pouvaient se donner par ce moyen, ont pu assurer leur
service dans des conditions très satisfaisantes. En outre,
cette allocation, qu'on pouvait retirer par mesure discipli-
naire, fournit un bon stimulant pour des hommes que leur
isolement faisait échapper à l'œil de leurs chefs.

En définitive, le personnel dont on disposait permit de
faire face à tous les besoins du corps expéditionnaire qui,
ainsi qu'on a pu s'en rendre compte, dépassèrent singu-
lièrement les prévisions. Si, comme à Madagascar, la
maladie était venue sévir sur lui, il n'est pas douteux que
le nombre de télégraphistes dont on disposait eût été fort
insuffisant. L'instruction technique des sapeurs télégraphistes s'est montrée excellente et à hauteur de tous les
besoins ; celle des hommes appartenant aux troupes coloniales était évidemment moins homogène, mais renfermait
aussi d'excellents éléments dont plus d'un, d'ailleurs,

avait appartenu au service télégraphique du génie à Madagascar.

Le matériel dont on a fait usage provenait de sources très diverses : matériel réglementaire expédié de France, matériel de l'administration des télégraphes de l'Indo-Chine, matériel de l'administration des télégraphes chinois, matériel de la compagnie du chemin de fer Pékin — Hankéou. Les appareils des postes au sud de Pao-Ting-Fou étaient tous du système Siemens à relais polarisé ; ils ont été installés en dérivation.

C'est grâce à l'ensemble de ces ressources locales qu'il a été possible de donner à notre réseau militaire en Chine une extension qui dépassait de beaucoup les premières évaluations.

Le matériel s'est bien comporté, et on n'a eu à parer à aucun des accidents et incidents qui se sont produits si fréquemment, en 1895, à Madagascar. Aussi n'hésite-t-on pas à affirmer une fois de plus ici la supériorité comme matériel de ligne en campagne du fil de fer et des isolateurs en porcelaine sur le bronze chromé et l'ébonite pour les lignes ayant un caractère permanent.

Les ruptures de ligne ont été relativement assez rares malgré les fréquentes tempêtes de vent ; elles ont pu, d'ailleurs, être toujours rapidement réparées grâce à l'organisation du service de surveillance. Les destructions par l'ennemi ont été plus rares encore, on en a constaté cependant quelques-unes. En revanche, on a eu assez fréquemment à relever des mélanges de fils résultant de la présence de plusieurs lignes suivant à peu près le même itinéraire, construites par chacun des corps alliés ou même par des entreprises particulières et se recroisant un grand nombre de fois. Il suffisait de la rupture d'une d'entre elles pour amener des contacts métalliques entre plusieurs autres et, par suite, des mélanges de communications.

Pour l'exploitation du réseau, on avait admis le partage de la journée en plusieurs périodes affectées les unes à la transmission omnibus de poste à poste, les autres à la communication directe entre Pékin et Tien-Tsin d'une part, Pao-Ting-Fou d'autre part. Cette mesure avait pour but d'assurer plus de rapidité aux communications importantes intéressant le général en chef ou le ministre de France ; aux heures d'arrivée et de départ des câblogrammes.

On a admis sur le réseau les télégrammes privés émanant des officiers, en limitant à vingt le nombre des mots de chaque dépêche ; les télégrammes de service de la compagnie du chemin de fer franco-belge et, dans certains cas, ceux des corps expéditionnaires étrangers. D'ailleurs, par réciprocité, les Allemands admettaient nos dépêches sur la ligne directe Tien-Tsin — Pao-Ting-Fou qu'ils avaient établie.

Le corps expéditionnaire a bénéficié, pour l'expédition des câblogrammes privés, d'une réduction de 50 p. 100 sur le prix des transmissions ordinaires. Les dépêches de cette catégorie parvenaient en bloc (télégramme collectif), et sous adresse conventionnelle conformément à des indications arrêtées en France par le ministre de la marine. Le bureau de Tien-Tsin transformait les adresses conventionnelles en langage clair et transmettait chaque télégramme à son destinataire. Cette mesure a été particulièrement avantageuse pour tous les militaires du corps expéditionnaire en leur permettant d'entrer en communication avec leurs familles. On croit toutefois devoir signaler, comme amélioration à introduire, la simplification du tableau des adresses conventionnelles ; il ne semble pas qu'il y ait intérêt à donner un mot spécial pour chaque compagnie ou unité de même importance et à différencier dans chacune d'elles les officiers et la troupe. Les mutations qui se produisent si fréquemment en campagne entre les diverses unités rendent le plus souvent illusoire l'excès de précision qu'on a cherché à obtenir, tandis que les quasi-similitudes des mots conventionnels adoptés ouvrent la porte aux erreurs de transmission.

Pour terminer l'exposé des questions relatives à la télé-graphie, on donnera quelques renseignements sur les services similaires des corps étrangers en Chine.

Les Allemands disposaient :

1° D'une section de télégraphistes à l'effectif suivant :

Officiers. — 1 capitaine, 4 lieutenants, 1 lieutenant du train, 1 médecin et quelques télégraphistes civils mobilisés ;

Troupe. — 1 adjudant, 1 sergent-major, 1 payeur, 5 sergents, 101 caporaux et soldats télégraphistes, 21 conducteurs ;

Matériel. — 20 voitures ;

2° D'un détachement de télégraphistes des pionniers de la marine ;

3° Des télégraphistes de la compagnie de troupes de chemin de fer.

Ceux-ci ont été utilisés dans l'exploitation de la voie ferrée.

On signalera dans le matériel allemand la présence d'un appareil de patrouille susceptible d'être employé comme téléphone ou comme parleur télégraphique.

Ces appareils sont munis d'une sorte de condensateur linéaire qui permet de les installer en dérivation sur les lignes télégraphiques. On peut ainsi faire de la télégraphie et de la téléphonie simultanée sur le même fil.

Les Allemands ont construit un premier réseau Pékin — Tien-Tsin — Tong-Kou — Chan-Kaï-Kouen ; Tien-Tsin — Pao-Ting-Fou.

Ils ont ensuite poussé leur ligne, en partie en câble de campagne, dans la direction du nord-ouest de Pékin sur Tchatau et Kalgan ; enfin, au delà de Pao-Ting-Fou, sur Fou-Ping et Antsiling. L'étendue de leur réseau était d'environ 1 400 à 1 500 km, mais son achèvement a été assez tardif ; en outre, les lignes de Kalgan et Antsiling, fort étendues, ont été utilisées pendant un très court laps de temps.

Dans les autres corps étrangers, on ne trouve à signaler d'intéressant que les points suivants :

Chez les Américains la réception se fait uniquement au son et la dépêche est transcrite à l'aide d'une machine à écrire au fur et à mesure qu'on la reçoit. Ils ont des appareils optiques, à réflecteur parabolique remplaçant les lentilles, et éclairés à l'acétylène.

Les Anglais ont employé conjointement les appareils électriques et les héliostats ; ces derniers sont d'ailleurs manœuvrés par un corps spécial distinct des télégraphistes. Dans leur matériel de ligne se trouvaient un assez bon nombre de poteaux métalliques formés de bouts emboîtés les uns dans les autres comme les pièces d'un télescope ; ce matériel a paru peu solide.

Le matériel de poste comprend des parleurs à relais Siemens polarisés.

Les Japonais ont construit une ligne provisoire en câble de Tien-Tsin à Pékin qu'ils ont remplacée ultérieurement par une autre définitive à deux fils de cuivre. Bien qu'on n'ait signalé aucun inconvénient résultant de l'emploi de ce métal, on croit devoir faire observer que la ligne où il a été appliqué a pu être construite à loisir et très solidement, condition rarement réalisable en campagne.

Les télégraphes chinois dont il a été question à diverses reprises dans ce chapitre datent de 1879 ; ils ont pris une grande extension, et le réseau s'étend actuellement à toutes les provinces de l'Empire. Il a fallu, pour les établir, lutter contre les habitudes et les préjugés indigènes et, paraît-il, faire quelques exemples sanglants pour arrêter leurs premiers destructeurs. Actuellement, les Chinois se rendent parfaitement compte des avantages du télégraphe, et il faut une explosion de fureur sauvage, comme celle des Boxers, pour que les lignes soient détruites.

Les Chinois deviennent rapidement d'excellents manipulants et constructeurs de ligne. Pour la transmission des caractères chinois, chacun des 8 000 signes du langage ordinaire a un équivalent numérique qui se trouve indiqué dans le code télégraphique usuel, on le remplace en conséquence par le nombre correspondant. La langue chinoise comprend, dit-on, au total 70 000 ou 80 000 caractères, mais les neuf dixièmes sont rarement usités.

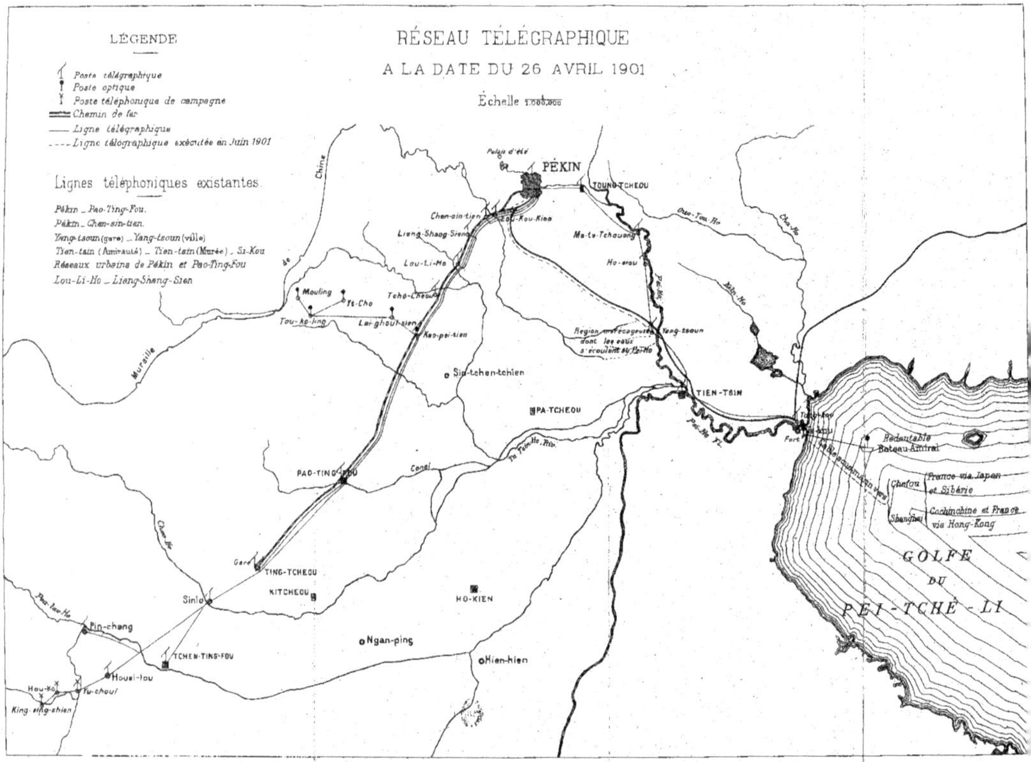

RÉSEAU TÉLÉGRAPHIQUE
A LA DATE DU 26 AVRIL 1901
Échelle 1.000.000

LÉGENDE
Poste télégraphique
Poste optique
Poste téléphonique de campagne
Chemin de fer
Ligne télégraphique
Ligne télégraphique exécutée en Juin 1901

Lignes téléphoniques existantes.
Pékin _ Pao-Ting-Fou.
Pékin _ Chen-sin-tien.
Yang-tsoun (gare) _ Yang-tsoun (ville)
Tien-tsin (Amirauté) _ Tien-tsin (Murée) _ Si-Kou
Réseaux urbains de Pékin et Pao-Ting-Fou
Lou-Li-Ho _ Liang-Shang-Sien

Chine
Muraille
Palais d'été
PÉKIN
TOUNG-TCHEOU
Chen-sin-tien
Zou-Kou-Kiao
Liang-Shang-Sien
Lou-Li-Ho
Mouling
Yt-Cho
Tchô-Cheou
Tou-ko-ling
Lai-ghoul-sien
Kao-pei-tien
Ma-tu-Tchouang
Ho-siou
Chao-Tou-Ho
Pei-Ho
Kin-Ho
Sia-tchen-tchien
PA-TCHEOU
Region marécageuse dont les eaux s'écoulent au Pei-Ho
Yang-tsoun
TIEN-TSIN
Ta-Tsin-Ho. Riv.
Canal
Pei-Ho TL.
Chen-Ho
Pao-Tao-Ho
PAO-TING-FOU
Gare
TING-TCHEOU
KITCHEOU
HO-KIEN
Sinlo
Pin-chang
TCHEN-TINS-FOU
Housi-tou
Hou-Ho
Yu-choui
King-sing-shien
Ngan-ping
Hien-hien
Takou
Fort
Redoutable Bateau-Amiral
Chefou
France via Japon et Sibérie
Shanghai
Cochinchine et France via Hong-Kong
GOLFE DU PEI-TCHÉ-LI

CHAPITRE X

AÉROSTATION.

On a indiqué au chapitre II la composition en personnel et matériel de la section d'aérostiers qui avait été mise à la disposition du corps expéditionnaire.

Cette unité, qui portait le n° 1 *bis*, fut constituée à Versailles, le 2 août, à l'aide d'éléments pris dans divers régiments ; embarquée à Marseille le 22 août sur l'*Uruguay*, elle débarquait à Tong-Kou le 3 octobre. Son matériel, emmené par le même bâtiment, avait été l'objet de soins spéciaux durant la traversée ; les ballons étaient visités fréquemment, étendus et véntilés ; les tubes à hydrogène entourés d'enveloppes de paille étaient arrosés pendant la traversée de la mer Rouge. Grâce à ces précautions tout arriva en parfait état en Chine.

Les événements ayant marché depuis la formation du corps expéditionnaire, celui-ci n'avait plus à faire les opérations pour lesquelles le concours d'un aérostat aurait pu être nécessaire. Toutefois, il parut au général en chef qu'on pouvait tirer parti de ce matériel pour frapper l'esprit des populations et leur montrer que la France disposait pour les combattre de moyens exceptionnels. Il décida en conséquence d'utiliser les gonflements disponibles pour exécuter à Tien-Tsin et à Pékin des ascensions captives, des marches avec ballon gonflé, au cours desquelles seraient prises des vues photograpniques. Ces vues présentaient d'ailleurs un intérêt tout particulier dans ce pays et permettaient d'obtenir des renseignements utiles sur sa topographie.

Le premier gonflement fut exécuté à Tien-Tsin le 25 octobre ; favorisé par un temps calme, il permit d'opérer pendant plusieurs jours une série d'ascensions et de marches avec ballon gonflé. Le 30 octobre, la section fut dirigée sur Pékin avec son ballon gonflé. Elle devait suivre le cours du Peï-Ho emportant son matériel dans des

Fig. 88. — Ascension captive à Tien-Tsin dans un chantier du génie.

jonques, tandis qu'un détachement escortait le convoi qui suivait la route de terre en se tenant autant que possible à hauteur des embarcations. La marche au sortir de Tien-Tsin offrit quelques difficultés ; on dut, en effet, exécuter de nombreux franchissements de lignes télégraphiques et d'autres obstacles, jusqu'au mur en terre qui entoure la ville. On atteignit Peïtsang à la nuit tombante.

1er novembre. — Marche de Peïtsang à Yang-tsoun avec ballon amarré sur la jonque, le franchissement du pont du chemin de fer s'opère sans difficultés.

2 novembre. — Ascension captive et marche jusqu'à Ho-siou dans les mêmes conditions que la veille.

3 novembre. — Le vent devenant assez violent, on dut renoncer à poursuivre la marche par les mêmes moyens et,

Fig. 89. — Marche du ballon gonflé à Tien-Tsin.

tandis que le matériel suivait par jonques, le ballon gonflé prit la route. Les nombreuses lignes télégraphiques qu'il était nécessaire de franchir rendirent la marche pénible. Au milieu de la journée les difficultés devinrent telles qu'il fallut se résoudre à dégonfler. La section poursuivit sa route par jonques et par terre jusqu'à Pékin, où elle arriva le 6 novembre.

L'expérience ainsi exécutée pour la première fois d'un

transport de ballon gonflé sur une jonque avait en somme parfaitement réussi aussi longtemps que les circonstances atmosphériques s'étaient maintenues favorables. Elle ne donna lieu à d'autre incident que la chute dans le fleuve d'un maître-ouvrier entraîné par la corde du ballon ; la victime fut d'ailleurs heureusement sauvée par un sapeur.

A Pékin, la section stationna jusqu'au 27 novembre ; elle y exécuta un nouveau gonflement du 8 au 14 novembre. L'opération donna lieu de constater que, par une basse température comme celle du Pe-tchi-li à cette saison, la détente du gaz dans les tubulures des réservoirs à hydrogène amène la congélation de l'eau de condensation et par suite le ralentissement du débit du gaz.

Au cours de ce gonflement, de nombreuses ascensions captives furent exécutées ainsi que plusieurs marches dans l'intérieur de la ville. Les officiers de la section purent ainsi prendre de nombreux et fort intéressants clichés dont on a trouvé des spécimens au cours des chapitres précédents. Le 14 novembre, le ballon était en partie dégonflé sans qu'on pût le renflouer par suite de l'épuisement de l'approvisionnement de gaz ; il fut cependant mis en marche vers le palais d'été. Mais une tempête s'éleva qui rendit la marche du ballon extrêmement pénible, surtout en raison des franchissements nombreux qu'il fallait exécuter. La section dut camper à peu de distance de son point de départ, et bientôt après, dégonfler le ballon.

Le surplus du séjour de la section d'aérostiers à Pékin fut utilisé, d'après les ordres du général en chef, pour recueillir des clichés des monuments principaux de la capitale. On eut ainsi, pour la première fois sans doute, occasion de conserver un souvenir durable des curiosités de la ville impériale où si peu d'Européens avaient pénétré avant les événements de 1900. L'intérêt qui s'attache à ces souvenirs et la perfection des résultats obtenus ont motivé l'introduction de quelques-unes de ces vues dans le cours de la présente étude. Ces clichés ont été pris pour la majeure partie par le capitaine Plaisant à l'aide des excellents appareils fournis par l'établissement de Chalais-Meudon.

Rentrée à Tien-Tsin le 30 novembre, la section d'aérostiers y fut employée aux travaux de casernement de la place et exécuta notamment la pose de la voie ferrée Decauville destinée à relier entre eux les divers établissements. Elle établit en outre le cimetière.

Le 21 mars 1901, la section fut de nouveau appelée à Pékin pour y utiliser le dernier gonflement qui lui restait. Elle s'y rendit par voie ferrée. Elle y resta jusqu'au 3 mai et exécuta un nouveau gonflement du 24 au 26 avril dont elle profita pour faire des ascensions captives. Le 26 avril le général en chef autorisa, sur la proposition du lieutenant-colonel commandant le génie, le capitaine commandant la section à faire une ascension libre dans les limites de la place de Pékin. Cette opération fut couronnée d'un heureux succès.

L'extrait ci-dessous du rapport du capitaine donne les détails techniques de cette ascension (fig. 90 et 91).

Ascension libre du 26 avril 1901.

Ballon : *La Picardie.* — Aéronaute : capitaine Lindecker, commandant la section d'aérostiers.

A $8^h 55^m$ du matin, après que le ballon *La Picardie* eût été renfloué et arrimé pour ascension libre, le départ est exécuté en présence de M. le général de division commandant en chef le corps expéditionnaire français. Un peloton de cavaliers devait s'efforcer de suivre le ballon et d'assister à l'atterrissage.

Le but de l'ascension libre était de traverser Pékin et le capitaine commandant avait reçu comme instruction d'atterrir en vue des murs de la ville.

Une brume assez épaisse qui venait de s'élever formait un nuage, se tenant à l'altitude d'environ 250 m. Le vent était très faible du N.-N.-E.

Le ballon prend sa première zone d'équilibre à 200 m, mais, s'échauffant peu à peu, il finit, au bout d'un quart d'heure, par disparaître dans les nuages. Un coup de soupape est alors donné pour revenir en vue de terre et passer au guide-rope. Le guide-rope touche à 9ʰ20ᵐ dans le lac

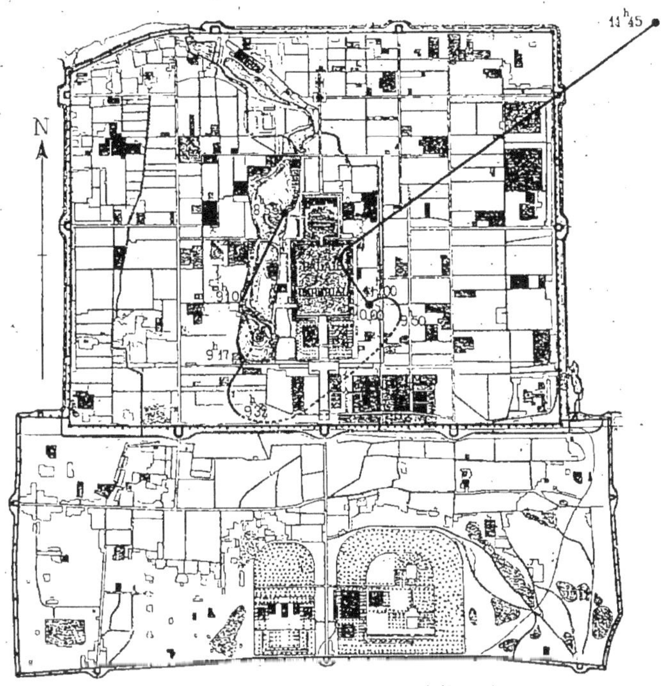

Fig. 90. — Itinéraire du ballon (1/80 000).

Distance parcourue : 12 km ; durée du parcours : 1ʰ 50ᵐ, dont 1ʰ 05ᵐ pour la première partie et 45 minutes pour la seconde (vitesse moyenne à l'heure : 6,5 km).

du centre et le ballon parcourt ce lac à une vitesse très faible, sur la rive le frottement seul du guide-rope l'arrête.

On quitte alors le guide-rope et le ballon s'élevant traverse le nuage qui s'étend de 250 m à 460 m et, chauffant de plus en plus, s'élève à l'altitude de 800 m.

L'aéronaute constate que la vitesse du ballon, appréciée par rapport au nuage qui s'étend à perte de vue au-dessous

de lui, est devenue sensiblement plus forte. La descente
est alors décidée, elle exige 5 ou 6 coups de soupape consécutifs en raison de l'échauffement du ballon et de la
réverbération sur le nuage.

La terre reparaît, le ballon se trouve à l'angle S.-E. du
Palais impérial. Un courant inverse régnant au-dessus du
nuage l'avait ramené dans une direction inverse à celle

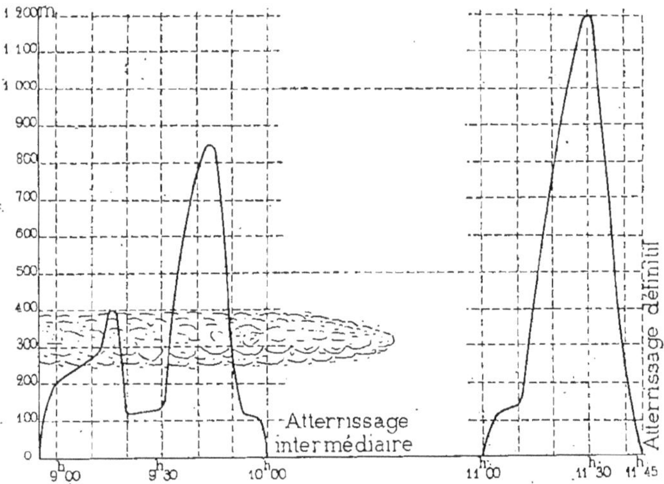

Fig. 91. — Diagramme de l'ascension. Échelle { (1/20 000) pour les hauteurs. / 5 mm pour 10 minutes (durée).

qu'il avait précédemment. Le guide-rope touche à $9^h 50^m$.
A terre la vitesse du vent est toujours presque nulle, le
ballon reste à peu près immobile.

On décide alors d'atterrir pour attendre que le nuage
qui s'éclaircit peu à peu ait totalement disparu, afin d'a-
chever l'ascension en vue de la terre, la zone d'équilibre devant être assez élevée. Le ballon est ramené auprès de la porte Est du Palais Impérial. A 11 heures, le
deuxième départ est effectué ; le ballon s'élève assez rapidement prenant dans les zones basses la direction du N.-E.

Au delà de 500 m la direction revient franchement au N.-E. et la vitesse s'accroît sensiblement.

Arrivant à proximité de la muraille, le ballon se trouve à 1 200 m et n'a pas encore atteint sa zone d'équilibre. La descente est néanmoins décidée et le guide-rope touche la muraille à 11^h 40^m. A 11^h 45^m, à 200 m au delà, le fossé et les constructions passées, l'atterrissage est effectué au guide-rope avec le concours des indigènes. Un quart d'heure après que la nacelle a touché le sol, arrive le premier des officiers qui avaient suivi le ballon.

Le dégonflement est opéré sans difficulté à midi, et à midi 30 le matériel, chargé sur une voiture chinoise, est ramené au casernement de la section.

Le capitaine commandant la section,

LINDECKER.

Le 4 mai, la section d'aérostiers était dirigée sur Tong-Kou, où elle s'embarqua, à destination de France, le 10 mai, sur le *Mytho*. Ses deux lieutenants, MM. Plaisant (promu capitaine) et Izard, étaient d'ailleurs maintenus en Chine sur leur demande.

Il résulte de l'exposé qu'on vient de lire que la section d'aérostiers a pu, au cours de son séjour en Chine, exécuter les diverses opérations que comporte l'emploi d'une unité de cette nature, à l'exception toutefois des reconnaissances devant l'ennemi. Le matériel, déjà éprouvé dans la traversée de Madagascar en 1895, s'est parfaitement comporté et a montré une fois de plus de quels soins sa construction est entourée.

Il est difficile de se prononcer sur l'effet que les ascensions ont pu produire sur l'esprit des Chinois. A en juger par l'affluence de spectateurs indigènes qui entouraient le ballon on peut croire, à bon droit, qu'ils étaient également intéressés et surpris par l'apparition, dans les airs, d'un engin portant en caractères chinois « La Grande

France. » Mais lorsqu'on cherchait à se rendre compte de leurs impressions auprès des interprètes, on se heurtait aux deux sentiments les plus invétérés dans le cœur chinois : l'orgueil et la dissimulation. Le premier les empêchait de reconnaître une supériorité quelconque aux Européens; il évoquait dans leur esprit le souvenir d'un certain aérostat acquis jadis par le vice-roi du Pé-tchi-li et qui n'est, d'ailleurs, jamais sorti de l'arsenal de Tien-Tsin. Le second fermait leur bouche à toute communication. En revanche, si jamais physionomies chinoises furent curieuses à observer, c'étaient bien celles des badauds regardant le ballon, elles exprimaient un profond étonnement.

Quoi qu'il en soit, les sapeurs aérostiers français ont eu l'honneur d'être les premiers à montrer dans les airs un ballon en Chine et à s'en servir utilement. Ils ont, sous ce rapport, laissé loin derrière eux les contingents étrangers; plusieurs de ces derniers, a-t-on dit, possédaient également un aérostat ; un seul fit un essai d'ascension. C'était durant le séjour de la section à Pékin et nos aérostiers eurent le spectacle inattendu d'un confrère dans les airs. Il n'y put d'ailleurs demeurer longtemps et on ne le revit plus par la suite.

En outre de ses opérations spéciales, la section d'aérostiers a rendu, ainsi que toutes les autres unités du génie, d'utiles services au corps expéditionnaire, en participant aux travaux d'installation et d'aménagement. Elle a montré, comme l'avaient fait ses devanciers à Madagascar, que les sapeurs du génie, quelle que soit leur spécialité, conservent toutes les qualités de l'arme et peuvent être toujours utilisés. Elle a donc justifié amplement sa présence en Chine.

CHAPITRE XI

Il n'entre pas dans le programme de cette étude d'examiner les travaux des corps expéditionnaires étrangers qui opéraient à côté des troupes françaises, on se propose simplement de signaler ceux d'entre eux sur lesquels on a obtenu quelques renseignements ou qui ont paru mériter de fixer l'attention.

En général, les constructions élevées pour le logement des troupes étrangères ont été beaucoup plus sommaires que celles du corps français ; dans bien des cas on a installé les hommes sous la tente ou dans des gourbis improvisés. Les troupes allemandes ont cependant élevé à Tien-Tsin quelques baraquements assez importants en charpente et torchis dont la figure 92 donne une idée générale.

Les parois de ces constructions paraissent assez peu solides ; elles auraient été, en outre, un réceptacle pour les miasmes si une épidémie s'y était déclarée.

Dans les constructions qu'ils ont édifiées à Pékin pour l'installation de la garnison permanente de cette place, les Allemands ont adopté au contraire un type de baraques en briques à rez-de-chaussée légèrement surélevé dont la figure 93 donne l'aspect d'ensemble et qui rappellent les constructions françaises de Tien-Tsin (ville Levêque).

Il convient de citer également une disposition ingé-

---

1. L'ordre logique de l'exposé des travaux aurait placé ici les notices sur les casernements permanents de Pékin, Chung-Liang-Cheng et Tong-Kou, établis par le service du génie de mai à novembre 1901. Les renseignements relatifs à ces travaux étant parvenus tardivement, le chapitre qui s'y rapporte a été publié le dernier. On l'a maintenu à la place qu'il occupe dans l'ordre de publication afin d'éviter les remaniements de texte.

nieuse adoptée par le service de santé allemand dans l'ins-

Fig. 92. — Baraquements allemands à Tien-Tsin.

Fig. 93. — Baraquements allemands à Pékin.

tallation de l'hôpital de Yang-tsoun, destiné à servir pendant toute la période d'hiver.

Les malades occupaient des baraques Decker, très semblables aux nôtres, offrant un abri insuffisant contre le froid et peu résistantes aux grands vents. Ces baraques furent, en conséquence, emboîtées dans une construction en torchis, épousant exactement leur forme et laissant entre elle et les parois ou la toiture de la baraque Decker un certain matelas d'air. Les croisées et les portes des deux baraques correspondaient exactement entre elles.

Grâce à cette mesure, le matériel Decker a pu résister

Fig. 94. — Pont allemand à Tien-Tsin.

aux intempéries et notamment aux fréquentes bourrasques du Petchili, tandis qu'il se détériore assez rapidement lorsqu'il n'est pas abrité ; nous avons eu l'occasion de constater ces détériorations à Tien-Tsin et surtout à Tong-Kou dans notre propre matériel.

A titre de renseignement, on donne ci-dessus (fig. 94 et 95) les clichés d'un pont et d'un ponceau allemands construits à Tien-Tsin, et, comme curiosité, celle d'un retranchement établi par les troupes anglo-indiennes (fig. 96), à Pékin, pour défendre un passage de fortune ouvert dans le mur de la ville tartare. Ce cliché permet de constater que les murailles de la capitale de l'empire chinois portent une végétation qui dénote un entretien médiocre.

Les troupes étrangères (russes, allemandes, anglaises et japonaises) ont participé à la remise en état de la voie ferrée reliant Pékin à Tien-Tsin, Tong-Kou et Chan-Haï-Kouen. Elles disposaient à cet effet d'un personnel et d'un matériel beaucoup plus considérables que les nôtres.

Fig. 95. — Ponceau allemand à Tien-Tsin.

Les Russes notamment avaient un bataillon entier de troupes de chemin de fer qui leur permit d'affecter au service du tronçon qu'ils exploitaient : 75 mécaniciens ou chauffeurs, 45 hommes au service de l'exploitation et 85 à l'entretien de la voie.

Les Allemands disposaient également d'un bataillon à 4 compagnies de 250 hommes environ ; leur matériel, très important, comportait une assez grande quantité de voie étroite avec du matériel roulant et des locomotives appropriées. Ils ont pu ainsi coopérer très efficacement à la ré-

fection de la voie ferrée entre Yang-tsoun et Pékin et
entreprendre ensuite l'exploitation de la ligne Pékin, Tong-
Kou, Chan-Haï-Kouen. La notice ci-après indique le travail exécuté par eux pour la réfection du pont de Hang-Kou
sur la ligne de Tong-Kou à Chan-Haï-Kouen.

Il n'est pas inutile de signaler le développement considérable qui avait été donné par les principales puissances
à leurs troupes techniques. En comparant leur effectif à
celui dont nous disposions, on pourra faire honneur aux

Fig. 96. — Retranchement des Sikhs à Pékin.

sapeurs français de chemin de fer des résultats qu'ils ont
obtenus et tirer un enseignement pour ce qu'il conviendrait de faire dans une expédition future.

Les Allemands avaient d'ailleurs, en plus de leur bataillon de chemin de fer, 4 compagnies de pionniers, dont
une de la marine, et un détachement de télégraphistes.

A la suite des travaux étrangers, on rangera, faute d'une
meilleure place, ceux que les Chinois ont entrepris à Pékin
pour faire sauter l'établissement du Pe-Tang appartenant à
la mission catholique.

Note sur la réparation du pont de Hang-Kou par les Allemands [1].

Le pont de Hang-Kou sur le Pe-Tang-Ho, qui sert de passage à la voie ferrée de Tong-Kou à Chan-Haï-Kouen, ayant été détruit lors des événements de 1900, les Allemands utilisèrent leur personnel et leur matériel de chemin de fer à la réparation de ce pont.

L'emplacement choisi est situé près de l'ancien pont, à 40 m environ en aval (fig. 97).

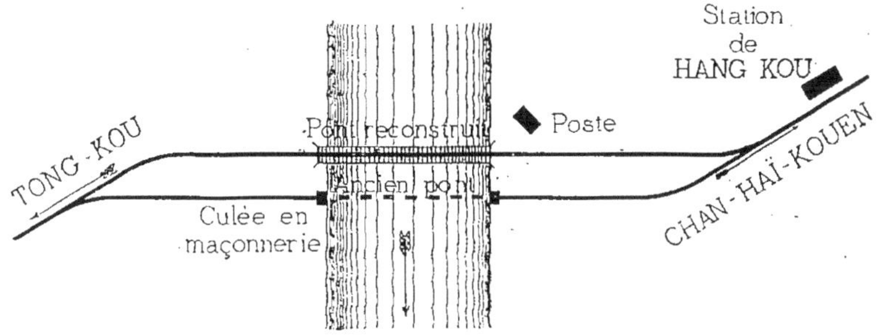

Fig. 97. — Emplacement du pont sur le Pe-Tang-Ho (1/10 000).

Les travées improvisées sont en bois. Les supports sont constitués par des palées : en rivière elles ont 7 pilots ; leur hauteur atteint 8 à 10 m. Néanmoins, aucune subdivision en étage n'a été faite et beaucoup de pilots sont superposés à l'aide d'entailles à mi-bois et solidement reliés par des armatures en fer (fig. 98).

L'équarrisage adopté est de 30/30 cm pour les pilots et pour les poutres.

La portée varie de 5 à 6 m, probablement pour laisser passer les jonques.

Beaucoup de palées ont été doublées à un mètre d'intervalle.

---

1. Par le capitaine Cambier.

Description de la palée de rivière. — Elle est formée par 7 pilots de 30/30 cm ; le chapeau est fixé à tenon et mortaise sur les pilots (fig. 99).

Le contreventement transversal est fait par une moise au niveau des basses eaux; des écharpes parallèles sont boulonnées entre le chapeau et la moise de chaque côté de la palée.

En octobre 1901, on donna plus de stabilité transversale

Fig. 98. — Pont de Hang-Kou. Vue d'ensemble.

à la palée en battant 2 pilots formant contre-fiches aux extrémités.

Le travail se faisait dans l'intervalle des trains.

Deux sonnettes avec mouton à déclic et treuil sont montées sur plate-forte et roulent sur le pont pour le battage de ces pilots (fig. 100).

Pour le passage des trains, elles sont aiguillées sur une voie de garage construite près du pont.

La nécessité de donner à ces palées une plus large base d'appui a conduit aussi à moiser la palée à 1 mètre au-dessous du chapeau.

Description des poutres. — Elles sont jumelées par 3, et reposent sur les chapeaux par l'intermédiaire d'une semelle de même équarrissage.

En plusieurs endroits, les chapeaux n'ont pas été placés à la même hauteur et le niveau des poutres a été maintenu à l'aide de sous-poutres formant poutres superposées et qui règnent sur 3 ou 4 travées (fig. 101).

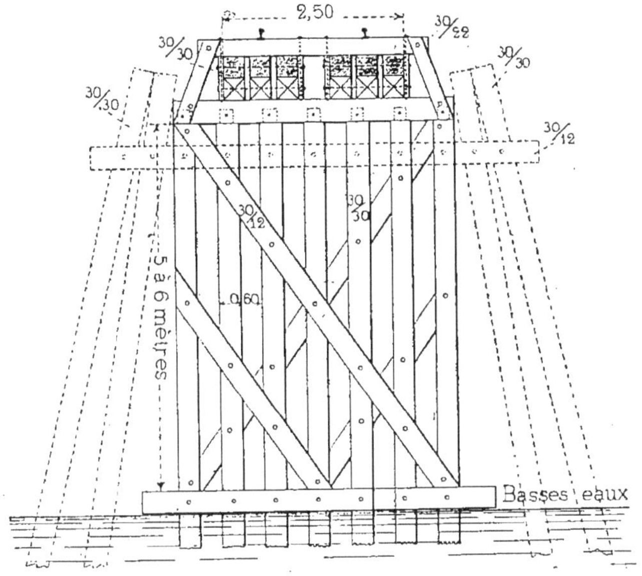

Fig. 99. — Palée de rivière du pont de Hang-Kou (1/100).

Les parties en pointillé se rapportent aux renforcements exécutés en octobre 1901.

Le contreventement longitudinal, qui est assuré par les poutres, est complété en partie avec des fers reliant les extrémités des chapeaux.

Au milieu de chaque travée, la traverse qui supporte le rail est boulonnée avec un madrier placé sous les poutres.

Chaque poutre est reliée à l'aide de bouts de madriers

par des boulons dans le sens horizontal et dans le sens vertical.

L'extrémité du chapeau est reliée à l'extrémité de la traverse placée au-dessus de lui par une moise inclinée.

Fig. 100. — Pont de Hang-Kou. Travaux de consolidation.

Les traverses sont espacées de 80 cm environ et sont fixées sur les poutres par des équerres en fer.

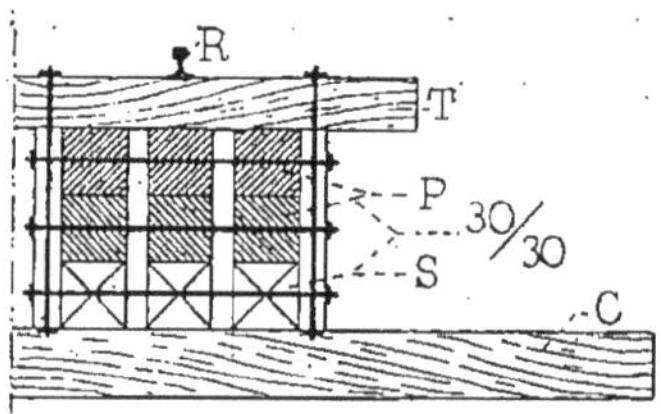

Fig. 101. — Détail d'une poutre (1/15).

Leur équarrissage est de 30/22 cm, celui des moises est de 30/12 cm, l'ouvrage compte environ 35 palées, y compris les culées formant une longueur d'environ 175 m.

Note sur l'attaque et la défense du Pe-Tang par les mines [1].

Pékin, 20 juin-16 août 1900.

De tous les moyens d'attaque employés par les Chinois contre les étrangers qu'ils ont assiégés pendant près de deux mois à Pékin, il n'en a pas été de plus approprié que les mines à leur façon de combattre. Si, au début du siège, confiants dans la vertu des signes cabalistiques qu'ils traçaient dans l'air avec leurs sabres, les Boxers fanatisés n'avaient pas craint de lutter à découvert, ils n'avaient pas non plus tardé à éprouver le peu d'efficacité de ces pratiques, et bientôt ils avaient interposé entre eux et leurs adversaires les murs que l'incendie avait encore laissés debout. C'est de là que partaient les feux parfois extrêmement nourris qu'ils dirigeaient sur les assiégés. Mais, soit que les Chinois ne fussent pas familiarisés avec leurs armes, soit qu'ils eussent été rendus prudents par les vides qu'avaient faits dans leurs rangs les salves ennemies, ces feux étaient relativement peu meurtriers. A voir la façade de la cathédrale et certains toits du Pe-Tang littéralement criblés de balles, il est permis de croire que, le plus souvent, les Boxers tiraient droit devant eux, sans but nettement déterminé. Il suffisait du reste de la moindre riposte pour rendre leur tir encore plus incertain : les têtes disparaissaient derrière le mur protecteur ; les fusils seuls restaient sur la crête et les coups partaient sans discontinuer. Comme résultat, du bruit. Dans ces conditions, il n'y avait qu'un moyen à peu près sûr, mais long, de venir à bout des assiégés : la mine. C'est ce que comprirent les Chinois, qui ne se virent opposer par les défenseurs de la mission qu'une résistance plutôt passive.

Avant de parler des travaux entrepris de part et d'autre,

---

1. Par le capitaine Izard.

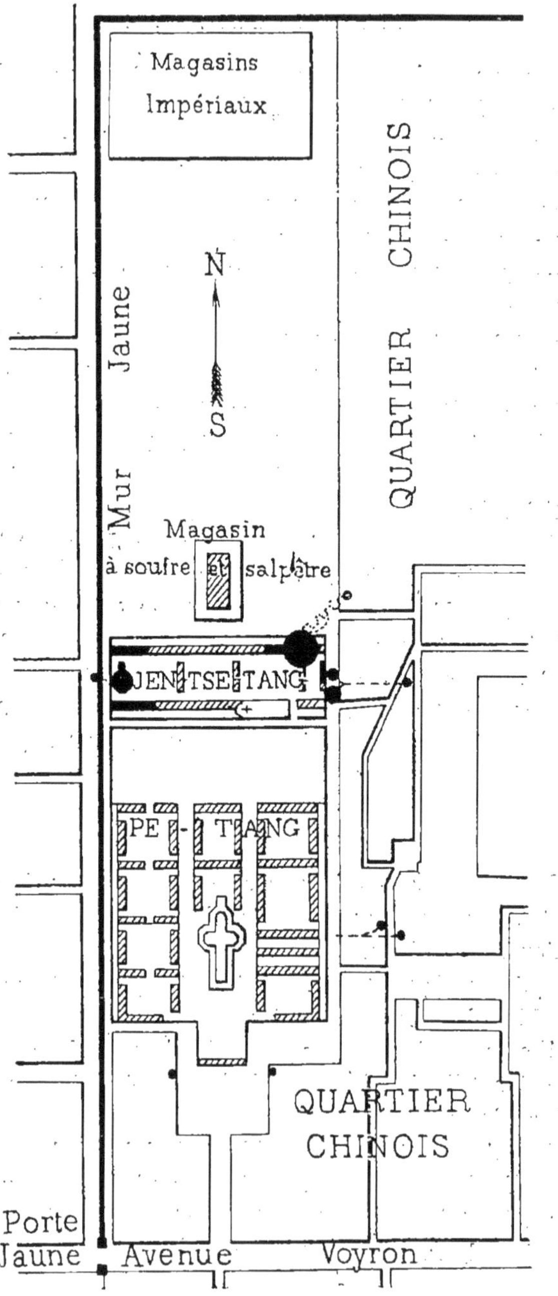

Fig. 102. — Plan du Pe-Tang et des quartiers chinois environnants.

disons en quelques mots ce qu'est le Pe-Tang, établissement de la mission des Pères Lazaristes.

Le Pe-Tang (fig. 102) se compose de deux groupes de maisons contenus dans un rectangle de 350 m sur 200. Ce rectangle, orienté N.-S. dans sa plus grande dimension, est partagé parallèlement à ses petits côtés par une large cour. Au sud de la cour, la cathédrale et la résidence des missionnaires; au nord et occupant une superficie environ deux fois moindre, la résidence des sœurs de charité, plus particulièrement appelée le Jen-Tse-Tang. Un mur d'enceinte enclôt ces constructions; il se retourne deux fois à angle droit vers le milieu du côté sud du rectangle pour former une sorte de cour d'honneur devant l'entrée de la cathédrale.

Le Pe-Tang est situé entre la porte Jaune et l'angle N.-O. de la ville Impériale. Il est limité au nord, par un grand parc découvert; sur ce terrain et à proximité de la mission, se trouve un magasin à soufre et à salpêtre. A l'est et au sud, il est entouré par le quartier chinois; à l'ouest, par le mur Jaune. Un chemin de ronde de 8 à 10 m de largeur l'isole des constructions voisines.

Attaque du Pe-Tang.

Les attaques des Boxers se sont produites de toutes parts : une mine au nord, trois à l'est, deux au sud et une à l'ouest (fig. 103). Quatre d'entre elles ont explosé; la cinquième n'a pu être terminée et les deux autres ont été comblées à peine commencées.

Il sera parlé successivement de chacune de ces mines en suivant l'ordre dans lequel elles ont été découvertes ou fait explosion.

Mine A. — Cette mine semble avoir été dirigée contre la chapelle des sœurs, où se trouvaient de nombreux chrétiens. Peut-être aussi, tendait-elle simplement à faire brèche dans le mur d'enceinte du Jen-Tse-Tang. Quoi qu'il

en soit, les Chinois avaient mal calculé leurs distances.
L'explosion eut lieu le 11 juillet, à 1ʰ30 de l'après-midi,

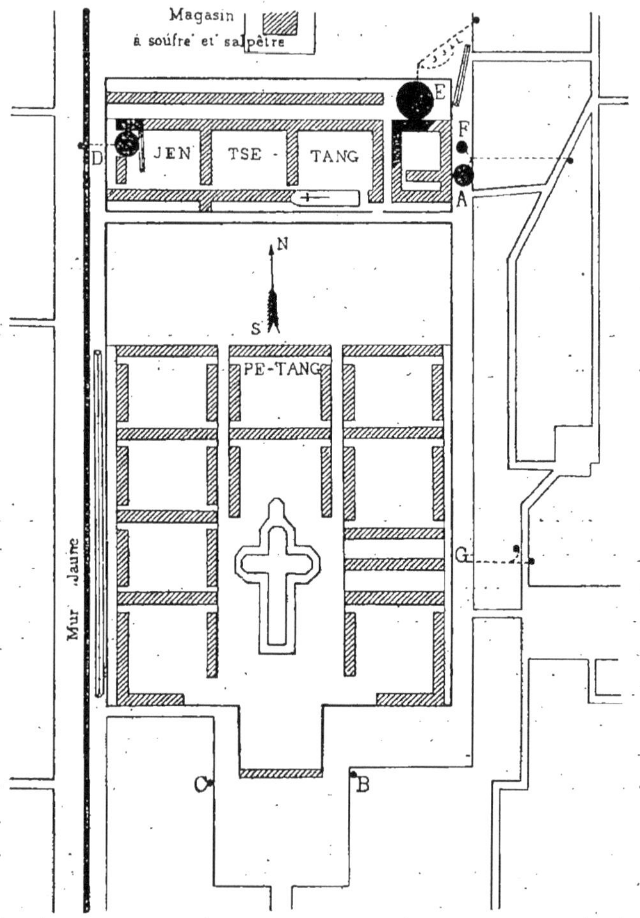

Fig. 105. — Plan du Pe-Tang et du Jen-Tse-Tang avec les emplacements
des mines A, B, C, D, E, F, creusées par les Boxers.

dans le chemin de ronde, ne causant que des dégâts matériels peu considérables.

Les différentes dimensions, après l'explosion, étaient les suivantes :

Longueur de la galerie jusqu'au bourrage . 53 m.
Longueur du bourrage . . . . 13 m.
Cote du sol de la galerie au pied du bourrage
    par rapport à la cote de la surface du sol
    supposée égale à 0 m. . . . . 5,50 m.
Longueur probable de la ligne de moindre
    résistance . . . . 6 m.
Diamètre de l'entonnoir. . . . . 12 m.

Ces deux dernières dimensions permettent de calculer la charge de poudre employée.

Prenons la formule $C = g\,h^3$ qui convient aux fourneaux ordinaires et posons $g = 1,50$; nous avons :

$$C = 1,50 \times 6^3$$
$$= 324 \text{ kg.}$$

Mine B. — Cette mine avait pour but de faire sauter la porté d'entrée de la cour d'honneur et les défenses accumulées en arrière. Elle fut découverte alors qu'elle venait d'être commencée. Les assiégés la comblèrent le 13 juillet, dans une sortie de nuit en renversant, le mur derrière lequel se trouvait l'entrée de la galerie.

Mine C. — Commencée probablement aussitôt après l'abandon de la précédente mine et dans le même but, elle avait déjà 4 m de longueur quand elle fut découverte. Elle fut comblée le 15 juillet de la même façon que la mine B.

Mine D. — On ne comprend pas très bien l'intention des Boxers. L'entrée de la galerie est au pied même du mur Jaune, ce qui indique qu'ils ne voulaient pas faire brèche dans ce mur. Ils ne devaient pas se proposer non plus de détruire le mur d'enceinte du Pe-Tang, puisqu'en laissant le mur debout, ils perdaient le bénéfice de cette action. Leur but était donc vraisemblablement de faire le plus de mal possible aux chrétiens en logeant un fourneau sous l'une des maisons où ils étaient entassés. Quoi qu'il en soit, les défenseurs, s'apercevant du travail de leurs adversaires, firent aussitôt une grande tranchée pour éventer la mine. C'est ce qui détermina sans doute les Chinois à charger leur fourneau plus tôt qu'ils n'auraient voulu. L'explosion eut lieu le 18 juillet à 5 heures de l'après-midi ; le résultat fut au-dessus de ce qu'ils devaient espérer : le mur d'enceinte détruit sur une longueur de 40 m, un bâtiment complètement ruiné, deux autres démolis sur 20 m environ de longueur, 25 Chinois catholiques tués, 28 blessés dans la tranchée.

Les différentes dimensions, après l'explosion, étaient les suivantes :

Longueur probable de la ligne de M. R. .   6 m.
Diamètre de l'entonnoir . . . .   18,50 m.

Prenons la formule $C = g\,h^3\left(\sqrt{1 + n^2} - 0,41\right)^3$ qui convient aux fourneaux sur ou sous-chargés et posons $g = 1,50$; nous avons :

$$C = 1,50 \times 6^3 \left(\sqrt{1 + \frac{9,25^2}{6^2}} - 0,41\right)^3$$
$$= 946 \text{ kg.}$$

Mine E. — Ce fut celle qui occasionna le plus de dégâts et fit le plus de mal. L'explosion eut lieu le 12 août à 6 h 15 du matin à l'angle N.-E. du Jen-Tse-Tang, tuant 80 personnes, dont 51 enfants de 6 à 8 ans, et 5 marins italiens, ruinant entièrement deux bâtiments, en démolissant un troisième et renversant le mur d'enceinte sur une longueur de 80 m (fig. 104 et 105).

La galerie présente une particularité qu'il est assez difficile d'expliquer. Elle est le point de départ de plusieurs retours à angle droit et d'un retour oblique aboutissant à une deuxième galerie parallèle à la première. A-t-on voulu par là rendre plus faciles l'extraction des terres et la ventilation des galeries, ou bien faut-il voir une relation entre ces travaux et ceux qu'avait faits à proximité la défense dans le but de faire sauter un canon qui la gênait?

Les principales dimensions étaient les suivantes :

Cote du sol de la galerie au pied du
   bourrage . . . .   4,60 m.
Longueur du bourrage. . . . . . .   23 m.
Pente de la galerie par mètre. . . .   0,01 à 0,02 m.
Diamètre de l'entonnoir . . . . . .   26 m.

Des trois premières dimensions on peut déduire que la

Fig. 104. — Entonnoir du fourneau de mine E. Élévation.

ligne de M. R. était égale à 6 m environ, ce qui permet, connaissant d'autre part le rayon de l'entonnoir, de calculer la charge de poudre du fourneau par la formule ordinaire :

$$C = 1,50 \times 6^3 \left(\sqrt{1 + \frac{13^2}{6^2}} - 0,41 \right)^3$$
$$= 2\,475 \text{ kg.}$$

Mine F. — La mine F avait le même but que la mine A ; elle empruntait, du reste, la même galerie.

Elle fit explosion le 13 août à 11 h du matin ; mais,

cette fois encore, le chemin de ronde seul fut endommagé. Les principales dimensions étaient les suivantes :

Longueur probable de la ligne M. R. . . . . 6 m.
Diamètre de l'entonnoir . . . . 8 m.

Fig. 105. — Démolition produite par le fourneau de mine E et entonnoir qui en est résulté.

La charge de poudre de ce fourneau sous-chargé est donnée par la formule :

$$C = 1,5 \times 6^3 \left(\sqrt{1 + \frac{2^3}{3^3}} - 0,41 \right)^3$$
$$= 158 \text{ kg.}$$

Mine G. — Les travaux de cette mine ont été interrompus par la délivrance du Pe-Tang. C'est une galerie de 38 m de longeur, dirigée vraisemblablement sur la cathédrale, mais s'arrêtant à peu près au milieu du chemin de ronde ; en cet endroit, elle est limitée par de la terre vierge. La particularité qu'elle offre c'est d'être doublée d'un rameau qui débouche à quelques mètres de l'entrée et qui a dû servir à la ventilation.

L'étude, en détail, des travaux des mines exécutés par les Chinois et l'examen des objets trouvés dans certaines galeries[1] ont donné lieu aux observations suivantes :

But des mines. — Les Chinois ne semblent pas, dans le siège du Pe-Tang, avoir envisagé la mine comme un moyen de créer un passage pour une colonne d'assaut. Pas une fois, même après l'explosion de la mine E, qui avait fait dans le mur d'enceinte une brèche de 80 mètres environ, ils n'ont tenté sérieusement de pénétrer dans la place. Ils paraissent donc plutôt avoir voulu, par des explosions successives, porter préjudice à l'adversaire tout en courant eux-mêmes le minimum de risques ; procédé en vérité fort long, mais bien compréhensible dans un pays où le temps est un facteur sans importance.

Choix du point d'attaque. — C'est le Jen-Tse-Tang qui à le plus souffert. Le choix de ce point d'attaque est dû vraisemblablement au voisinage immédiat du grand parc découvert situé au nord du Pe-Tang, parc qui permettait de combiner les attaques par le canon avec les attaques par la mine. La nature du sol se prêtait du reste fort bien, à cette époque, à un travail souterrain. C'étaient deux couches successives de 3,50 m environ d'épaisseur, de terre végétale et de terre argilo-sablonneuse sur lesquelles il n'avait pas plu depuis plus d'un an. La terre, suffisamment compacte pour que l'on n'eût pas à craindre des éboulements, était cependant facile à travailler.

Il convient de rappeler ici l'existence d'une nappe d'eau souterraine à 7 ou 8 mètres de profondeur environ, dont

____

1. Ces objets ont été recueillis au lendemain du siège, par le Père Gartner, ancien lieutenant d'artillerie autrichienne qui, n'étant pas encore dans les ordres, avait pris une part très active à la défense du Pe-Tang.

l'effet à dû se faire sentir dans les explosions de fourneaux. Cette nappe incompressible a vraisemblablement agi à la manière d'un bourrage inférieur en augmentant les effets des fourneaux. Si cette hypothèse est exacte, on en pourrait conclure que les charges employées ont été moindres que celles indiquées par les calculs.

Construction des galeries. — Les travaux ont été conduits d'une manière uniforme. Cela n'a rien d'étonnant, les Boxers ayant, paraît-il, fait appel aux mineurs des montagnes de l'Ouest, où se trouvent d'importantes mines de

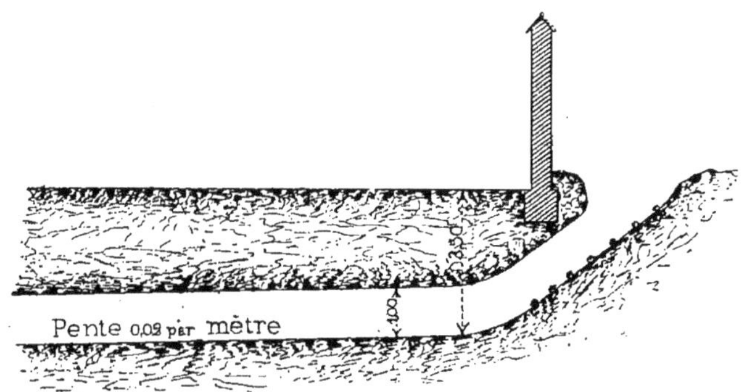

Fig. 106. — Entrée en galerie chinoise (1/20).

charbon. On entre toujours en galerie derrière un mur (fig. 106). Pas de puits, mais un plan incliné, voûté, à la pente naturelle des terres, sur lequel on a couché une sorte d'échelle pour empêcher, sans doute, le glissement des pieds.

A 3,50 m environ de profondeur, la galerie proprement dite (fig. 107) commence ; les dimensions varient de 75 cm à 1 m pour la hauteur et de 60 à 90 cm pour la largeur, suivant qu'il s'agit de petites ou de grandes galeries. Pour une même galerie, les dimensions ne changent pas. Le coffrage, inutile, est supprimé ; les parois, à droite et à gauche, sont verticales ; le ciel est taillé grossièrement en voûte. Le sol a une pente de 1 à 2 cm par

mètre jusqu'à la chambre de mine placée habituellement
à 6 m de profondeur, c'est-à-dire, à 1 m environ au-dessus du niveau de la nappe d'eau.

Les pelles et les pioches employées dans la fouille des
galeries avaient sensiblement les mêmes dimensions et les
mêmes formes que nos outils portatifs d'infanterie. Certaines pelles-bêches, en particulier, étaient munies de
dents de scie sur un côté. Il est hors de doute que tous
ces outils devaient faire partie de l'équipement des réguliers chinois.

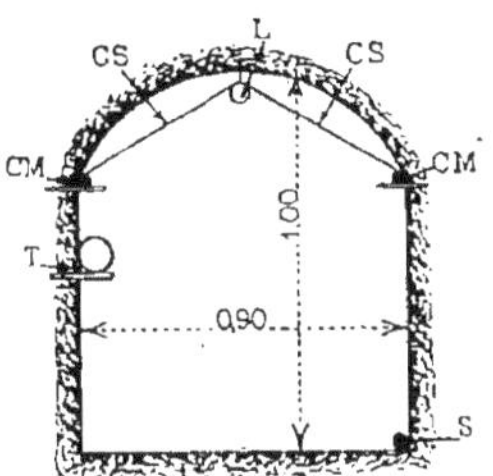

Fig. 107. — Coupe transversale d'une galerie chinoise (1/40).

Légende. — CM, conducteurs-maîtres ; CS, conducteurs secondaires ; L, lampe à
incandescence électrique ; S, saucisson pour mise de feu pyrotechnique ; T, tuyau
de ventilation.

Chargement des fourneaux. — On n'a pu avoir de renseignements sur le chargement des fourneaux.

Mise de feu et éclairage. — La mise de feu a été faite au
moyen des deux procédés que nous connaissons : le procédé
pyrotechnique et le procédé électrique. On a, en effet,
trouvé, dans une même galerie (fig. 107), un saucisson
constitué par une gaîne en nattes remplie de poudre et
quatre conducteurs-maîtres. De deux de ces conducteurs-
maîtres partaient des conducteurs secondaires aboutissant
à des lampes à incandescence. Les deux autres paraissent
avoir servi à la mise du feu. Il est à présumer que l'élec-
tricité était fournie par l'usine électrique du Palais Impérial, situé à 1 km environ du Pe-Tang[1].

1. Les conducteurs-maîtres se composaient de sept fils en cuivre rouge,

Ventilation. — La ventilation avait exigé une installation compliquée. Pas de ventilateur, mais un soufflet de forge chinois (fig. 108) relié par tige et bielle à une roue dentée verticale actionnée par une roue horizontale qu'une mule mettait en mouvement. L'air pénétrait dans les galeries par des tuyaux en zinc.

Bourrage. —Le bourrage a été fait avec des paniers en osier rempli de terre ; il a, avec les différentes galeries,

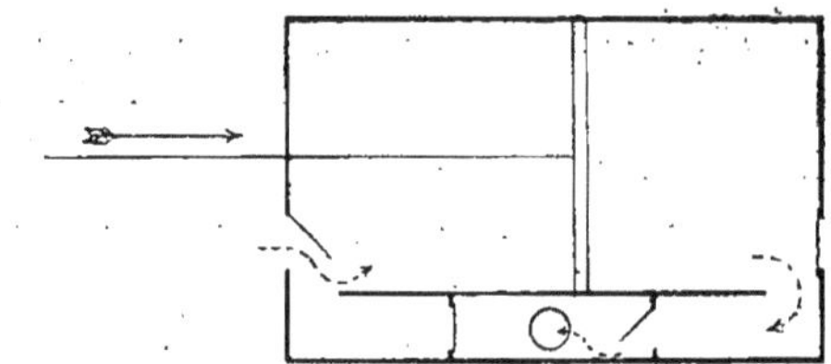

Fig. 108. — Soufflet de forge chinois.

une longueur variable qui paraît dépendre de la charge des fourneaux plutôt que de la ligne de moindre résistance.

Défense du Pe-Tang.

La défense fut plutôt passive. On se borna tout d'abord à creuser une tranchée de 7 m de profondeur et de 3 m de largeur en avant de la mine D dans laquelle on entendait travailler. Le résultat que l'on se proposait fut obtenu : les Chinois ne purent pousser leur galerie plus loin. Malheureusement, l'explosion, qui eut lieu à un moment inattendu, fit beaucoup de victimes.

---

de 0,0002 à 0,0003 m d'épaisseur, roulés les uns sur les autres et entourés par un solide tressage en corde goudronnée.

Les conducteurs secondaires étaient constitués par un fil de cuivre rouge, de 0,0015 m de diamètre, isolé au moyen d'une enveloppe de caoutchouc entourée de coton. Le tout était recouvert d'un tressage de coton enduit d'une matière grasse.

Les lampes à incandescence étaient des ampoules en verre analogues à celles qui sont d'un usage courant en France, mais de 0,03 à 0,04 m de diamètre seulement.

C'était, à une semaine d'intervalle, la seconde mine qui explosait. Les défenseurs du Pé-Tang, impressionnés, crurent dès lors entendre un peu partout des travaux souterrains. Le mur Jaune, en particulier, leur parut dangereux à cause de sa proximité et parce qu'il empêchait de surveiller les agissement des Boxers. C'est ce qui détermina les assiégés à creuser le long de ce mur, dans le chemin de ronde, une seconde tranchée analogue à la première.

Une seule fois les défenseurs de la Mission prirent l'offensive. Ce fut pour faire sauter un canon qui, placé à une vingtaine de mètres de l'angle nord-est du Jen-Tse-Tang, les gênait considérablement. La galerie était faite ; une sortie audacieuse avait permis de se procurer au magasin impérial du soufre et du salpêtre ; avec du charbon de bois on avait fait de la poudre. La mine était prête.....
On ne la fit pas sauter pour ne pas surexciter les Chinois !

..... Peut-être eût-on empêché la terrible explosion du 12 août !

CHAPITRE XII

CONSTRUCTIONS CHINOISES.

Le présent chapitre comprend une série de notes dues à divers officiers du corps expéditionnaire et relatives à certaines particularités intéressant l'art des constructions en Chine. Elles fourniront à ceux qui auront à opérer dans ce pays quelques renseignements curieux ou utiles à connaître[1]. Elles se rapportent uniquement à la province du Petchili.

Dans cette région, toutes les habitations sont construites en briques, parfois en torchis et couvertes en tuiles, mais l'ossature des constructions est le plus généralement en charpente et la maçonnerie n'est employée que pour remplir les vides laissés par les poteaux. Il résulte de ce fait que l'éboulement d'une portion de muraille ne compromet pas fatalement la solidité de l'ensemble, tandis que la suppression d'un poteau noyé dans la maçonnerie peut avoir de fâcheuses conséquences. Ceci est bon à retenir pour ceux qui font exécuter des aménagements intérieurs dans les habitations. En outre, cette particularité explique qu'en édifiant une maison on établisse la toiture avant les murailles.

Trois éléments principaux interviennent donc dans les constructions : le bois, la brique et les tuiles.

On a eu occasion de dire déjà combien le bois est abondant en Petchili, mais il vient de l'extérieur, car il n'existe pas de forêts dans la région ; toutefois, les approvisionnements sont considérables et permettent de satisfaire à tous les besoins. L'ouvrier chinois s'entend à merveille à travailler

---

1. Voir aussi, sur le même sujet, chap. XIII.

le bois ; il en tire parti pour décorer très artistement les façades des boutiques ou les cloisons intérieures des maisons. Les sculpteurs indigènes copient, sans l'aide de compas ou d'aucun instrument de mesure, les modèles les plus variés et obtiennent des résultats remarquables. On a vu, à Zi-ka-ve, près de Chang-haï, de jeunes apprentis copier de la sorte et très fidèlement des statues destinées aux églises et exécuter en bois des lustres et candélabres imitant parfaitement les modèles en métal qu'ils avaient sous les yeux.

La brique et la tuile s'obtiennent aisément ; le terrain du Petchili est une argile dépourvue de cailloux qui fournit la matière première à peu près partout.

Les briques ont des dimensions variables ; celles des habitations privées se rapprochent très sensiblement des nôtres ; on y emploie aussi des carreaux qui servent au dallage et parfois au revêtement des murailles. Ceux-ci ont généralement un grain plus fin et se prêtent à l'ornementation.

Dans les palais impériaux, les pagodes et les murailles des villes, on fait usage de briques de grandes dimensions ($15 \times 25 \times 40$ cm) dites *mandarines*.

Les tuiles sont simples ou vernissées ; elles reçoivent parfois des décors fort agréables à l'œil ; certaines couleurs sont réservées aux édifices publics : le jaune aux palais impériaux, le vert aux pagodes. Elles sont généralement imperméables à l'eau.

La maçonnerie est liée à l'aide de mortier de chaux ; cette matière est expédiée d'assez loin, elle vient de la région montagneuse à dos de chameaux. Or, comme ces animaux, par suite de la mue annuelle, ne possèdent toute leur force qu'en hiver, c'est en cette saison que les transports s'effectuent. Par suite, si on néglige d'approvisionner un chantier avant la saison chaude, on est exposé à payer la chaux à un prix sensiblement plus élevé. Les saisons les plus favorables pour bâtir sont le printemps (mars à juin) et l'automne (septembre à novembre) ; en hiver, la gelée nuit à la solidité du mortier ; en été, la pluie le délave.

D'ailleurs, l'ouvrier chinois ne travaille pas par le mauvais temps ; on attribue parfois cette abstention à des motifs religieux, la pluie symbolisant l'union du ciel et de la terre ; il est probable que la cause du chômage est plus prosaïque et tient à ce que les chaussures chinoises, dont le carton est un élément essentiel, ne résistent pas à l'humidité.

Le Chinois est médiocre maçon ou, du moins, il exige une surveillance constante ; il assemble les briques suivant des procédés traditionnels détestables. La maçonnerie des habitations ne servant, ainsi qu'on l'a dit plus haut, qu'à garnir les intervalles laissés par les poteaux, est généralement faite de deux placages indépendants l'un de l'autre entre lesquels on met des matériaux de remplissage. Alors même que l'épaisseur de la muraille peut être obtenue avec une seule brique posée en boutisse, le Chinois se garde de relier les deux parements de son mur en alternant les panneresses et boutisses ; il fait deux cloisons accolées. Pour obtenir de lui qu'il renonce à cette manière de procéder, il faut exercer une surveillance attentive et de tous les instants. On comprend d'ailleurs que cette coutume favorise les malfaçons, et c'est pourquoi les officiers du génie qui ont à diriger des travaux doivent être mis en garde contre le procédé qu'on vient de signaler.

Sous la réserve de cette observation, il convient de reconnaître que les ouvriers et entrepreneurs chinois sont susceptibles de produire vite et bien lorsqu'ils sont convenablement dirigés. Les officiers du génie du corps expéditionnaire ont obtenu d'eux, dans la plupart des cas, des résultats excellents et parfois même de véritables tours de force de rapidité dans la construction[1]. En rendant justice à leurs collaborateurs indigènes, on peut, à bon droit, leur attribuer la meilleure part du succès et constater que les chefs de chantier ont su tirer tout le parti possible des éléments dont ils disposaient.

---

1. Voir chap. XIII.

Note sur la construction des fermes dans les toitures chinoises [1].

Les fermes employées dans les toitures chinoises diffèrent absolument de celles qui sont en usage en Europe. Elles relèvent d'un art des constructions des plus primitifs et ne s'inspirent en rien de la théorie de la décomposition des forces, qui permet de ne faire travailler les pièces qu'à la compression et à l'extension, en évitant les efforts de flexion. Les Chinois supportent les pannes, ainsi que l'indique la figure 109, au moyen de poutres

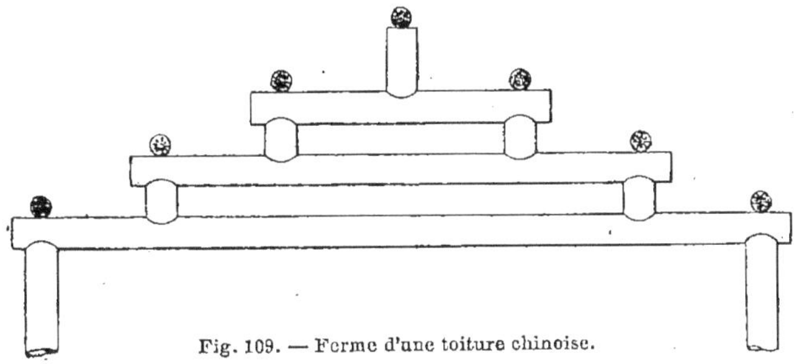

Fig. 109. — Ferme d'une toiture chinoise.

superposées, dont chacune repose sur la précédente par l'intermédiaire de potelets.

A première vue, ces fermes donnent l'impression d'une utilisation très défectueuse du bois, dont le cube paraît fort exagéré. Pourtant un examen plus attentif conduit à leur reconnaître quelques avantages qu'il est intéressant de mettre en lumière.

Tout d'abord, elles se distinguent par un caractère de simplicité, qui permet d'en confier l'exécution aux ouvriers les moins habiles. Elles conviennent surtout pour les toitures à pente douce que les conditions climatériques font

---

1. Par le commandant Descourtis.

préférer en Chine. Grâce à leur emploi, on évite les assemblages très obliques des arbalétriers avec le tirant, qui exigent un travail soigné et où s'exercent des efforts considérables par rapport au poids supporté.

On voit, en outre, que toutes les charges sont appliquées en des points des poutres situés à une distance uniforme de leurs extrémités, qui est, dans le cas de la figure, de 1/6 seulement de la portée. Ces poutres travaillent donc à la flexion dans des conditions assez satisfaisantes et dont on peut trouver l'analogue dans nos fermes à jambettes.

On remarquera que dans une ferme européenne le travail des pièces dépend non seulement de la portée et du poids de la couverture, mais encore de l'inclinaison de celle-ci. Cette troisième variable disparaît dans le type chinois, pour la réalisation duquel il suffit aux ouvriers d'appliquer des règles empiriques très simples.

L'absence de figures triangulaires dans la charpente constitue sans contredit un désavantage. Toutefois, le peu de longueur des potelets atténue assez bien cet inconvénient pour qu'on obtienne un système pratiquement indéformable.

L'exagération du cube de bois employé est plus apparente que réelle, car on fait l'économie des arbalétriers. La longueur totale des pièces entrant dans la composition de la ferme chinoise est plus faible que dans la ferme européenne. Par contre, les équarrissages sont en général plus forts.

Considérons, par exemple, une ferme chinoise de 6 m de portée et supposons qu'elle doive résister à une charge verticale de 200 kg par mètre carré de surface couverte, charge correspondant approximativement au poids des toitures chinoises, et qu'elle soit distante de 3 m de ses voisines. Le poids supporté sera $P = 200 \times 5 \times 3 = 3\,000$ kg. Si l'on prend des bois à section carrée et si l'on admet que $R = 600\,000$ kg/m², on trouve que la poutre inférieure doit avoir une section de 25 cm de côté. Les Chinois adoptent d'ordinaire un équarrissage uniforme pour les trois poutres, bien que celles du dessus soient moins fatiguées.

Or, l'*Aide-mémoire* de Claudel donne un type de ferme simple de 6 m de portée, dans lequel les sections des pièces sont les suivantes : tirant 27×24 ; arbalétrier 22×19 ; poinçon 19×19 ; contre-fiches et jambettes 16×16. Il est facile de vérifier que le cube de bois mis en œuvre est sensiblement le même dans les deux cas.

Ce résultat paraîtra sans doute paradoxal aux personnes qui ont visité des bâtiments chinois ; c'est qu'en réalité les équarrissages des pièces des fermes y sont plus forts que ceux auxquels conduit le calcul précédent. Il y a souvent excès ; mais il arrive aussi que les dimensions adoptées se justifient par la faible résistance du bois, pour lequel la valeur de R est inférieure à 600 000 kg/m².

Dans les constructions où l'on ne vise pas à l'effet décoratif, on utilise des bois en grume qu'il n'est même pas nécessaire de choisir droits, leurs irrégularités permettant de réduire la hauteur des potelets et quelquefois de les supprimer.

En résumé, la ferme chinoise est d'une construction très simple et très rapide. Elle tolère l'emploi des bois les plus médiocres. Elle n'exige de la part des ouvriers qu'une habileté professionnelle tout à fait rudimentaire. L'inconvénient de la façon défectueuse dont les pièces travaillent est atténué par le peu de distance entre les points d'application des charges et les points d'appui. Il peut donc se présenter aux colonies des cas où, en raison des ressources et du temps dont on disposera, ce genre de ferme méritera d'être préféré à tous les autres.

Note au sujet d'un enduit spécial employé par les Chinois pour la conservation des bois de construction et la confection des aires [1].

Les bois employés par les Chinois dans leurs constructions soignées telles que palais ou pagodes, sont presque toujours recouverts, après leur mise en place, d'un enduit particulier destiné surtout à en assurer la conservation et éventuellement aussi à recevoir des peintures qui concourent à la décoration de l'édifice.

Parfois cet enduit est appliqué sur les planchers et constitue ainsi une aire unie et sans joint d'un très bon aspect et qu'il est facile d'entretenir dans un grand état de propreté.

La composition de cet enduit a été étudiée indépendamment, à Pékin par M. le lieutenant Gilbert, et à Tien-Tsin, par M. Brunet, officier d'administration du génie.

Les deux formules obtenues présentent quelques divergences, ce qui montre que l'enduit chinois n'a pas partout la même composition.

De part et d'autre cependant, on est tombé d'accord sur le principe de la confection de cet enduit, qui est obtenu en définitive, par l'application de trois couches d'une composition de nature spéciale séparées par deux joints.

La raison de cette manière d'opérer est apparemment que la composition spéciale, base de l'enduit, ne saurait se tenir d'elle-même sous une épaisseur suffisante et que, pour éviter les craquèlements dans la masse, on est obligé de rompre son homogénéité par des matériaux destinés à lui donner du liant. Il y a là quelque chose d'analogue à ce qui se passe dans le béton armé.

Suivant M. le lieutenant Gilbert, on procéderait à

---

1. Par le capitaine Calmel.

Pékin, pour obtenir la composition spéciale, de la façon suivante :

Chauffer d'abord jusqu'à un commencement d'ébullition, un mélange composé de :

Huile de lin non cuite	10 kg.
Minium	1kg.
Terre de Sienne brûlée	2 kg.

puis laisser reposer. On obtient ainsi une sorte de laque de consistance fluide dans laquelle on incorpore, en malaxant,

Farine de riz	10 kg.
Chaux grasse	10 kg.
Brique finement pulvérisée	20 kg.

D'après M. Brunet, la composition spéciale serait obtenue un peu différemment à Tien-Tsin.

On mélangerait :

Huile de lin non cuite	100 g.
Colle forte (de peau de bœuf) liquide . .	300 g.
Brique pulvérisée passée au tamis de 5 mm .	700 g.

Malaxer le tout soigneusement en incorporant la brique par petites quantités.

Cette composition spéciale obtenue, on l'applique sur la surface à recouvrir au moyen d'une palette en cuir fort (10 × 10 cm²) que l'on manœuvre dans tous les sens de manière à forcer la matière à pénétrer dans tous les interstices du bois. Puis on laisse sécher, ce qui demande deux heures à l'ombre et un temps moindre au soleil.

Pour faire le joint, on passe d'abord la première couche à la pierre ponce de façon à en rendre la surface légèrement rugueuse ; on la badigeonne à la colle, puis on applique une mince couche d'étoupe, de l'épaisseur seulement de la fibre et on l'incruste fortement dans la matière sous-jacente au moyen d'un *lissoir* (outil en bois dur analogue à celui des cordonniers, mais plus court de manche et plus large de talon). On badigeonne une deuxième fois à la colle forte.

La deuxième couche d'enduit s'étend comme la première, puis on passe à la confection du deuxième joint. Celui-ci se fait comme il vient d'être dit, mais dans le procédé de Tien-Tsin on substitue à l'étoupe deux feuilles de papier chinois séparées, elles aussi, par un badigeonnage de colle ; il faut bien appliquer et bien lisser les feuilles de papier.

On appose enfin une troisième couche de la composition spéciale, et c'est celle-ci qui reçoit la peinture et les motifs de décoration de l'édifice, s'il y a lieu. Généralement on se borne à la revêtir d'une peinture rouge faite avec de l'huile de lin et de l'ocre.

L'épaisseur totale de l'enduit ainsi obtenu varie de 2,5 à 5 mm ; à Tien-Tsin, on se rapproche de la première limite, à Pékin de la deuxième.

En résumé, d'après M. Brunet, la confection d'un enduit exige pour 1 m² de superficie :

Huile de lin non cuite	400 g.
Colle forte (de peau de bœuf) liquide. .	1 800 g.
Brique pulvérisée.	2 100 g.
Étoupe (corde de chanvre, effilochée, peignée, coupée en brins de 4 à 5 cm) .	110 g.
Papier chinois (papier non collé). . . .	2 m².
Huile de lin cuite.	100 g.
Substance colorante (noir de fumée ou ocre)	30 g.

Dans cette formule, on voit qu'aucune substance n'est spéciale à la Chine ; il serait donc très facile de reproduire en France cette composition. On pense même qu'il y aurait tout intérêt à remplacer le papier non collé par un tissu fin tel que de la mousseline ou de la gaze à moustiquaire, par exemple.

M. le lieutenant Gilbert donne, pour la composition de l'enduit, les proportions suivantes :

Huile siccative de lin non cuite	10 kg.
Minium. . . . . :	1 kg.
Terre de Sienne brûlée.	2 kg.
Farine de riz.	10 kg.
Chaux grasse	10 kg.
Brique finement pulvérisée	20 kg.
Étoupe de chanvre	3 kg.
Substance colorante en poudre (de préférence noir de fumée)	3 kg.
Huile siccative cuite.	3 kg.

Rien qu'à l'inspection des ingrédients qui entrent dans la composition de ces mixtures et à l'exposé de leur mode de fabrication, on a le sentiment que l'enduit chinois doit être une matière élastique, tenace, imperméable, en même temps que solide et résistante ; l'expérience justifie pleinement ces prévisions.

Il est plus difficile d'être fixé sur les qualités de conservation de ce produit.

En visitant les vieux palais ou les vieux temples chinois, on voit encore en très bon état, quoique fissuré par endroit, l'enduit dont les boiseries furent revêtues ; mais comme on ne connaît pas exactement l'époque de la construction de ces édifices, il est impossible de tirer des conclusions.

De même, on a pu voir à Pékin des appartements dont le sol était constitué par une aire en enduit chinois, et ces aires étaient le plus souvent en excellent état d'entretien ; mais il ne faut pas oublier que les Chinois font exclusivement usage de chaussures à semelles de papier, qui fatiguent peu les parquets.

Il était donc impossible d'induire de là comment se comporteraient ces aires sous les souliers européens.

Toutefois, on a pu constater que le passage de chaussures

européennes garnies de clous ne détériorait pas les enduits.

Pour être entièrement fixé, on a fait une expérience directe permettant de se rendre compte à la fois de la facilité
plus ou moins grande de construction et du degré de résistance à l'usure que présente l'enduit chinois.

A cet effet, on a établi, dans un des bureaux mêmes du
commandement du génie, une aire en enduit chinois et
l'on a pu ainsi suivre l'épreuve pendant plusieurs mois.

Sans doute la circulation était relativement modérée
dans cette pièce, mais elle était néanmoins fatigante par
suite de la présence des clous dont sont généralement garnies les chaussures de campagne. L'enduit a parfaitement
tenu et l'expérience a paru suffisamment concluante pour
que son emploi fût prescrit dans les constructions des nouvelles casernes de Pékin, du moins dans les locaux où ne
règne pas une circulation trop active.

On ne voit, *a priori*, aucune raison qui s'oppose à l'emploi, en France, de l'enduit chinois : il résiste victorieu-
sement sous le ciel du Petchili à des variations de température qu'il n'a pas à redouter en Europe. Si son emploi
pour la conservation des bois exposés aux intempéries paraît peu nécessaire dans nos pays, où l'on a d'autres moyens
de préservation, il est possible, au contraire, qu'il permette
de résoudre certains problèmes de construction restés jusqu'ici sans solution satisfaisante. Peut-être pourrait-on
constituer avec lui des terrasses, ou tout au moins des
chapes de voûte ne se craquelant pas et restant imperméables.

Peut-être encore pourrait-on donner satisfaction au service de santé, qui réclame constamment, au nom de l'hygiène, des planchers imperméables et sans joints pour ses
établissements hospitaliers et même pour les casernes,
etc., etc...

Le prix de revient, suivant M. le lieutenant Gilbert, qui
ne donne d'ailleurs son chiffre que comme une évaluation

du coût de l'expérience, serait de 25,50 fr le mètre carré. M. Brunet, qui a pu opérer sur une échelle un peu plus grande, l'évalue à 4,50 fr le mètre carré. Il n'est pas douteux que dans une application d'une certaine importance ce prix ne diminuât encore sensiblement.

Moyens de chauffage en usage chez les Chinois[1].

Pendant l'hiver, les Chinois utilisent pour se chauffer à l'intérieur des maisons d'habitation des braseros en terre.

MODE DE CHAUFFAGE DU CAN OU LIT DE CAMP CHINOIS.

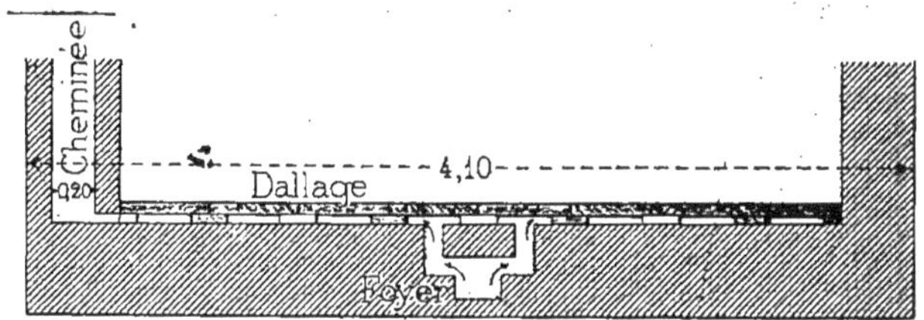

Fig. 110. — Coupe suivant A B (1/50).

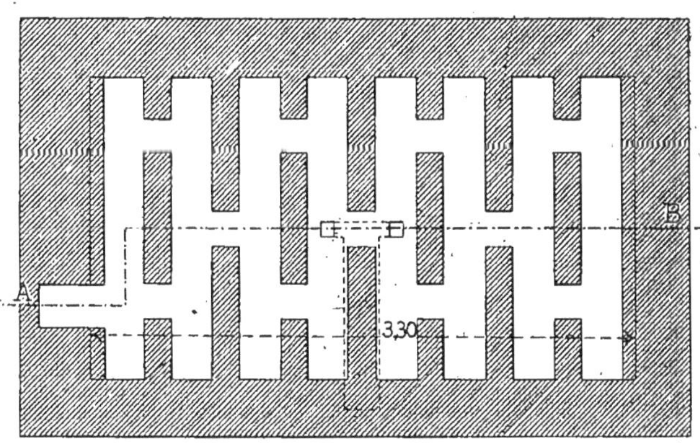

Fig. 111. — Plan (1/50).

---

1. Registre d'expériences de la chefferie de Pékin.

En outre, leurs *cans* ou lits de camp sont chauffés de la manière suivante :

Sous le dallage se trouve une série de canaux formés avec des briques de champ (fig. 110 et 111). Ces canaux communiquent avec un conduit central qui débouche dans un foyer placé dans la pièce ou dans le vestibule attenant.

MODE DE CHAUFFAGE D'UNE MAISON CHINOISE.

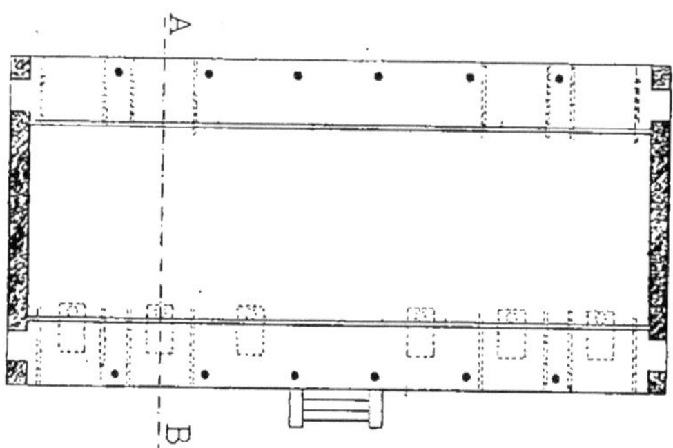

Fig. 112. — Plan.

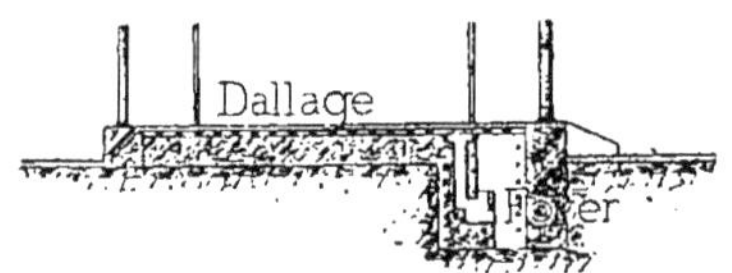

Fig. 113. — Coupe suivant A B.

La flamme et la fumée circulent dans les canaux et entretiennent une chaleur très modérée sous l'aire des lits de camp. La fumée s'échappe par une cheminée établie à l'extrémité du mur.

Lorsqu'il s'agit de chauffer une surface plus grande, un local d'habitation, par exemple, les Chinois établissent des foyers dans la galerie qui entoure le bâtiment (fig. 112 et 113). Sous le dallage, une série de canaux permettent à la chaleur de se répandre sous toute la surface. La fumée s'échappe par des conduits ménagés sur le pourtour extérieur de la galerie.

Ce procédé, employé dans les salles de l'hôpital temporaire de Pékin, a donné de très bons résultats.

Note sur un dispositif employé par les Chinois pour le transport des fardeaux [1].

Le croquis ci-après (fig. 114) représente un dispositif employé couramment par les ouvriers chinois pour porter de lourds fardeaux et notamment des troncs d'arbres.

Fig. 114. — Dispositif employé par les Chinois pour le transport d'un arbre.

Les sept perches qui servent à soulever chaque extrémité d'une pièce de bois sont attachées entre elles une fois pour toutes au moyen de cordes et forment un ensemble qui sert sans modification à soulever d'autres corps d'arbres, autour desquels il suffit de glisser la corde annulaire destinée à les lever.

L'inspection du dessin suffit pour faire comprendre que la charge totale est répartie également entre tous les ouvriers.

Une pièce de bois, de 0,60 m d'équarrissage moyen et de 5 m de longueur, a été transportée ainsi à plusieurs centaines de mètres sans aucune difficulté.

Le volume de la pièce était de :

$$3,14 \times \overline{0,3}^2 \times 5 = 1,413 \text{ m}^3.$$

1. Registre d'expériences de la chefferie de Pékin.

Son poids peut être évalué à :

$$1,413 \times 0,7 = 989 \text{ kg.}$$

La charge de chaque homme s'élevait par suite à $\dfrac{989 \text{ kg}}{16}$ = 62 kg environ.

Note sur la température et le climat de Tien-Tsin [1].

Les températures extrêmes ont été enregistrées chaque jour à Tien-Tsin, depuis l'automne 1900 jusqu'à l'automne 1901, d'après les indications d'un thermomètre à maximum et à minimum placé à l'ombre.

En construisant les courbes de ces observations, on obtient un tracé trop irrégulier pour mettre en évidence la marche générale des variations de température. D'ailleurs, la méthode ordinaire, qui consiste à établir des moyennes portant sur un certain nombre d'années, de façon à éliminer les écarts accidentels, tombait en défaut.

On a tourné cette difficulté en prenant les moyennes des observations de dix jours consécutifs (du 1er au 10, du 11 au 20 et du 21 au dernier jour de chaque mois), et en reportant ces moyennes sur un papier quadrillé, où les abscisses représentaient les dates, et les ordonnées, les températures. On a joint entre eux les points correspondant, d'une part, aux maxima, et, d'autre part, aux minima, et l'on a obtenu deux lignes brisées présentant une assez grande régularité. Il a suffi alors de substituer à ces lignes des courbes tracées au sentiment, pour représenter les variations annuelles de la température à Tien-Tsin. Il est clair que des observations plus prolongées conduiraient à modifier légèrement ces courbes ; elles n'en changeraient certainement pas l'allure générale.

Le graphique (fig. 115) montre le résultat obtenu. On a

---

1. Par le commandant Descourtis.

tracé, en outre, une courbe désignée comme celle des températures moyennes à Tien-Tsin. En réalité, faute d'un

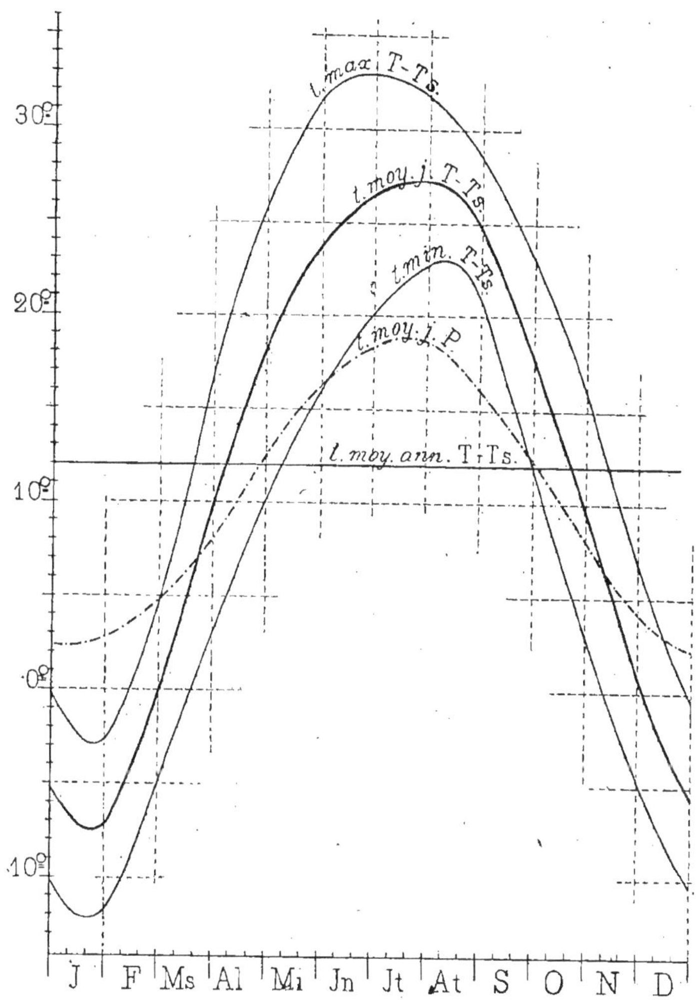

Fig. 115. — Graphique indiquant : les températures journalières minimum, moyenne
et maximum à Tien-Tsin ; la température moyenne journalière à Paris ; la température moyenne annuelle à Tien-Tsin.

thermomètre enregistreur, on a dû considérer comme

température moyenne la moyenne entre les températures maxima et minima. Enfin, on a reporté la courbe des températures moyennes à Paris, de manière à faciliter les comparaisons.

Il suffit de jeter un coup d'œil sur le graphique pour être frappé des deux particularités caractéristiques du climat du nord de la Chine : écarts considérables entre les températures de l'été et de l'hiver et entre celles du jour et de la nuit.

Ainsi, à Paris, la température moyenne oscille pendant l'année entre 2° et 19° environ, soit une différence de 17°. A Tien-Tsin, la courbe des températures moyennes descend jusqu'à près de — 8° à la fin de janvier, et elle s'élève à 27° au mois d'août ; l'écart est de plus du double. Le climat de Tien-Tsin est donc nettement continental.

D'autre part, l'atmosphère y est d'ordinaire d'une grande pureté et d'une sécheresse remarquable. De là un refroidissement nocturne très marqué et, dans la journée, un réchauffement rapide que ne peuvent manquer de déterminer les rayons solaires sous une latitude qui est celle de Lisbonne.

Les températures maxima et minima atteignent leur valeur la plus basse à la même époque, vers la fin de janvier. Mais leurs valeurs les plus élevées sont séparées par un intervalle d'un mois et demi. Les maxima commencent à décroître dès les premiers jours de juillet ; les minima, au contraire, continuent à croître jusqu'au mois d'août. Cette discordance s'explique facilement, si l'on remarque que la saison des pluies commence au mois de juillet. La température de la journée s'abaisse, tandis que les nuages et l'humidité de l'atmosphère s'opposent au refroidissement nocturne. La courbe des minima continue donc sa marche ascendante jusqu'au milieu d'août et celle des températures moyennes reste à peu près stationnaire.

La température moyenne a été plus froide à Tien-Tsin qu'à Paris pendant quatre mois et demi, de novembre à mars. Sur l'ensemble de l'année, elle a été plus chaude d'un degré et demi.

C'est à la fin de mai qu'on a enregistré les plus fortes chaleurs; le thermomètre est monté à 39°. Pendant les sept derniers jours de ce mois, la moyenne des températures maxima a été de 35°,4, et celle des températures minima de 14°,1. La différence atteignait donc 21°,3. Le 27 mai elle s'est même élevée à 25°, avec un minimum de 12° et un maximum de 37°.

Les froids les plus vifs se sont produits à la fin de janvier et au commencement de février. Le minimum de l'année a été observé le 11 janvier ; il n'a pas dépassé — 16°. L'hiver dans le Petchili est donc caractérisé moins par la rigueur du froid que par sa continuité. Le Peï-Ho a été gelé à partir du commencement de décembre et n'est redevenu libre de glaces qu'à la fin de février. Toutefois, dans les derniers jours de décembre, un relèvement sensible de la température avait provoqué une débâcle accidentelle et la glace ne s'était reformée qu'au milieu de janvier.

La transition entre les saisons d'été et d'hiver est des plus brusques. Ainsi, le 1er mars, le thermomètre s'est maintenu toute la journée au-dessous de 0° et le 30 avril il a atteint 35°.

Les vents régnants sont du S.-E. en été et du N.-O. en hiver. A aucune époque ils n'ont eu la régularité d'une mousson bien établie.

Il n'y a aucune pluie en hiver, mais seulement quelques chutes de neige de médiocre abondance. Du reste, il n'a pour ainsi dire pas plu en dehors des mois de juillet et d'août et un peu des mois de juin et de septembre. La hauteur d'eau tombée dans l'année a été de 700 mm environ. Les orages sont peu fréquents.

Pendant les saisons où les pluies font défaut, des bourrasques de poussière connues sous le nom de « vent jaune » viennent périodiquement s'abattre sur la région. Souvent elles s'annoncent avec tous les caractères d'un orage ordi-

naire : un nuage gris foncé paraît à l'horizon et s'avance
avec une vitesse croissante ; tout à coup, le vent fait rage,
en fouettant le sable des déserts de Mongolie.

Dans son ensemble, le climat n'est pas désagréable,
malgré les écarts considérables de la température. Les chaleurs ne sont pénibles à supporter que pendant la saison
des pluies. Quant au froid, le calme habituel de l'atmosphère et le soleil de la journée font que l'on n'a pas trop à
en souffrir, sauf les jours de vent et surtout de vent jaune.

La température de Pékin et surtout celle de Pao-Ting-
Fou ont été sensiblement plus froides que celle de Tien-
Tsin pendant l'hiver 1900-1901.

CHAPITRE XIII

CASERNEMENTS DÉFINITIFS.

L'œuvre d'installation provisoire du corps expéditionnaire a été complétée, au cours de l'année 1901, par un ensemble de casernements destinés aux troupes que la France doit maintenir dans le Petchili, en exécution du traité conclu avec la Chine.

On sait qu'aux termes de cet arrangement, les puissances alliées occupent sur la ligne de Pékin à Tong-Kou et Chan-Haï-Kouan une série de postes destinés à assurer la sécurité des communications entre la capitale et la mer.

Pékin, Tien-Tsin et Chan-Haï-Kouan reçoivent des garnisons internationales composées de détachements de chacune des puissances ; les autres postes ont été répartis entre ces dernières ; à la France sont échus ceux de Tong-Kou, près de l'embouchure du Peï-Ho, et de Chung-Liang-Cheng, à mi-chemin entre Tong-Kou et Tien-Tsin.

Les troupes de garnison du Petchili doivent, jusqu'à nouvel ordre, être considérées comme ayant une mission d'une durée indéfinie, il convient donc de les installer dans des conditions de bien-être suffisantes pour maintenir leur état sanitaire. De plus, la sagesse commande de prévoir le retour d'événements analogues à ceux qui ont amené l'intervention des puissances en 1900 ; il faut par suite que les détachements destinés à assurer la sécurité des communications entre Pékin et la mer puissent se défendre contre toute agression.

Pour ces divers motifs, le général en chef a prescrit au service du génie d'établir à Pékin, Chung-Liang-Cheng et

Tong-Kou des casernements solides, entourés d'une enceinte ou d'un mur résistant et pourvus de tous les accessoires que comporte une installation permanente destinée à un détachement isolé. A Tien-Tsin, les baraquements établis pour l'hivernage du corps expéditionnaire étaient assez solidement construits pour durer plusieurs années et il était inutile de pourvoir à leur remplacement immédiat. Cette mesure a cependant été prescrite depuis peu pour diverses raisons et notamment à cause de la situation qu'occupent ces constructions, au centre de la concession française étendue.

Au mois de mai 1901, la chefferie du génie de Tien-Tsin établit les projets des nouveaux casernements et, après les avoir fait approuver par le commandement, passa à leur exécution. Celle-ci s'est poursuivie pendant l'été et l'automne avec une rapidité telle, qu'en octobre 1901 les nouveaux bâtiments ont pu être occupés. Les notices qui suivent sont consacrées à la description de ces divers travaux.

Caserne de Tong-Kou[1].

Le casernement construit à Tong-Kou devait abriter 300 hommes d'infanterie coloniale, soit 2 compagnies à l'effectif de 150 hommes et l'état-major du bataillon.

L'emplacement choisi dans la concession française est situé à l'est, en arrière des établissements de la marine et à proximité de la station de Tong-Kou. C'est sur cet emplacement que le service du génie, au début de la campagne, avait construit le parc aux bœufs et aux fourrages.

Ces locaux furent démolis et reconstruits à l'ouest de la concession, le long de la voie ferrée de raccordement. Ainsi furent groupés les établissements militaires dépendants des services administratifs[2].

---

1. Par le capitaine Cambier, chef de chantier.
2. Voir (planche IV) p. 116 le plan d'ensemble de la concession française.

Le projet étudié comportait la construction :

1° De 4 pavillons à simple rez-de-chaussée, élevés au-dessus du sol de 0,50 m ;

2° Des locaux accessoires prévus par les règlements ;

3° D'un mirador pour communiquer par télégraphe optique avec Tien-Tsin par l'intermédiaire du poste de Chung-Liang-Cheng et avec la rade de Takou.

En outre, il fallait prévoir la construction de pavillons d'officiers et l'organisation d'une infirmerie-ambulance[1].

La figure 116 indique le plan d'ensemble adopté pour les bâtiments de la troupe.

Bâtiments de la troupe. — Pavillons d'hommes. — Ils comprennent 4 pavillons à simple rez-de chaussée de 34,60 m de longueur chacun. Ils sont construits en briques.

Chaque pavillon se compose de 4 travées intérieures de 6 m de largeur et 10 m de longueur pouvant contenir chacune 18 hommes. Les travées situées aux extrémités ont seulement 4 m de largeur et sont utilisées pour le logement des sous-officiers, les magasins de compagnie, les chambres de détail et réfectoires des sous-officiers. En résumé, chaque pavillon contient le logement d'une demi-compagnie.

La hauteur sous faîtage est de 7,30 m, ce qui donne une capacité de 15 m³ environ par homme. Les façades sont orientées sensiblement E.-O., condition favorable sous le climat du Petchili. Une vérandah de 2,50 m de largeur règne seulement sur la façade sud (fig. 116, 117 et 118). L'accès des chambres d'hommes a lieu sous la vérandah. Les ouvertures sous la vérandah et aux pignons sont en plein-cintre avec des impostes mobiles. Sur la façade N. les chambres sont éclairées par deux fenêtres. Comme toutes les constructions élevées dans la région du Petchili par les Chinois, les fondations sont exécutées en terre

---

1. Cette formation sanitaire, dont le type a été créé à Madagascar, a été appliquée au corps expéditionnaire de Chine, où elle a rendu les meilleurs services.

battue mélangée avec de la chaux et fortement damée sur une épaisseur de 0,60 m (béton de terre).

Grâce à la précieuse ressource qu'offrent les briques, on a pu donner un aspect satisfaisant aux façades et aux pi--

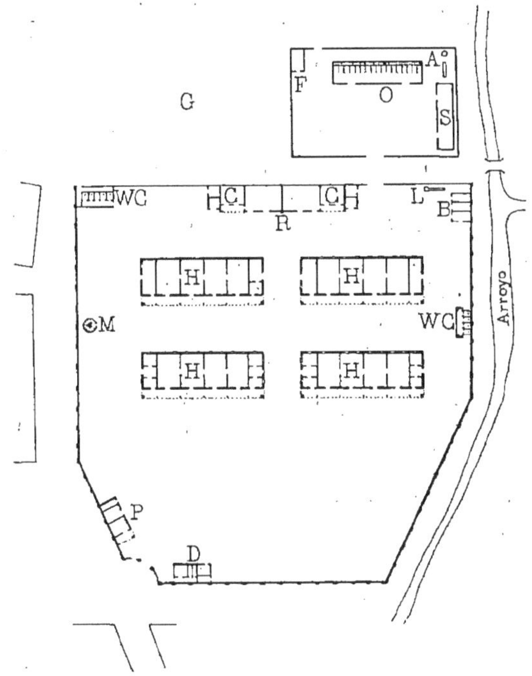

Fig. 110. — Casernement de Tong-Kou. Plan (1/1 500).

Légende. — A, abreuvoir ; B, bains ; C, cuisines ; D, locaux disciplinaires ; F, magasin aux fourrages ; G, parc du génie ; H, pavillons d'hommes ; L, lavoir ; M, mirador ; O, écuries pour chevaux d'officiers ; P, poste de police ; R, réfectoire ; S, écurie de la section montée ; W C, latrines.

gnons. C'est ainsi que les chaînes affectent la forme de pilastres, avec base et chapiteau. Les pleins-cintres et couronnements ont été traités à l'aide de combinaisons de saillies. Les murs de refend ont été prolongés jusqu'à la toiture pour supprimer les fermes. Il est facile de se rendre compte que, par la disposition adoptée, l'indépendance des

Fig. 117. — Caserne de Tong-Kou. Pavillon d'hommes et mirador.

travées est assurée. Cependant on a cru devoir percer les
murs de refend d'une ouverture munie d'une porte permettant d'établir une communication intérieure dans les
chambres d'hommes.

La couverture est en tuiles du pays ; elle est très épaisse
et par suite fort lourde. L'équarrissage des pannes est
de 25/15 pour les travées de 6 m.

La vérandah est traitée plus légèrement. Elle repose aux
extrémités sur des pilastres en briques et, dans l'intervalle,
sur des poteaux en bois. La couverture est en tôle avec un

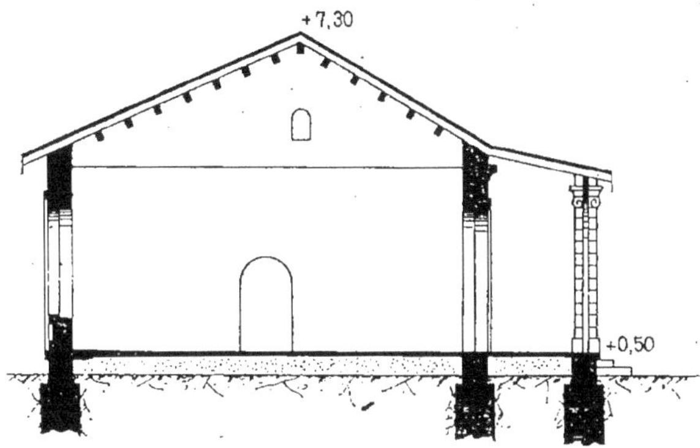

Fig. 118. — Caserne de Tong-Kou. Coupe transversale d'un pavillon d'hommes (1/200

plafond en bois ; elle est légèrement relevée pour dégager
la façade du pavillon.

Tous les locaux sont pavés en briques et leurs parois sont
enduites avec un mortier de chaux mélangée avec de la
bourre. La vérandah est carrelée et a reçu une bordure en
pierre dure. Les escaliers d'accès dans les pavillons sont
en pierre dure de la région de Chan-Haï-Kouan.

Le chauffage des chambres des hommes est assuré par
des poêles en fonte.

Un mur de clôture en briques règne autour du casernement. Il est divisé en panneaux par des pilastres unis. Le
soubassement et le chaperon sont en briques.

Cuisines et réfectoires. — Les cuisines sont adossées au mur de clôture au N. des pavillons. Chaque compagnie est dotée d'une cuisine pour la troupe, d'une cuisine pour les sous-officiers, d'un magasin aux vivres et d'un réfectoire. L'ensemble de ces locaux constitue un seul bâtiment, les réfectoires occupent la partie centrale (fig. 119). La façade est traitée comme celle des pavillons. Sous la vérandah de la cuisine, une porte assure la communication avec le réfectoire. Chaque bâtiment a une longueur de 17,20 m sur 6 m de largeur. La toiture est supportée par des fermes en bois. La cuisine des sous-officiers et le magasin aux vivres sont adossés aux pignons. Les fourneaux de cuisine ont été construits en briques.

Latrines. — A proximité de chaque compagnie on a construit un petit pavillon isolé à tinettes mobiles. Des cabinets sont ménagés pour les sous-officiers. La vidange se fait de l'extérieur du casernement.

Bains. — Le local des bains comprend 3 pièces : une pièce pour le chauffage de l'eau, une pièce pour le vestiaire et enfin la salle de bains. L'eau du réservoir est chauffée, lorsqu'il y a lieu, à l'aide d'un fourneau en briques construit spécialement. L'aire de la salle de bains est cimentée ainsi que le soubassement des murs. Un tuyau déverse directement les eaux à l'égout. Un lavoir est construit près de la salle de bains.

Locaux disciplinaires et corps de garde. — L'entrée de la caserne est placée dans l'angle S.-O. du mur de clôture (fig. 116). A droite et à gauche sont construits les bâtiments de police générale. Le bâtiment a été élevé sur l'ancien lit d'un arroyo encore rempli de vase ; ses fondations sont faites sur pilotis battus à la sonnette ; il renferme à droite : une salle de police avec préau, deux cellules, une prison pour la troupe et une prison pour les sous-officiers. A gauche, le bâtiment renferme : le corps de garde de police avec vérandah sur pignon, une salle de rapports et une chambre à coucher pour le planton.

Mirador. — Il est placé sur le côté ouest de la caserne, dans l'axe longitudinal des pavillons ; son diamètre à la

Fig. 112. — Caserne de Tong-Kou. Bâtiments accessoires.

base est de 4,60 m. Les fondations sont sur pilotis, le soubassement est en pierre dure. La base, sur 3 m de hauteur, est construite avec des briques de grandes dimensions ; le fût, avec des briques ordinaires. La section est octogonale. A l'intérieur, un escalier tournant, avec un noyau en briques, permet d'accéder à la plate-forme installée à la partie supérieure. Un parapet de 1,20 m couronne le mirador, dont la hauteur totale est 14,50 m (fig. 117).

La cour de rassemblement en avant du pavillon et du côté est a été remblayée sur une hauteur moyenne de 0,60 m.

Le cube total des terrassements exécutés est de 5 400 m³.

Écuries. — L'ensemble des écuries est placé au nord de la caserne dont il est séparé par une rue de 7 m.

Elles comprennent :

1° Un bâtiment de 20 m de longueur pour les chevaux d'officiers ;

2° Un bâtiment de même longueur pour les chevaux de la section d'infanterie montée ;

3° Un magasin aux fourrages.

Cet ensemble est clos.

Pavillon des officiers. — Les logements des officiers (fig. 120) sont construits à l'intérieur d'un yamen qui avait été en partie restauré par le service du génie. Ils sont situés à l'ouest de la caserne. (Voir le plan de la concession française de Tong-Kou, page 116.) Une rue de 12 m de largeur les sépare. Les nouvelles constructions sont élevées aux ailes du bâtiment N.

Elles comprennent deux pavillons pour 2 officiers, chacun, élevés au-dessus du sol de 1,20 m avec une vérandah de 2 m de largeur dans le prolongement de la toiture. Ce bâtiment N est affecté aux officiers des compagnies. Les autres pavillons restaurés sont mis à la disposition du commandant d'armes pour les divers services de la place et du bataillon. Un groupe de bâtiments attenant aux pavillons des officiers dans la partie N.-O de la pagode est aménagé pour servir de locaux accessoires. La cour intérieure a été déblayée et pavée en briques.

Infirmerie-ambulance. — Dès le débarquement du corps expéditionnaire, une infirmerie avait été installée pour les troupes de passage.

Fig. 120. — Casernement de Tong-Kou. Logement d'officiers.

Elle comprenait :

1° 4 bâtiments pouvant contenir chacun une vingtaine

de malades. Ils sont du type décrit au chapitre VI, c'est-à-
dire que les murs sont en carreaux de terre, mais élevés
sur des soubassements en briques ;

2° Un pavillon, entièrement construit en briques, servant
de logement au médecin ;

3° Des locaux accessoires.

L'ensemble de ces bâtiments était en très bon état.

On résolut de n'apporter à cet établissement hospitalier
que des améliorations de détail.

C'est ainsi que des planchers et des plafonds furent créés
dans tous les locaux, les toitures reçurent un endui durci
à la chaux noire du pays. Une nouvelle répartition des
locaux permit de créer une pharmacie, une salle de visite.
On construisit un magasin pour les effets, les armes, une
salle de bains, des lavabos, un cimetière, etc., etc... Cette
formation sanitaire du début permit alors, avec des dépenses relativement faibles, d'assurer dans de bonnes conditions le traitement des malades de la garnison et des
troupes de passage.

En général, tous ces travaux, confiés à des entrepreneurs
chinois, furent exécutés avec la plus grande activité.

Commencés le 25 juin 1901, ils étaient totalement terminés le 25 septembre, c'est-à-dire en 3 mois. Le 1er octobre, les troupes d'infanterie coloniale étaient installées
dans les nouveaux casernements.

En outre de tous ces travaux, le service du génie avait
été chargé de la surveillance de ceux de la marine.

Ceux-ci comprenaient :

1° La reconstruction en maçonnerie de briques, des logements des marins, primitivement construits en terre, et
que la saison des pluies avait fortement endommagés ;

2° La construction d'ateliers de réparations et d'abris
pour les appareils distillatoires.

Enfin, l'amiral ordonna d'étudier la consolidation et la
rectification de la rive gauche du Peï-Ho dans la conces-

sion française et d'établir le projet d'un nouvel appontement de 100 mètres de longueur.

Le service du génie fut chargé, pendant l'hiver 1901-
1902, d'assurer l'exécution de ce projet dont les dispositions
avaient été simplifiées.

Caserne de Chung-Liang-Cheng.

Le terrain choisi pour cette construction est à proximité
de la route de terre et de la voie ferrée de Tien-Tsin à
Tong-Kou que la garnison doit protéger. Il affecte la forme
d'un rectangle de 170 m sur 120 m, auquel s'ajoute une sorte
de prolongement au N.-E. de 50 m sur 80 m, destiné à
réunir les établissements des services administratifs. La
superficie totale est d'environ 25 hectares. Le sol sur cet
espace est surélevé d'environ 1 m par rapport aux terrains
voisins, circonstance favorable à l'écoulement des eaux.

Les bâtiments comprennent (fig. 121 et 122) :

4 pavillons contenant chacun 72 places d'hommes ;

5 chambres de sous-officiers et un bureau ou magasin ;

La cuisine, réfectoire, latrines ;

Une écurie pour 30 chevaux avec magasins à fourrages ;

Un bâtiment pour les bureaux des services administratifs et le détachement d'ouvriers d'administration ;

Un bâtiment analogue affecté au télégraphe, à la pompe,
au magasin à munitions et à une petite infirmerie ;

Un abattoir et une étable ;

Un appareil distillatoire et des bains ;

Un pavillon d'officiers avec cour et entrée spéciale ;

Un mirador.

L'ensemble du casernement peut contenir aisément 300
hommes.

Les dispositions générales adoptées pour les divers locaux sont analogues à celles qui ont été indiquées pour
Tong-Kou. L'orientation des bâtiments est à peu près
exactement de l'est à l'ouest. Chaque pavillon d'hommes

(fig. 123 et 124) comporte quatre travées centrales communiquant entre elles par des portes percées dans les murs de refend et par la vérandah qui longe la face sud. Chaque travée peut recevoir 18 hommes ; sa superficie est

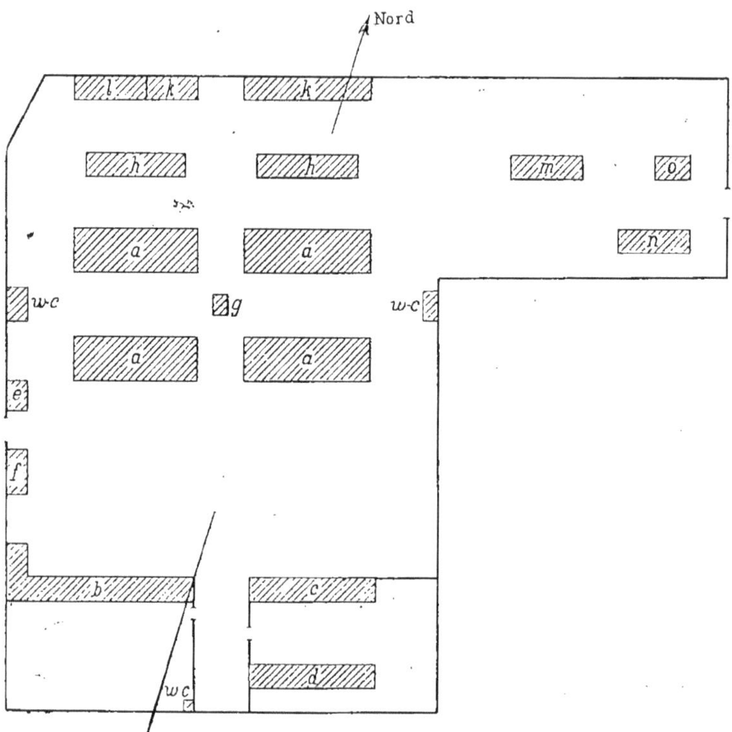

Fig. 121. — Caserne de Chung-Liang-Cheng. Plan d'ensemble (1/2 000).

Légende. — *a*, pavillon d'hommes ; *b*, officiers ; *c*, services administratifs, manutention ; *d*, télégraphe, pompe, magasin à munitions, poste de secours ; *e*, corps de garde ; *f*, locaux disciplinaires ; *g*, mirador ; *h*, cuisines et réfectoires ; *k*, écuries ; *l*, remise et magasin à fourrages ; *m*, étable à bœufs et à moutons ; *n*, abattoir et magasin à fourrages des services administratifs ; *o*, bains par aspersion, appareil distillatoire ; *w-c*, latrines.

de 60 m². Les travées extrêmes sont aménagées en chambre de sous-officiers, bureau et magasins de compagnie.

Le sol de chaque travée est surélevé de 0,50 m au-dessus du terrain avoisinant ; les murs ont une brique et demie d'épaisseur, soit environ 0,40 m. La couverture est faite en tuiles à la mode du pays; la toiture se prolonge sur la face sud de manière à former une vérandah qui est soutenue par des poteaux en bois.

Le pavillon des officiers (fig. 125 et 126) est d'un type analogue à ceux de la troupe, mais a été traité avec un peu plus de recherche. Chaque officier dispose d'une chambre

Fig. 122. — Caserne de Chung-Liang-Cheng.
Vue d'ensemble prise du sud-ouest.

de 4 m sur 6 m et d'un cabinet de toilette; le commandant d'armes a deux pièces. Une salle à manger commune, avec office et cuisine, occupe l'extrémité du pavillon tenant au mur extérieur.

Un jardin s'étend devant le pavillon des officiers, la vue se prolonge dans la direction de la voie ferrée et de la gare.

L'organisation des accessoires du casernement n'offre rien de particulièrement intéressant à signaler et se rapproche sensiblement de celle adoptée à Tong-Kou. On fera remarquer simplement que le poste de Chung-Liang-Cheng comporte une installation pour les services admi-

nistratifs ainsi qu'un appareil distillatoire. L'existence ma-
térielle des hommes y est donc assurée dans de bonnes
conditions.

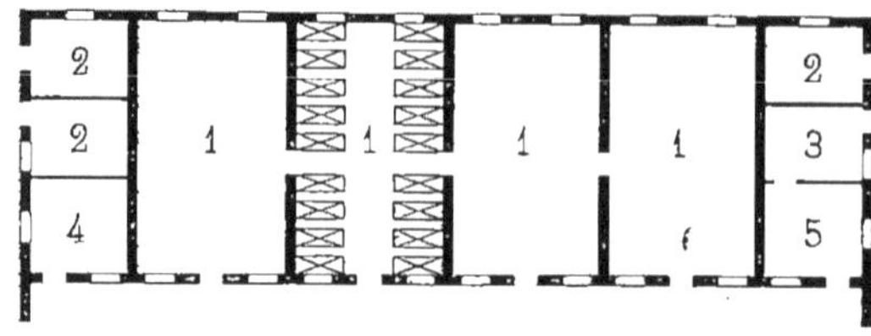

Fig. 123. — Caserne de Chung-Liang-Cheng. Plan d'un pavillon d'hommes
pour une demi-compagnie (1/500).

Légende. — 1, chambres de 18 hommes ; 2, chambres de sous-officiers ;
3, sergent-major ; 4, adjudant ; 5, bureau de la compagnie.

Le mirador (fig. 124) diffère légèrement par sa forme
de celui de Tong-Kou : il est à section carrée ; comme ce

Fig. 124. — Caserne de Chang-Liang-Cheng.
Pavillon d'hommes. Mirador en construction.

dernier il permet d'exercer la surveillance des abords et,
au besoin, de faire le coup de feu.

La clôture de la caserne n'a pas été obtenue par un mur

élevé, sauf cependant dans la partie avoisinant les écuries.
Un peu par mesure d'économie et surtout afin de ne pas

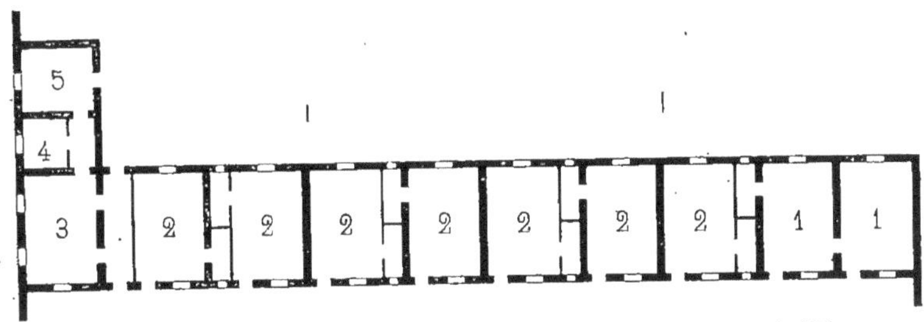

Fig. 125. — Caserne de Chung-Liang-Cheng. Pavillon des officiers. Plan (1/500).

Légende. — 1, commandant d'armes ; 2, chambres d'officiers ; 3, salle à manger ; 4, office ; 5, cuisine.

attrister outre mesure un poste fort isolé et offrant déjà
peu d'agréments à ceux qui l'occupent, on a réduit le mur
à un soubassement en maçonnerie avec balustres auxquels

Fig. 126. — Caserne de Chung-Liang-Cheng. Pavillon d'officiers.

s'appuie une palissade. Au moment du besoin on renfor-
cerait la murette par une levée de terre prise dans un fossé

extérieur et le poste aurait ainsi une organisation défensive suffisante.

. La cour de la caserne et le chemin d'accès vers la gare ont été entièrement empierrés à l'aide de matériaux qu'il a fallu faire venir de Chan-Haï-Kouan.

La dépense totale s'est élevée à moins de 140 000 fr, inférieure de plus de 10 000 fr au chiffre prévu lors de l'établissement du projet.

Le chantier a été dirigé par le capitaine Génin.

Caserne Voyron à Pékin[1].

Avant les événements qui amenèrent l'expédition de 1900, les Légations, à Pékin, étaient groupées, depuis 1860, dans la ville tartare, au sud et à proximité de la cité interdite, près de la muraille d'enceinte. Chacune d'elles était entourée de murs élevés ; des ruelles étroites la séparaient d'un dédale de maisons chinoises. C'est dans ces conditions que se fit la défense des légations en 1900 ; les plus éloignées d'entre elles furent incendiées et le personnel diplomatique tout entier se réfugia dans le groupe formé par la légation d'Angleterre, tandis que nos marins et nos volontaires disputaient pied à pied les ruines des bâtiments de la légation de France.

.Le corps diplomatique, réuni en commission, décida, en 1901, de constituer une ville internationale comprenant tout le quartier où jadis les diverses puissances se trouvaient dispersées ; cette ville serait entourée d'une enceinte défensive édifiée par quelques-unes des puissances et, dans cette ville, chaque légation aurait sa garde particulière.

Les figures 127 et 128 donneront une idée suffisante de

---

1. Cette notice a été rédigée d'après les renseignements fournis par le capitaine Levêque, dont une partie a été textuellement reproduite.

la transformation opérée dans le quartier diplomatique de
Pékin.

Vers la fin de février 1901, le lieutenant-colonel commandant le génie recevait, du général en chef, l'ordre de faire procéder aux études préliminaires de la caserne et, bientôt après, du ministre de France, l'indication du terrain qui devait être affecté à cette construction.

L'effectif à loger ne fut définitivement déterminé qu'un peu plus tard. Au moment où les travaux allaient commencer, il comprenait :

2 compagnies d'infanterie à 120 hommes chacune ;

1 détachement d'artillerie à 30 hommes ;

1 détachement d'infanterie montée de 30 hommes, avec des écuries pour 44 chevaux.

Le casernement devait comprendre en outre les logements de 2 capitaines mariés, de 5 lieutenants et 1 médecin.

De plus, il devait être pourvu d'une manutention, de magasins aux vivres et aux munitions et d'une distillerie, qui était d'ailleurs installée partiellement au moment de la construction.

Le service du génie fit approuver par le général en chef la proposition d'entourer la caserne d'une solide muraille défensive, de manière que, si des événements analogues à ceux de 1900 venaient à se produire, la caserne française pût recevoir et protéger tout le personnel de la légation de France, ainsi que nos nationaux qui n'auraient plus alors à chercher leur sécurité dans une légation étrangère.

Le mur d'enceinte du quartier diplomatique offre, il est vrai, une première protection, mais il a 3 700 m de développement ; sa garnison internationale sera peut-être réduite en nombre dans l'avenir, quand les Chinois auront réussi à inspirer de nouveau la confiance ; on peut craindre que sur une enceinte aussi étendue et avec des troupes indépendantes les unes des autres, l'unité de commandement soit difficile à réaliser. Bref, une foule de raisons justifient

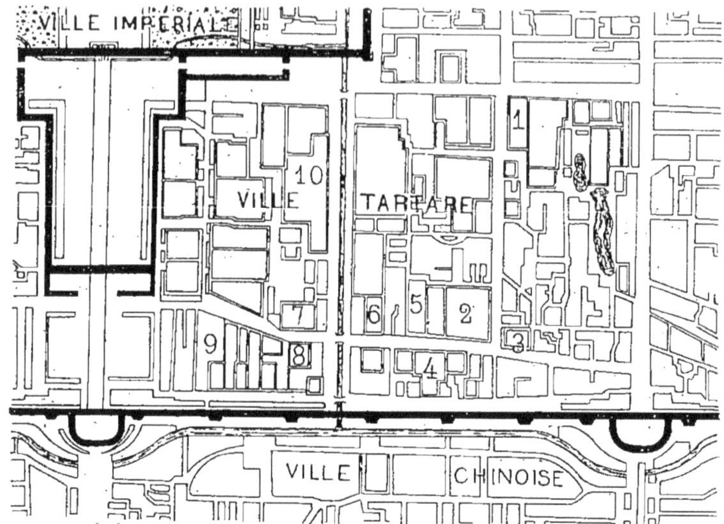

Fig. 127. — Pékin. Quartier des Légations avant la guerre, d'après un plan chinois (1/22 500).

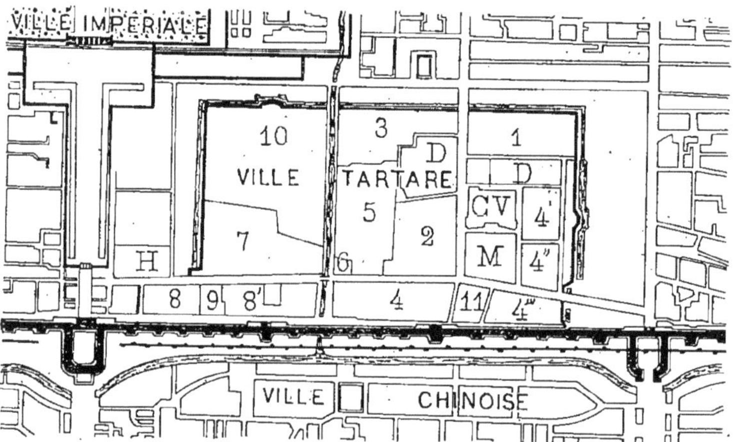

Fig. 128. — Pékin. Quartier des Légations. État actuel d'après le plan dressé à la chefferie de Pékin [1] (1/22 500).

Légende. — 1, légation d'Autriche ; 2, légation de France ; 3, légation d'Italie ; 4, 4', 4", 4''', légation d'Allemagne ; 5, légation du Japon ; 6, légation d'Espagne ; 7, légation de Russie ; 8, 8', légation d'Amérique ; 9, légation de Hollande ; 10, légation d'Angleterre ; 11, légation de Belgique ; C V, caserne Voyron ; D, douane ; H, hôpital international ; M, missions catholiques.

1. Les divergences existant entre les deux figures 127 et 128, tant dans les proportions que dans les détails, s'expliquent par la différence de leurs origines. Les plans établis par les Chinois sont, en général, totalement dépourvus d'exactitude.

dans cette place internationale l'existence d'un réduit, et c'est ce réduit que notre caserne réalise, ainsi qu'on le verra plus loin. On doit désirer et on peut, avec quelque optimisme, espérer que ce réduit ne servira jamais comme tel, mais les Européens qui devront résider à Pékin seront d'autant plus confiants dans l'avenir qu'ils se sentiront pourvus de moyens de protection plus efficaces.

On voulut aussi que la future caserne française fût digne du pavillon qu'elle devait porter et montrât aux amis comme aux rivaux que la France savait donner à ses soldats une installation conforme à l'importance des droits et des intérêts dont ils sont les défenseurs. Le service du génie fut donc autorisé à établir ses projets en recherchant à la fois le confort des occupants futurs et la décoration architecturale des bâtiments ; il sut d'ailleurs maintenir ses prévisions de dépenses dans des limites modérées et eut le mérite de ne les point dépasser. Autant qu'il est possible d'en juger par les renseignements obtenus, les diverses puissances ont admis des prévisions au moins égales aux nôtres. Si leurs travaux n'offrent pas un aspect aussi satisfaisant que la caserne française, c'est que, peut-être, les constructeurs auxquels on a eu recours n'ont point, au même degré que le service du génie, le souci d'économiser les deniers de l'État ou du moins d'en tirer pour ce dernier le meilleur parti possible. Ajoutons enfin, pour rassurer ceux que pourrait effrayer l'idée d'une dépense somptuaire, que les frais de construction des diverses casernes ont été imputés sur l'indemnité payée par la Chine.

Une dernière condition était imposée au service du génie : la rapidité d'exécution ; on prévoyait en effet un prochain retour de l'empereur dans sa capitale et, comme conséquence, l'abandon des locaux occupés jusque-là par nos troupes. Il fallait que la nouvelle caserne fût prête à recevoir ses occupants à la fin de l'été. Cette condition fut pleinement réalisée. Le 17 avril 1901, ordre était donné de commencer les travaux ; dès le lendemain, 300 terrassiers attaquaient les fouilles ; le 10 juillet tous les bâtiments principaux étaient couverts, ce qui permit de ne pas interrompre le travail pendant la saison des pluies (15 juillet-15 août) ; le 3 août, le général en chef, en présence du ministre de France, inaugurait la caserne qui portait son nom à dater de ce jour. Le 1ᵉʳ septembre, une compagnie s'y installait et le 20 octobre, l'occupation était complète.

Le chantier fut dirigé par le capitaine Levêque, à qui avait été confiée l'étude du projet.

On sait par les indications du chapitre précédent que dans le Petchili la température subit des variations considérables ; que la principale incommodité provient de la fréquence des vents chargés de sable ; que la pluie est rare.

Les habitations indigènes sont presque toujours orientées est-ouest, ayant leur façade principale au sud : cette façade est constituée par une sorte de verrière, à panneaux ouvrants, dont les vitres seraient remplacées par du papier ; en avant, règne une étroite vérandah. Les façades est et ouest n'ont aucune ouverture. La façade nord présente des baies condamnées en hiver par des panneaux en bois, souvent doubles, qu'on tient ouverts pendant l'été. La largeur du bâtiment dans le sens nord-sud, étant toujours assez faible, chaque pièce possède ainsi une façade au nord, l'autre au sud. — En hiver, la verrière de papier laisse passer les rayons du soleil qui viennent chauffer la chambre ; les panneaux fermés du nord abritent contre le vent. L'été, la vérandah suffit à arrêter les rayons du soleil toujours très élevés sur l'horizon ; les panneaux du nord, ouverts, permettent à la brise de circuler.

Ces conditions qu'une longue expérience a conduit les indigènes à imposer à leurs habitations furent, dans la mesure du possible, observées dans l'établissement de la caserne.

Toutefois, l'exiguïté relative du terrain (180 m sur 120 m) dont on disposait, conduisit à adopter des bâtiments à étage contrairement aux habitudes locales.

On va aborder maintenant la description des diverses parties de la construction.

Mur de clôture défensif (fig. 129). — Il est constitué en maçonnerie de briques mandarines (40 × 25 × 15 cm³) : son épaisseur est de 0,75 m, sa hauteur de 4,60 m, afin de dominer ceux qui l'environnent. Son tracé assure le flanquement ; il est doté de créneaux à déboucher au moment du besoin ; son chaperon en tuiles forme parapet. Les bastionnets terrassés permettront l'installation de mitrailleuses ; leurs talus gazonnés concourent à la décoration de la cour intérieure. Dans un but facile à comprendre, on s'est efforcé de ne pas donner à la façade extérieure du mur un aspect défensif. Une porte monumentale, dont il sera question plus loin, orne l'entrée.

Répartition des locaux (planche XI). — On a dû tenir compte des sujétions imposées par le tracé du mur d'enceinte et par la présence de la distillerie dans l'angle S.-O. ; on a voulu donner aux bâtiments des officiers une indépendance complète, tout en facilitant la surveillance du quartier ; séparer le pavillon des officiers mariés de celui des célibataires. — On a cherché à conserver à la cour intérieure les plus grandes dimensions possibles. La brise d'été soufflant généralement du sud, on a relégué au nord les accessoires du casernement susceptibles de donner des odeurs ainsi que les écuries qui attirent des myriades de mouches turbulentes.

On a ainsi : deux pavillons principaux pour la troupe d'une contenance de 120 lits environ ; deux autres plus petits pour 30 hommes chacun, tous sont à étage ; une infirmerie et une cantine ; une manutention et des magasins aux vivres ; des cuisines, latrines, écuries, un hangar aux voitures et un magasin aux munitions. A droite et à gauche de la porte d'entrée, deux pavillons d'officiers à étage entourés d'un mur de clôture. Les locaux disciplinaires et le corps de garde sont de chaque côté de la porte.

Fig. 129. — Caserne de Pékin. Vue d'ensemble, prise du sud-ouest.

Pavillons de la troupe[1] (fig. 130 et 131). — Chacune des compagnies comporte un effectif de 120 hommes et reçoit, en sus, en subsistance un détachement de 30 hommes (artillerie ou infanterie montée). Elle dispose d'un grand et d'un petit pavillon, ce dernier affecté aux subsistants.

Chacun des grands pavillons comprend : un rez-de-chaussée utilisé pour les bureaux, réfectoire, chambre de sous-officiers, lavabo — une seule travée est affectée au logement des hommes ; un étage formé de six chambres d'hommes et de chambres de sous-officiers. Le cube d'air alloué à chaque homme est d'environ 18 m^3 ; la superficie de 4 m^2. Les petits pavillons comportent deux grandes chambres à l'étage et 7 petites au rez-de-chaussée.

Sur la face sud, au rez-de-chaussée et à l'étage, règne une vérandah de 2,50 m de largeur ; elle est ouverte au rez-de-chaussée et fermée par des croisées à l'étage. Sur la face nord les fenêtres sont pourvues de doubles croisées. On n'a pas cru devoir donner à la vérandah la largeur de 4 m admise dans les pays tropicaux, afin de permettre l'accès des rayons solaires dans les chambres pendant l'hiver ; l'été, la largeur est suffisante pour laisser les chambres dans l'ombre.

La vérandah présente une disposition qu'il convient de signaler et qui, sauf erreur, est entièrement nouvelle (fig. 131 et 132). La toiture qui la surmonte est maintenue à 1 m environ au-dessous de celle du bâtiment et laisse, entre elle et la corniche, une sorte d'attique pourvu de châssis vitrés. Ces châssis permettent aux rayons solaires de pénétrer dans les chambres pendant l'hiver. Pendant l'été, la saillie du chéneau projette sur eux une ombre suffisante ; ils sont d'ailleurs en cette saison, doublés d'un paillasson épais.

Dans chaque chambre, l'un des châssis est mobile à l'aide du dispositif indiqué figure 132 et permet d'assurer la

---

1. Ces pavillons ont reçu les noms des officiers tués à l'ennemi.

Fig. 130. — Caserne de Pékin. Pavillon Labrousse et pavillon Hilaire. Vue prise de l'entrée de la caserne.

ventilation l'été. Pendant l'hiver, le renouvellement de l'air s'obtient par des tuyaux noyés dans la maçonnerie placés le long des tuyaux de cheminée.

Les chambres d'hommes sont pourvues à l'étage de latrines de nuit placées sur la face nord, isolées dans une saillie

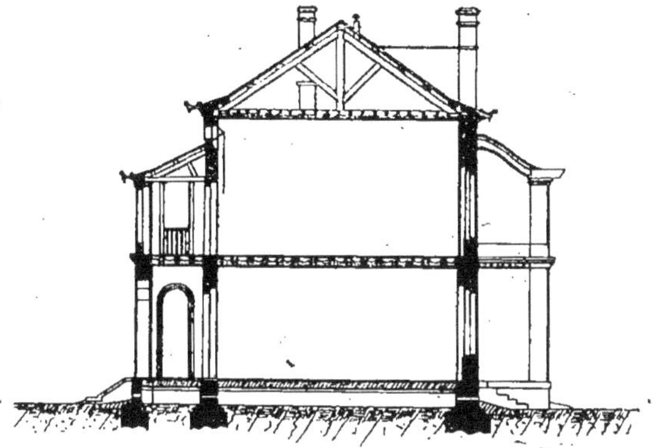

Fig. 131. — Caserne de Pékin. Coupe transversale d'un bâtiment de troupe (1/300).

de la façade et auxquelles on accède par un balcon courant le long des faces est et ouest.

Accessoires du casernement.

Cuisine. — Elle est commune aux deux compagnies, le sol en est cimenté ; on y a installé des fourneaux François Vaillant pour repas variés ; le chauffage est fait par l'extérieur et confié à des indigènes. Les cabinets aux provisions sont derrière la cuisine. Chaque compagnie possède sa laverie et son fourneau.

Infirmerie (fig. 133). — Elle est destinée à recevoir les malades légèrement atteints, les autres devant être traités à l'hôpital français de Pékin. Elle comporte 10 lits répartis en trois chambres, une salle d'attente, une salle de visite et pharmacie, le logement de l'infirmier, une salle de pansements et un réfectoire.

Dans une annexe extérieure sont installés la cuisine, un magasin, une chambre de désinfection, une salle de bain. Une vérandah règne le long des faces est et sud.

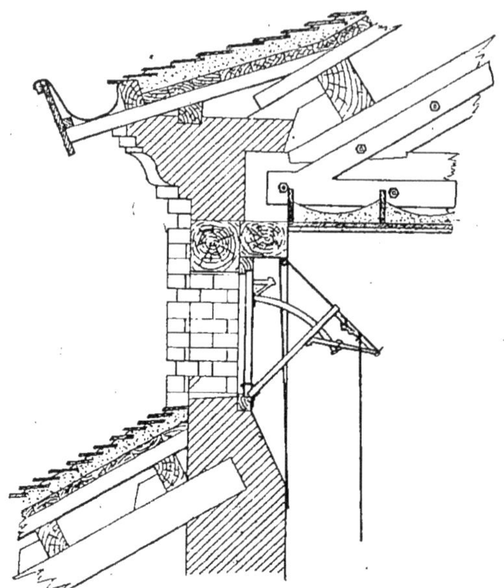

Fig. 132. — Caserne de Pékin. Disposition de l'attique dans les chambres de l'étage. Coupe verticale.

Cantine. — *Mess des sous-officiers* (fig. 134). — Elle comprend, dans un bâtiment principal : une salle de consommation pour la troupe, deux salles à manger pour les sous-officiers, le logement du cantinier ; dans une annexe, la cuisine et le magasin du cantinier. Une vérandah entoure les faces ouest et sud.

Manutention. — Le bâtiment principal, construit sur cave, comprend un magasin aux vivres (trois mois pour la garnison), un local aux distributions, une boulangerie avec four ordinaire de 300 rations, une panneterie, un magasin à la farine, la sacherie, un bureau. — Dans une cour arrière servant de débarras, on a installé une petite bouche-

Fig. 133. — Caserne de Pékin. Infirmerie. Petit pavillon d'hommes.

Fig. 134. — Caserne de Pékin. Mess des sous-officiers et cantine.

rie avec logement du gardien indigène et un magasin à charbon.

Distillerie d'eau. — Cette dépendance avait été installée à la fin de l'hiver 1900-1901 pour subvenir aux besoins de la garnison ; on s'est borné à transformer en bâtiment solide la case indigène qui recouvrait les machines. — Elle comprend deux locomobiles, un puits de 8 m de profondeur environ, un réfrigérant et un château d'eau, un magasin au charbon et le logement du mécanicien. L'existence de cette annexe est indispensable dans une ville comme Pékin où les eaux de la nappe sous-jacente sont chargées de sels magnésiens et de microbes variés.

Magasin aux munitions. — Deux magasins, l'un pour la poudre noire, l'autre pour la poudre sans fumée, sont placés dans l'angle N.-E. de la cour.

Écuries. — Au nombre de deux pour 22 chevaux indigènes chacune, avec un compartiment destiné : dans l'une aux chevaux malades, dans l'autre aux chevaux européens des capitaines. Le sol est pavé en granit.

Les autres accessoires, dont on se bornera à donner l'énumération sont :

Un logement des coolies indigènes, dans un angle écarté du casernement ;

Corps de garde, salle des rapports, locaux disciplinaires établis d'après le dernier type adopté en France, mais avec murs épais et voûtés dans le but de les rendre plus habitables ;

Hangar aux voitures, magasin du casernement, magasin du génie ; latrines à tinettes mobiles, puits, lavoir, bureau du télégraphe, salle de douches et bains, gymnase.

Éclairage. — Il est assuré provisoirement à l'aide de lampes à pétrole, mais il sera aisé et peu coûteux de leur substituer des lampes électriques, l'énergie étant fournie par les locomobiles de la distillerie. Cette amélioration est prévue.

Évacuation des eaux. — La ville internationale ne possédant pas d'égouts jusqu'à présent, on a dû se borner à évacuer les eaux pluviales dans les caniveaux des rues adjacentes et les eaux usées par une vidange journalière à l'aide d'un tonneau sur roues. La vidange des tinettes est assurée gratuitement chaque jour par les indigènes qui, on le sait, recueillent précieusement l'engrais humain. Un projet de canalisation d'égouts et d'adduction d'eau potable a été établi pour l'ensemble de la ville internationale ; sa réalisation permettra de doter la caserne Voyron du tout-à-l'égout et la complétera au point de vue de l'hygiène.

Réserve d'eau. — Le projet primitif comportait la création de citernes à proximité de chaque bâtiment principal, pour recueillir les eaux pluviales qui auraient pu être utilisées pour l'alimentation et qui auraient fourni une réserve d'eau en cas d'incendie. On y a renoncé parce que la saison des pluies étant de courte durée, on a craint que l'eau recueillie ne fût chargée de trop d'impuretés et ne se corrompît. Peut-être a-t-on eu raison. On a paré au danger d'incendie en installant des puits près de chaque bâtiment. Il serait utile cependant de créer une citerne près de la distillerie, de manière à disposer, en tout temps, d'une réserve d'eau potable et à parer ainsi aux accidents qui peuvent survenir à l'appareil distillatoire. Cette amélioration est projetée.

Logements d'officiers (fig. 135 et 136). — Ils sont répartis dans deux bâtiments distincts affectés : l'un aux officiers mariés, l'autre aux célibataires. On les a installés avec un certain luxe afin que nos officiers soient en mesure de tenir le rang qui leur appartient au milieu de leurs camarades étrangers.

Le logement de chaque capitaine marié comprend : salon, cabinet de travail, salle à manger, office, débarras, au rez-de-chaussée ; deux chambres à coucher avec cabinets de toilette et water-closet à l'étage. La cuisine est placée dans une annexe reliée à l'office par un couloir couvert.

Chaque officier célibataire dispose d'une chambre à

coucher avec cabinet de toilette et d'un cabinet de travail.

Fig. 185. — Caserne de Pékin. Pavillon d'officiers. Façade sud.

Le bâtiment qui leur est affecté comprend des locaux communs, grand salon, salle à manger avec office, fumoir.

L'occupation des logements d'officiers n'a pas été en concordance avec les prévisions, mais ils avaient été conçus assez largement pour qu'on ait pu y installer, en plus de l'effectif prévu, un chef de bataillon et un capitaine adjudant-major.

Considérations techniques. — La rapidité d'exécution imposée au constructeur a conduit à employer les matériaux et les procédés les plus familiers aux indigènes.

C'est ainsi qu'il n'a été fait qu'un usage modéré de la pierre de taille et que la brique constitue la majeure partie des constructions. On a dit ailleurs ce qui a trait à ce genre

Fig. 136. — Caserne de Pékin. Bâtiment d'officiers. Façade nord.

de matériaux en Chine; on ajoutera ici seulement un détail, à savoir que pour donner à leurs briques une couleur uniforme gris bleuâtre, les Chinois ont coutume de les arroser d'eau à certains moments de la cuisson. Le prix de revient est de 53,75 fr le mille pour les briques de dimensions ordinaires et de première qualité, bien résistantes, de 37,50 fr pour les communes.

Pour les charpentes et planchers, on aurait volontiers fait usage du fer, mais il aurait fallu le faire venir du dehors et le prix en était assez élevé à cette époque; de plus, on n'avait qu'un petit nombre d'ouvriers en fer, peu habiles. Pour ces raisons on se décida à n'employer que le bois. Toutefois, au lieu du bois du pays, un sapin blanc de médiocre qualité, qui revient à 50 ou 60 fr le mètre cube en temps ordinaire, mais qu'il fallait payer beaucoup plus cher alors par suite de l'activité générale des travaux de construction, on fit usage de bois d'Amérique commandé à Shangaï, qui coûta 105 fr le mètre cube.

Pour les mortiers on substitua au sable, communément employé, de la brique pilée dans la proportion de 3 de chaux pour 1,5 de terre argilo-sablonneuse et 1.5 de pouzzolane obtenue en broyant des tuiles. On eut ainsi un composé excellent qui acquérait la dureté du mortier de ciment.

On a dit ailleurs (chap. XII) quelles sont les habitudes des Chinois lorsqu'ils édifient un mur et la surveillance qu'il faut exercer sur eux, il est inutile d'y revenir, mais il paraît intéressant de noter ici les impressions du chef de chantier :

« Il y a peu de choses à dire de la conscience de l'ouvrier chinois ; d'aucuns le trouvent très paresseux, d'autres actif et intelligent. A notre avis, ce serait le cas de citer le proverbe italien : *Tutto il mondo e fatto come la nostra famiglia.*

« Rien n'égale la force d'inertie de l'ouvrier chinois travaillant à la journée, si ce n'est celle de l'ouvrier de tout autre pays. Il est, par contre, d'une grande activité quand il travaille à la tâche. Il est en moyenne d'un faible rendement, la moitié ou même le tiers de celui d'un ouvrier européen. Il est particulièrement excitable, lorsqu'il a devant lui l'appât d'une gratification.

« C'est grâce à ce moyen puissant qu'on a pu faire en quarante-huit heures, avec deux équipes de maçons indigènes, se relevant de jour et de nuit, la porte principale de la caserne dont la photographie est ci-jointe (fig. 137). La maçonnerie est en briques taillées sur les quatre faces avec mortier de ciment. Ce travail, y compris la taille des briques, la taille fine et la gravure des pierres, fut commencé le 1er août à 6 heures du matin et terminé le 3, à 4 heures du matin. Ce même jour, à 3 heures de l'après-midi on procédait au décintrement avant le passage du

Fig. 137. — Porte d'entrée de la caserne Voyron, à Pékin.

cortège officiel qui devait entrer à 4 heures. Ce tour de force avait été réalisé par les Chinois moyennant une gra-tification de 20 piastres promise au chef maçon. »

On ajoutera que, lors du décintrement, ledit chef maçon paraissait éprouver les plus vives inquiétudes et qu'il regardait faire nos sapeurs avec une certaine angoisse. Lorsqu'il put constater que la voûte se tenait, il manifesta son admiration en levant en l'air le pouce de la main droite et s'écria que les Français étaient « numéro un ». C'est la seule circonstance, au cours de toute notre campagne, où nous ayons pu constater chez l'indigène un sentiment sincère d'admiration sympathique.

Fondations. — Dans le Petchili, lorsqu'on se trouve dans des conditions ordinaires, c'est-à-dire avec un sous-sol argilo-sablonneux de grande profondeur (une quinzaine de mètres environ), très mouillé dans une nappe d'eau, les fondations se font en béton chinois. Celui-ci, connu de toute antiquité, se rapproche beaucoup du béton Coignet; le sable y est remplacé par la terre argilo-sablonneuse extraite des fouilles, tamisée et mélangée à la chaux (3 de chaux pour 5 de terre). Le mélange est fait à sec, jeté dans la fouille, pilonné avec le plus grand soin, d'abord à la « demoiselle », puis avec un disque en fonte, du poids de 60 kg environ, soulevé et rejeté en cadence avec accompagnement de chants. La chaux employée est éteinte à l'air libre. Chaque couche de béton, faite à sec, est très peu arrosée. Ce béton est hydraulique et acquiert une grande dureté; son prix de revient est d'environ 10 fr le mètre cube.

Soubassement. — L'humidité rendait nécessaire l'exhaussement du rez-de-chaussée et son isolement du sol. Des voûtins en briques accolées, sur piédroits de 0,85 m, supportent un dallage en carreaux comprimés de 45×45 cm²; le soubassement est couronné par un lit de pierres de taille formant couche isolante.

Maçonnerie. — Les murs des bâtiments d'habitation ont 0,70 m au rez-de-chaussée, 0,56 m à l'étage; les briques sont taillées sur le parement extérieur qui a reçu un badigeon au lait de ciment. Les enduits intérieurs sont faits par le procédé dit « blanc en bourre »; la bourre est faite de déchets de cordages hachés ; le plâtre, inconnu dans le Petchili, est remplacé par de la chaux.

Couverture. — Il fallait la faire épaisse et soignée en utilisant les procédés indigènes. Elle comprend une couche de briques reposant directement sur les chevrons (quelquefois sur un voligeage) et recouverte d'une chape en « blanc en bourre » additionnée de ciment du pays. Les tuiles sont maçonnées par-dessus à recouvrement, les joints faits à la

Fig. 138. — Caserne de Pékin. Le canon chinois.

« chaux noire », sorte de ciment indigène dont la composition se rapproche de celle de l'enduit décrit au chapitre XII.

Escaliers. — Les escaliers extérieurs sont en pierre de taille ; ceux de l'intérieur en bois dur provenant du sud de la Chine, dont on n'a pu indiquer l'essence.

Architecture. — L'effet décoratif (fig. 138) a été obtenu par des moyens simples ; on s'est astreint à observer le même type pour tous les bâtiments, afin de simplifier l'implantation et d'augmenter la rapidité d'exécution. Les photographies jointes au texte donneront une idée suffisante du résultat obtenu. Dans la cour du quartier, on a conservé le plus possible les arbres existants et on a cherché à mettre un peu de verdure qui repose agréablement les yeux dans ce pays de poussière et de boue.

Un vieux canon chinois du xvi° siècle, qui porte une inscription en espagnol ou portugais, pris sur les remparts de la ville tartare, orne l'espace séparant les deux pavillons principaux.

En définitive, la caserne Voyron figure honorablement parmi toutes les constructions de la ville internationale ; elle contraste avec avantage avec les autres casernements étrangers ; ceux des Allemands, qui viennent immédiatement après les nôtres, ont été indiqués au chapitre XI ; il est facile de constater la différence qui les sépare de ceux-ci.

Prix de revient. — Le crédit demandé était de 430 000 fr, il fut réduit à 400 000 ; on peut regretter cette réduction qui n'a pas permis d'installer l'éclairage électrique ni la réserve d'eau et a conduit à faire des économies qui ont influé sur la rapidité d'exécution.

La dépense s'est répartie comme il suit :

Caserne proprement dite	248 000 fr
Logements d'officiers	96 000
Écuries.	16 000
Mur défensif	40 000
Total	400 000 fr.

Le prix de revient de la place d'homme est de 826 fr, de la place de cheval 359 fr.

On n'a obtenu ce résultat, malgré le prix élevé des matériaux, rendu anormal par les événements, malgré l'importance et la diversité des accessoires, qu'en ayant recours, pour la moitié environ de la quantité totale, à des briques provenant de la démolition des bâtiments ruinés par la guerre et qu'on paya 15,50 fr le mille, soit environ moitié du prix ordinaire.

Mur d'enceinte du Quartier des Légations.

Chacune des puissances, chargée par la commission diplomatique d'édifier une partie du mur d'enceinte, a choisi un profil particulier, aucune entente n'ayant pu s'établir en vue de l'adoption d'un type commun et de dispositions générales pour le flanquement.

Fig. 139. — Pékin. Mur de défense français.

Sur le secteur français, compris entre les Allemands, au sud, et les Autrichiens, au nord, on a édifié un mur solide à deux étages de créneaux (fig. 139 et 140), précédé d'un fossé dont le fond atteint la nappe d'eau. On s'est ainsi mis en garde contre les attaques par la mine dont les Chinois ont fait usage contre les légations et le Pe-Tang.

Un bastionnet central, bien armé, assure le flanquement de notre muraille. Un vaste glacis donnera à nos feux une efficacité certaine.

Si une nouvelle insurrection doit se produire et armer

Fig. 140. — Mur d'enceinte de Pékin. Bastionnet central.

LE GÉNIE EN CHINE

CASERNE VOYRON A PÉKIN

Détails (1/500)

Plan d'ensemble (1/1000)

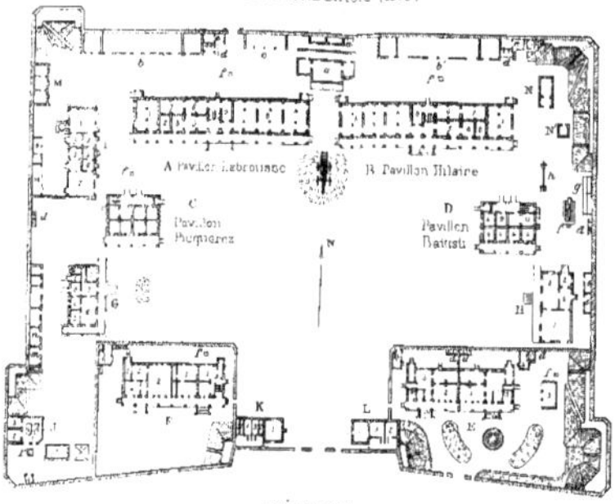

Bâtiment A
Rez de chaussée

Bâtiment B
Rez-de-chaussée

1er Étage

1er Étage

Bâtiment C
Rez de chaussée

1er Étage

Bâtiment D
Rez-de-chaussée

1er Étage

Bâtiment F
Rez-de-chaussée

Bâtiment E
Rez de chaussée

1er Étage

1er Étage

Bâtiment I
Rez de chaussée

Bâtiment G
Rez-de-chaussée

Bâtiment H
Rez-de-chaussée

Bâtiment J
Rez de chaussée

Bâtiment K
Rez-de-chaussée

Bâtiment L
Rez-de-chaussée

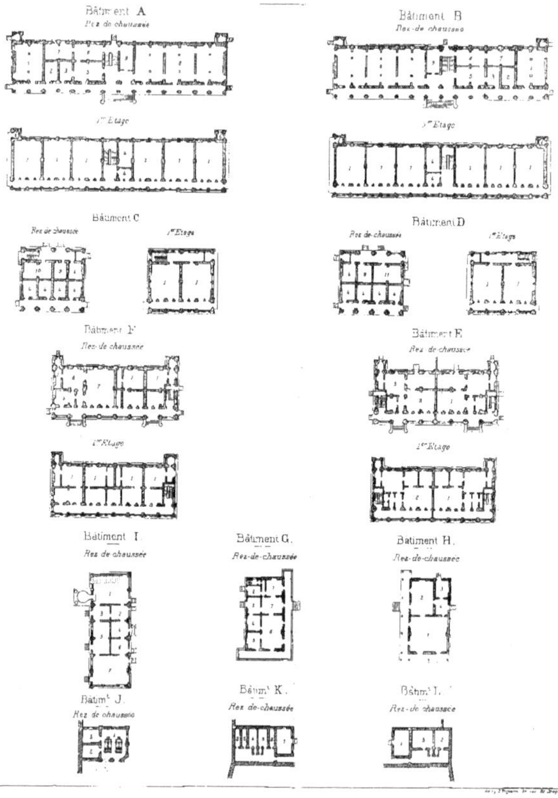

LÉGENDE

1re COMPAGNIE D'INFie COLONIALE
(Infanterie Coloniale montée)

BÂTIMENT A

Chambres d'hommes
4e — d'adjudant
4e — de sergent major
4e — de sous officiers
Poste de la compagnie
Atelier 4e
Magasin 4e
Latrines
Lavabo

BÂTIMENT C

Chambres d'hommes
— de sous officiers
Poste de télégraphe
Divers

2me COMPAGNIE
(Infanterie Coloniale)

BÂTIMENT D

(Voir légende du Bâtiment A)

BÂTIMENT D

Chambres d'hommes
— de sous officiers
Salle de douches
Lavabo

BÂTIMENT E
Services du Bataillon

Logement du Chef de Bataillon
Commandant d'Armes
Bureau du major et secrétariat
École des Caporaux
Cuisine
Mangeur

BÂTIMENT F
Officiers de compagnie

Logements d'officiers
Salon de réception
Salle à manger
Fumoir
Office
Cuisine

BÂTIMENT G
Infirmerie

Pharmacie et salle de visite
Salle d'attente
Infirmier
Sous-officiers
Isolé
Chambres de malades
Réfectoire et salle de réunion
Chambre de douches
Salle de bains
Lavabo
Cuisine

BÂTIMENT H
Cantine

Salle de consommation
Salle à manger des sous-officiers
Buffet
Cuisine
Chambre du cantinier

BÂTIMENT I
Manutention

Boulangerie et four
Pâtisserie
Magasin de matériel et sacherie
Gérant
Magasin à farine
Local aux distributions
Magasin
Chantier et chambre du gardien indigène
Caves
Magasins aux combustibles

BÂTIMENT J
Distillerie

Chambre des machines
4e — du mécanicien
Atelier
Magasin à charbon
Réfrigérant
Château d'eau

BÂTIMENT K

Salle des rapports et bureau de la place
Cellules
Prison
Salle de police des caporaux

BÂTIMENT L

Corps de garde
Prison
Salle de police

BÂTIMENT M
Cantonnement des indigènes

BÂTIMENT NN
Magasins à munitions

Cuisine
Magasin aux vivres de l'ordinaire
Écuries
Écuries
Hangar aux voitures
Latrines
Urinoirs
Puits
Lavoir et séchoir
Gymnase
Terrasse de tir
Magasin du génie
Magasin du casernement

de nouveau les fanatiques contre la ville internationale, les entreprises dirigées contre la muraille française viendront se heurter à de solides obstacles et il est probable qu'elles chercheront ailleurs le moyen de pénétrer dans l'enceinte. La France aura dans cette circonstance, comme dans bien d'autres, rempli largement le devoir de protection qui lui incombe et le Génie français ne sera resté inférieur à aucun de ses rivaux.

CHAPITRE XIV

Au cours des chapitres précédents on a signalé, au fur et à mesure qu'elles se présentaient, les observations auxquelles donnaient lieu les dispositions adoptées pour l'organisation du service du génie dans la campagne de Chine. Il n'est pas inutile de les résumer ici pour en dégager l'enseignement à tirer en vue d'une expédition future. Ce sera, si l'on veut, la critique, complément indispensable de toute manœuvre.

Personnel. — L'organisation adoptée était calquée sur celle de la campagne de Madagascar qui avait été bonne pour des opérations actives telles qu'on supposait devoir les faire. On avait réduit cependant le nombre des officiers de compagnie et des officiers d'administration, pour tenir compte des nécessités du service métropolitain dont les ressources sont limitées. Il aurait mieux valu ne pas consentir à cette réduction ; les événements ayant modifié la situation en cours de route et transformé la marche projetée contre l'ennemi en une occupation nécessitant de nombreux travaux, le personnel s'est trouvé numériquement insuffisant. Si la maladie avait immobilisé quelques officiers, il eût été impossible de satisfaire à toutes les obligations qui furent imposées. C'est avec raison que le cadre normal d'une compagnie du génie comprend deux capitaines, afin que l'un d'entre eux puisse être détaché pour prendre la direction d'un chantier ; il eût fallu les maintenir. Les officiers d'administration sont nécessaires au fonctionnement d'une chefferie, il faut en posséder une réserve permettant de créer autant de ces établissements que le commande la situation. Enfin, il faut au chef de service un second qui puisse le suppléer s'il vient à manquer et le remplacer durant ses absences.

Sous ces réserves, l'organisation était bonne puisqu'elle a permis de parer à une situation totalement différente de celle pour laquelle elle avait été prévue.

L'effectif des troupes était suffisant et il ne semble pas qu'il y ait intérêt à l'accroître, étant entendu que le sapeur, dans une campagne coloniale ne doit pas exécuter les gros travaux, mais servir uniquement d'ouvrier d'art, de contremaître ou de surveillant de chantier et que la main-d'œuvre est fournie par des coolies indigènes.

Cette observation ne s'étend pas cependant aux sapeurs de chemins de fer. Il faut que l'unité fournie par le 5ᵉ régiment soit composée de manière à permettre non seulement l'exécution des travaux de réparation et de destruction, mais encore l'exploitation temporaire d'une section de voie. C'est ce qu'avaient fait les contingents étrangers et leur organisation a paru préférable à la nôtre sous ce rapport.

Matériel. — Une expédition coloniale nécessite l'emport d'un matériel spécialement organisé en vue de la contrée dans laquelle on doit opérer et destiné à compléter le matériel normalement affecté aux diverses unités. La composition de cet approvisionnement spécial dépend donc de la nature du théâtre d'opérations ; il y a cependant un stock d'outils et d'engins dont le besoin se fait sentir en toutes circonstances ; on en a donné l'énumération au chapitre Iᵉʳ. Il y aurait intérêt à constituer ce stock dès le temps de paix, dans un grand port, Marseille par exemple, de manière à l'avoir disponible en toutes circonstances, à éviter ainsi les pertes de temps et le supplément de dépenses qui résultent de commandes hâtivement faites au moment d'une expédition.

Dans cet approvisionnement, il conviendrait de faire entrer du matériel de voie ferrée étroite ainsi que des baraquements démontables. On en ferait partir une certaine quantité avec les premiers contingents comprenant un important personnel du génie (officiers et troupe) de manière à organiser la base de débarquement. Il est de toute nécessité que les troupes qui prennent terre trouvent le plus rapidement possible un abri et que le matériel des divers services puisse être dégagé de la plage ou des quais de débarquement, réparti et classé par catégories. C'est à ce besoin évident que répond le matériel de voie ferrée et de baraquements. Il serait à désirer que l'armée coloniale soit pourvue d'approvisionnements de cette nature.

Le matériel des unités ne paraît pas comporter de modification dans sa composition normale, conçue en vue de parer aux diverses éventualités. On pourrait souhaiter cependant lui donner des moyens de transport autres que ceux de la métropole. Les voitures des parcs de sapeurs-mineurs et surtout les prolonges sont généralement trop lourdes pour circuler aisément dans les pays de viabilité primitive.

Si les parcs de sapeurs-mineurs sont bien appropriés à leur destination, il semble que ceux des sapeurs de chemins de fer ou du moins les parcs sur routes sont insuffisants pour une expédition coloniale. En Europe on dispose des parcs sur rails, de plus on trouve généralement, sur place, les engins nécessaires pour effectuer les réparations les plus difficiles ; au besoin, on les expédie de la mère-patrie et ils peuvent arriver à temps. Loin de la métropole, il n'en est plus ainsi et la composition normale des parcs sur routes est insuffisante ; nos sapeurs l'ont éprouvé à Lou-Kou-Kiao. Comme les chemins de fer s'étendent de jour en jour sur des contrées plus nombreuses et plus lointaines, on a de plus en plus de chances d'avoir à les utiliser dans une expédition ; il faut s'outiller en conséquence.

Rien de particulier à dire du matériel télégraphique et aérostatique, sinon qu'il faut prévoir très largement ses approvisionnements. Confiants dans le rôle qui semblait devoir nous être assigné, nous étions partis avec de modestes ressources qui eussent été absolument insuffisantes, pour la télégraphie, sans les envois de l'Indo-Chine et les prises sur l'ennemi ; pour l'aérostation, s'il eût fallu gonfler le ballon plus de trois fois en le maintenant en cet état pendant plusieurs jours.

Comme matériel accessoire, mais d'une importance très grande cependant, on signalera les imprimés de toute nature et fournitures de bureau nécessaires au fonctionnement des chefferies et directions, les collections de règlements et aide-mémoire divers auxquels il est si souvent nécessaire de recourir. Il serait utile de les constituer également à l'avance ou tout au moins de dresser la liste de ce qu'on doit emporter et qu'on peut trouver du jour au lendemain chez les fournisseurs. On éviterait ainsi à ceux qui organisent l'expédition un souci bien inutile.

On signalera enfin, pour en recommander l'adoption, les dispositions prises pour l'encaissage des divers matériels, les marques à apposer sur chaque colis, l'inventaire détaillé par établissement expéditeur et par colis qui ont été indiqués au chapitre Ier.

État sanitaire. Primes de travail. — L'état sanitaire des divers détachements du génie en Chine a été généralement très bon, la mortalité exceptionnellement faible (on a compté 3 décès, dont un par accident, sur un effectif de 750 hommes, en une année)[1].

Ce résultat peut être attribué à trois causes : en premier lieu, la salubrité relative du climat ; en second lieu, l'adjonction de médecins aux diverses unités ; en troisième lieu et non le moindre, le soin apporté par les officiers de tout grade à l'installation et à la nourriture de leurs hommes. La tâche était sous ce dernier point facilitée par les primes de travail distribuées aux hommes, conformément aux

---

1. Voir Annexe, p. 276.

dispositions en vigueur dans les troupes coloniales. Ces indemnités permettaient d'améliorer l'ordinaire et facili-taient aux hommes l'acquisition d'objets et denrées augmentant leur bien-être. On ne saurait trop insister sur l'utilité de ces allocations supplémentaires qui sont le meilleur stimulant pour les travailleurs, et dont la suppression permet de secouer l'indolence des médiocres. Elles ont contribué dans une large mesure au maintien d'un bon état sanitaire dans les troupes du génie malgré les travaux qui leur étaient imposés. Le travail lui-même, accompli avec satisfaction parce qu'il comportait une sanction palpable, n'a pas été étranger non plus à l'obtention du résultat.

Fonctionnement du service. — Dans une expédition coloniale, le génie a toujours un rôle important : c'est à lui que chacun vient recourir pour ses installations et souvent il se trouve chargé d'un service fort peu prévu. L'instruction du personnel, ses habitudes laborieuses, son zèle, lui permettent de suffire à sa tâche ; on le constate simplement ici pour signaler aux jeunes officiers l'utilité de travailler sans cesse à l'accroissement de leur bagage intellectuel et de leurs connaissances techniques.

Règle générale, si un engin vient à se détraquer, si le commandement éprouve le besoin de faire organiser un service technique quelconque, c'est au génie qu'on s'adresse. Un officier dont l'esprit est orné trouvera ainsi l'occasion de se distinguer lui-même et de rendre service à tous.

Le rôle du génie commence dès qu'on a pris terre et acquiert de suite une grande ampleur ; c'est pour ce motif qu'on avait embarqué une compagnie sur le premier bateau partant. On sait que, par suite de la mauvaise marche de ce bâtiment, elle arriva trop tard. La conclusion à tirer de ce mécompte c'est que le commandant du génie doit se préoccuper, dans ses demandes de transport, de la nature des bateaux sur lesquels il fait embarquer son personnel. Il lui arrivera peut-être de se tromper et les fortunes de mer pourront déjouer ses prévisions, mais il doit chercher à se placer dans les meilleures conditions possibles.

Rendu à destination, le génie reçoit des demandes de toute nature, des ordres nombreux ; son rôle consiste à satisfaire aux uns et aux autres dans la plus large limite possible et à renseigner exactement le commandement sur l'étendue des moyens et des ressources dont il dispose, à s'efforcer surtout de les accroître. C'est là que l'action personnelle peut se faire sentir. Sous ce rapport, les sapeurs de Chine n'ont encouru aucun reproche et ont obtenu en plus d'une circonstance les éloges du commandement.

Dans l'organisation même du service, on signalera l'utilité d'une réglementation plus simple de la comptabilité des travaux et de celle du matériel. Pour la première, on applique jusqu'à présent celle du temps de paix qui n'est pas faite pour des circonstances de guerre et qui complique les écritures et les papiers, au détriment du bien général. Pour la seconde, il existe des incertitudes qu'il faut faire disparaître.

Telles sont les conclusions générales qu'on croit utile de dégager de l'expérience de la campagne de Chine. Elles seraient incomplètes toutefois si celui à qui est échu le grand honneur de diriger le service n'apportait ici à tous ses collaborateurs, sans distinction, le témoignage de sa profonde gratitude pour le concours qu'ils lui ont donné. Il les a toujours trouvés prêts à accomplir toutes les tâches, aucun froissement ne s'est produit parmi eux et leur émulation a convergé sans cesse vers le bien du service. C'est à ces qualités de premier ordre qu'ils devront d'avoir ajouté peut-être une page honorable à l'histoire de notre arme.

ANNEXE

Des renseignements de source autorisée, quoique non officiels, indiquent les chiffres ci-après pour la mortalité des divers corps de troupe du corps expéditionnaire du 19 juin 1900 au 31 juillet 1901.

Bataillon de marche d'infanterie coloniale (provenant de l'Indo-Chine)	101
16ᵉ régiment d'infanterie coloniale	61
17ᵉ — —	55
18ᵉ — —	53
Régiment d'infanterie de marche	41
Régiment de zouaves	43
Artillerie coloniale	39
Artillerie métropolitaine	7
Génie	3
Train des équipages	12
15ᵉ section de commis et ouvriers d'administration	4
15ᵉ section d'infirmiers	3
Chasseurs d'Afrique	8
Prévôté	1
Total	431

Si on laisse de côté les corps qui ont pris le plus de part aux actions de guerre ou qui, comme le bataillon venu d'Indo-Chine comprenait des hommes dont la santé était déjà éprouvée par leur séjour aux colonies et qui,

naturellement ont fourni le plus fort contingent au tableau
ci-dessus, on arrive aux moyennes suivantes :

	EFFECTIF.	MORTALITÉ p. 1 000.
Génie	750	4
Train des équipages . . .	370	32,4
Commis et ouvriers d'admi-nistration.	150	26,6
Infirmiers.	150	20

On est en droit d'enregistrer les résultats obtenus pour
les troupes du génie avec d'autant plus de satisfaction que
la mortalité générale dans l'armée, en 1895, s'élevait à
6,86 p. 1 000, se décomposant comme suit : intérieur 6,08,
Algérie 12,27, Tunisie, 11,14.

TABLE DES MATIÈRES

TABLE DES PLANCHES HORS TEXTE

Nancy, impr. Berger-Levrault et Cie.

BERGER-LEVRAULT ET Cie, ÉDITEURS

PARIS, 5, RUE DES BEAUX-ARTS. — 18, RUE DES GLACIS, NANCY

MANUEL COMPLET DE FORTIFICATION

RÉDIGÉ

CONFORMÉMENT AU PROGRAMME DU COURS PROFESSÉ A L'ÉCOLE SPÉCIALE MILITAIRE

Et au programme d'admission à l'École supérieure de guerre

PAR

H. PLESSIX | **LEGRAND-GIRARDE**

COLONEL D'ARTILLERIE EN RETRAITE | LIEUTENANT-COLONEL DU GÉNIE

Troisième édition refondue. 1900. Un beau volume in-8 de 744 pages avec 280 figures et planches en noir et en couleurs, reliure percaline. . . . . . **10** fr.

MINISTÈRE DE LA GUERRE

RAPPORT DE LA COMMISSION

CHARGÉE DE RECHERCHER ET D'ÉTUDIER

A

L'Exposition Universelle de 1900

LES OBJETS, PRODUITS, APPAREILS ET PROCÉDÉS

PRÉSENTÉS

DANS LA SECTION FRANÇAISE ET DANS LES SECTIONS ÉTRANGÈRES

ET SUSCEPTIBLES D'ÊTRE UTILISÉS

POUR LES BESOINS DE L'ARMÉE

Quatre forts volumes in-8 raisin, formant ensemble 2 136 pages, avec 1 352 figures et 11 planches hors texte, brochés. — Prix : 50 francs.

DICTIONNAIRE MILITAIRE

Encyclopédie des sciences militaires rédigée par un comité d'officiers de toutes armes. Paraissant par livraisons de 8 feuilles (128 pages) grand in-8. Prix de la livraison . . . . **3** fr.

L'ouvrage comprendra environ 24 livraisons, formant deux volumes de 96 feuilles chacun. Les livraisons paraîtront de deux mois en deux mois. Les 18 premières livraisons (**A** à **P**) sont en vente. Le 1er volume finit dans la 13e livraison.

— *Tome Ier :* **Lettres A-H.** 1899. Un fort volume grand in-8 de 1 588 pages, broché. . . **37** fr. **50** c. — Relié en demi-maroquin, plats toile. . . **42** fr. **50** c.

REVUE DU GÉNIE MILITAIRE

Paraissant en 12 livraisons mensuelles. Chaque livraison comprend environ 6 feuilles in-8, avec figures dans le texte et planches hors texte. Prix par an. . . . **25** fr.

Union postale. . . . **27** fr.

Les années 1887 à 1894 (6 livraisons par an) sont en vente à raison de 15 fr. et les années 1895 à 1902 (12 livraisons) à **25** fr.

MM. les Officiers français et assimilés des armées de terre et de mer (armée active, réserve et armée territoriale) peuvent s'abonner à la *Revue* au prix de 15 fr.

Table générale des matières de la Revue du Génie militaire disposée par ordre alphabétique. TOMES I à XX (*années 1887 à 1900*). Un vol. in-8, br. **2** fr. **50** c.